U0667601

万文化名片丛书

刘德海　本卷主编　冯其谱

州两汉文化

南京大学出版社

图书在版编目（CIP）数据

徐州两汉文化 / 冯其谱主编. —南京:南京大学
出版社,2015.12
（江苏地方文化名片丛书 / 刘德海主编）
ISBN 978-7-305-13774-7

Ⅰ.①徐… Ⅱ.①冯… Ⅲ.①文化史-研究-徐州市
-两汉时代 Ⅳ.①K234.03

中国版本图书馆 CIP 数据核字(2015)第 309604 号

出版发行 南京大学出版社
社　　址 南京市汉口路 22 号　　　邮　编 210093
出 版 人 金鑫荣

丛 书 名 江苏地方文化名片丛书
丛书主编 刘德海
书　　名 徐州两汉文化
主　　编 冯其谱
责任编辑 孟庆生　荣卫红　　　　编辑热线　025-83593963

照　　排 南京紫藤制版印务中心
印　　刷 南京理工大学资产经营有限公司
开　　本 787×960　1/16　印张 13.5　字数 197 千
版　　次 2015 年 12 月第 1 版　2015 年 12 月第 1 次印刷
ISBN　978-7-305-13774-7
定　　价 28.00 元

网址:http://www.njupco.com
官方微博:http://weibo.com/njupco
官方微信号:njupress
销售咨询热线:(025)83594756

＊ 版权所有,侵权必究
＊ 凡购买南大版图书,如有印装质量问题,请与所购
　图书销售部门联系调换

《江苏地方文化名片丛书》
编辑委员会

主　　任　王燕文

副 主 任　双传学　刘德海　汪兴国　徐之顺

委　　员　（按姓氏笔画排序）

　　　　　王国中　卢佩民　卢桂平　冯其谱

　　　　　李　扬　陈红红　陈　涛　赵正兰

　　　　　徐　宁　徐　缨　曹当凌　崔建军

　　　　　章树山　蔡丽新　滕　雯

主　　编　刘德海

副 主 编　汪兴国　徐之顺

执行主编　崔建军

《江苏地方文化名片丛书》

徐州两汉文化

主　　编　冯其谱

副 主 编　刘宗尧

编写人员　郭海林　郭　嘉　刘玉萍

徐州彭祖祠

徐州汉文化景区

徐州汉兵马俑展馆

邳州梁王城出土徐国编钟

徐国令尹烤炉盘

徐州汉兵马俑

总　序

赓续江苏人文精神之脉

王燕文

　　文化自觉支撑国家民族的兴盛,文化自信激发社会进步的活力。习近平总书记深刻指出,中华优秀传统文化是中华民族的精神命脉,是涵养社会主义核心价值观的重要源泉,也是我们在世界文化激荡中站稳脚跟的坚实根基。高度重视文化建设,大力弘扬优秀传统文化,是历史和时代赋予的责任担当。

　　一方水土养育一方人。江苏地处中国东部美丽富饶的长江三角洲,山水秀美,人杰地灵,文教昌明,有着六千多年有文字记载的文明史。在漫长的历史演进中,这片文化沃土不仅产生了众多的闪耀星空的名家巨匠和流芳千古的鸿篇巨制,而且孕育了江苏南北结合、兼容并蓄、博采众长、和谐共融的多元文化生态,形成了吴文化、金陵文化、维扬文化、楚汉文化和苏东海洋文化五大特色区域文化。纷绎这一颗颗文化明珠,光彩夺目,各具特质:以苏、锡、常为中心区域的吴文化,聪颖灵慧,细腻柔和,饱蘸着创新意识;以南京为中心区域的金陵文化,南北贯通,包容开放,充盈着进取意识;以扬州为中心区域的维扬文化,清新优雅,睿智俊秀,体现着精致之美;以徐州为中心区域的楚汉文化,气势恢宏,尚武崇文,彰显着阳刚之美;以南通、盐城、连云港为中心区域的苏东海洋文化,胸襟宽广,豪迈勇毅,富有开拓精神。可以说,不同地域文化在江苏大地交融交汇,相互激荡,共筑起江苏厚德向善、勇于进取、敏于创新的人文精神底蕴。

　　多元文化,共生一地;千年文脉,系于一心。地方文化是区域发展的文化

"身份证",更是整个中华民族的文化基因,展现了我们优秀传统文化生生不息的创造力。在构筑思想文化建设高地和道德风尚建设高地的新征程上,我们要以科学的态度对待传统文化,坚持古为今用、推陈出新,有鉴别地加以对待,有扬弃地予以继承,进行创造性转化、创新性发展,将其中积极的、进步的、精华的元素予以诠释、转化和改铸,赋予其新的时代内涵。只有以文化人、以文励志,力塑人文精神,标高价值追求,提升文明素养,才能涵育出地域发展令人称羡和向往的独特气质。只有以敬畏历史、服膺文化之心,精心保护地方文化遗产,充分挖掘地方文化资源,切实加强地方文化研究,才能传承赓续好人文精神之脉,增强人们对家国本土的文化认同、文化皈依,与时俱进地释放出应有的价值引导力、文化凝聚力和精神推动力。

令人欣慰的是,省社科联和各市社科联以强烈的责任感使命感,组织省内有关专家学者协同编撰了13卷《江苏地方文化名片》丛书。丛书按13个省辖市的行政区划,一地一卷,提纲挈领,博观约取,独出机杼,既总体上为每个市打造一张具有典型性、代表性的文化名片,又个性化呈示各市文化最具特色的亮点;既综合运用历史学、社会学、经济学和文化学等多学科视角,对富有地方特色的文化资源进行了系统梳理、深度挖掘和科学凝练,又以古鉴今,古为今用,面向未来,做到历史与现实、理论与实践的交集,融学术性与普及性为一体,深入浅出,兼具思想性与可读性。丛书的推出,有裨于读者陶冶心灵,体味地方文化历久弥新的价值,也将对江苏传统文化的传承与研究起到积极示范作用。

不忘本来,开辟未来。植根文化厚土,汲取文化滋养,提升人文精神,促进人的全面发展和人的现代化,这是江苏文化建设迈上新台阶、实现"三强两高"目标的责任所在。我们要进一步加大力度推动江苏优秀传统文化、地方文化在保护中传承,在传承中转化,在转化中创新,让丰沛的江苏历史文化资源留下来、活起来、响起来,着力打造更多走向全国乃至国际的江苏文化名片,为"强富美高"新江苏建设提供生动的文化诠释和有力的文化支撑!

(作者为中共江苏省委常委、宣传部部长)

目 录

序

冯其谱

　　两汉绵延四百年，使中国传统思想文化得到充分的融合创新、改造定型，形成了博大精深的文化体系，无论过去还是现在都深为东西方文明所崇拜和羡慕。研究推介两汉文化，既要着眼于两汉文化基于华夏八方百族的文化精髓，也必须讲清楚两汉的人文脉络和文化源头。徐州是汉初最高统治集团核心人物的出生地和事业发祥地。汉高祖刘邦高唱悲壮的《大风歌》走出徐州这片热土，带领他的团队建立一统天下的大汉王朝，抚平了中华民族自春秋战国以来六百多年的疮痍，奠定了两汉辉煌的基业。刘邦集团起家的丰沛、永城、芒砀山一带文化风俗，对大汉帝国产生直接而重要的影响。两汉"非刘不王"的封建制度决定了刘邦子孙一直是两汉皇权的统治者，血脉的延续传承流布无不源于徐州的思想文化元素。

　　两汉文化看徐州，不仅是因为徐州人刘邦建立了大汉王朝和其子孙统治时间长，重要的在于徐州两汉文化遗产的丰富性、系统性和深邃性，在于徐州两汉文化的历史信息量大和当代价值极高。学术界已有研究成果表明，中国大一统的历史观念和以统一思想为最高目标的价值追求等文化属性，并非源自先秦文化，而是奠基于两汉时期；研究和认识两汉文化的性质、要素、结构、成因及其在中国历史中的生命力、影响力，不能不关注和研究历史中的徐州及徐州地区。徐州两汉文化的造迹遗物、遗存遗风，在全国是较为集中和完整的，尽管徐州两汉王陵文化比不上西安（长安）汉代帝陵文化，但一脉相承、异曲同工、蔚为大观。徐州汉墓、汉兵马俑、汉画像石涌动着两汉文化的神韵，金缕玉衣等出土文物的世界巡展彰显了两汉文化的魅力，"沛筑"作为国家首脑出访赠礼让当代国人自豪。徐州两汉精神文化中，各种著作、民俗技艺特别是汉代中医药、汉代舞蹈、汉代楚歌、汉代蹴鞠等，都是难以穷尽的宝库。徐州两汉制度文化中,除与大汉王朝相一致的通用法规外,还有地方性的典章制度,为两汉制度文明加上了注脚。徐州两汉名人文化,更是灿若群星、不胜枚举。从汉初三杰到刘向父子,从韦孟、姜肱到张道陵、张昭,及至刘备恢复汉室不成,两汉朝廷后人更多走向从文或辅政之路,刘伶、刘裕、刘义庆、刘知几、刘禹锡、刘统勋、刘墉等汉刘嫡裔都在历代闪耀出文豪巨匠的光辉。

江苏历史文化源远流长、形态各样,影响较大的当数"吴韵汉风"。过去较长时期里,吴文化的研究开发一直走在前列,客观上存在着"吴韵"强而"汉风"弱的文化现象,这当然是同吴文化区和汉文化区经济社会发展的阶段与水平密切相关的。党的十七届六中全会以来,徐州市委、市政府明确了要实现"吴韵汉风"比翼齐飞的努力方向和奋斗目标,通过推进"汉之源"文化传承行动、"汉之赋"文艺创作行动、"汉之韵"形象打造行动,更大规模地强力实施"舞动汉风"工程。近几年间,"汉之源"行动催生了一大批两汉文化研究机构和数量可观的学术理论研究成果,百卷《汉学大系》、六种《汉文化丛书》、一部《徐州通史》及一系列两汉文化考古著作相继开题或已经出版发行。"汉之赋"行动在文学艺术领域潮流叠起,两汉典故、重大事件、民俗风情相继走向舞台,进入文化生活,现代舞剧《汉风华章》、电视剧《解忧出塞》、文艺丛书《舞动汉风》等扛鼎之作几成两汉文化复兴的当代标志。"汉之韵"行动融入了城市规划建设与营销管理,渗透在旅游、生态、人文各类产业和经济社会生活,通过实施城市色彩规划、装饰装潢推广文化景点打造、"汉韵佳人"评选、汉文化旅游节、刘邦文化节等等,彰显了"楚韵汉风、南秀北雄"的城市特质,打造了"一城青山半城湖,两汉文化看徐州"的文化品牌,形成了"吴韵汉风"比翼齐飞的大气象和新态势。

研究弘扬两汉文化任重道远,不仅在于对两汉漫长而深厚的历史研究任务艰巨,更重要的是关于两汉历史中精神文化层面的深度研究具有探索性和挑战性,需要更多的学科、更高的境界和更长的时间。只有从精神文化的角度研究两汉历史,才能发现两汉史实与现象中所蕴含的文化心理、所培育的思维方式、所塑造的民族性格、所滋养的价值观念。而这些,正是徐州"舞动汉风"工程最为需要的理论依据、学术支撑和科学内涵,同时又是"汉之源"文化传承行动的努力方向和广阔空间,希望社科理论界有更多的专家学者参与进来、共同努力,以古为今用的理念和探索创新的精神推出更多成果,为更高水平地打造"两汉文化看徐州"文化品牌贡献力量,为"迈上新台阶、建设新徐州"谱写新篇。

且以为序。

（作者为中共徐州市委常、宣传部部长）

前言

　　"自古彭城列九州，龙争虎斗几千秋。"历史文化名城徐州，是江苏省建城最早的城市之一，历史文化积淀深厚。江苏有"吴韵汉风"之说，"汉风"当然是指以徐州为中心的苏北的汉代历史文化风貌，这种文化风貌对中华文化产生了一定的影响，是江苏省一张靓丽的文化名片。

　　文化都有其源流，都是薪火相传的。徐州历史文化源远流长。从新石器时代到夏商周，以考古资料与典籍记载的结合，可以探求徐州历史文化的起源。"徐州"一词的出现始于《尚书·禹贡》："海岱及淮惟徐州。"《释名》载："徐，舒也，土气舒缓也。其地东至海，北至岱，南及淮。"《吕氏春秋》云："泗上为徐州，鲁也。"《尔雅·释地》云："济东曰徐州。"概括起来说，古徐州大体是指泰山以南至淮河的一片区域。依据考古发掘，徐州远古属于我国东夷文化中的徐夷文化带。徐州地区早在 10000 年前，已有居民活动；距今 10000 年至 6500 年间，已开始磨制石器、烧制陶器、从事农业、纺织业；距今 6500 年至 5500 年间，开始应用对钻穿孔和慢轮制陶技术，扩大了种植和饲养业规模；距今 5500 年至 4600 年间，开始运用切割法和管钻法加工玉石器，运用快轮制陶，在地面建房，使用铜器；距今 4600 年至 4000 年间，徐州古人生产和生活已进入文明时代。自古以来徐州就是"兵家必争之地"，然而，历史悠久的城市都具有历史文化的多元性，徐州也是如此。人世沧桑，在历史的沉淀中徐州成为徐夷文化的衍生地、彭祖养生文化的发源地、道教文化的诞生地、军事文化的策源地、运河文化的流传地。徐州,以厚重的文化底蕴和灿烂的古文化遗存影响深远。

古徐州具有优越的区域优势。西周时为徐偃王故国,据《后汉书·东夷传》记载:"偃王处潢池东,地方五百里,行仁义,陆地而朝者三十有六国。"东周春秋时,彭城属宋。战国时归楚,秦统一后设彭城县。公元前208年项梁立楚怀王的孙子熊心为楚怀王,建都于盱眙,后迁都彭城。公元前206年项羽自封为"西楚霸王",王梁、楚九郡,建都彭城。徐州作为西楚故都,一度是我国政治、经济、军事、文化的中心。公元前202年刘邦建立汉朝,徐州为汉楚国。西汉元封五年(公元前106年)设徐州刺史部(无治所),辖有琅琊、东海、临淮三郡和楚、泗水、广陵三国共132县。东汉徐州刺史部(治所先后在郯、下邳、徐州),辖东海郡、琅邪国、彭城国、广陵郡、下邳国5个郡国,东汉末设置利城郡、城阳郡、东莞郡、东安郡、东城郡5郡。[①] 区域范围大致是当今的山东省东南部、江苏省长江以北及安徽省东北角。(北到东营,东连大海,西临商丘,南接扬州。)古徐州相对集中了人力、物力、财力,凸显了徐州区域的优越性。

徐州是汉文化的发祥地。秦汉之际,从沛县走出的布衣皇帝刘邦,率三千丰沛子弟,经楚汉之争,战胜项羽而称汉帝,一统天下,建立了辉煌的大汉王朝。两汉420多年间,徐州共有13个楚王,5个彭城王。先秦时期,徐州是中国思想发生、发展的中心地区,是文化交流、交通往来便利的地区,是生活技能开化较早的地区。徐州的文化习俗具有融汇古今的综合性、南北共塑的典型性和百家合璧的多元性,从而影响了两汉文化的发展。因此,徐州是两汉文化当之无愧的发祥地。

两汉文化是徐州历史文化中最光彩亮丽的一页。徐州两汉文化主要在徐州区域内(徐州刺史部),由徐州本土人民在社会历史发展过程中所创造物质财富和精神财富的总和。徐州两汉文化不外乎由物质文化、精神文化、制度文化构成。其中物质文化,包括交通工具、服饰、生产、生活用品等;精神文

① 见西汉、东汉徐州刺史部情况一览表。

化有宗教信仰、风俗习惯、道德情操、学术思想、文学艺术、科学技术等经过历史的沉淀形成的能够传承的以文化人的意识形态；制度文化有生活制度、家庭制度、社会制度等方面内容。

徐州两汉物质文化有汉墓、兵马俑、汉画像石及众多各种材质不同的纹饰的文物；徐州两汉精神文化有各种著作（一方面，儒家经学；另一方面，汉儒阴阳五行道家、道教思想）、民俗习俗、崇文尚武、尊师重道、重情重义，及技艺为代表的非物质文化遗产；徐州两汉制度文化除与大汉王朝相一致的共同遵循的规章制定、法律外，徐州汉楚国有自己的典章制度，即霸王杂之的制度文化。

当然，徐州区域的两汉文化与汉代全国范围的两汉文化既有区别，又有联系，相辅相成。考古发现徐州有 6000 余年文明史，徐州两汉文化的形成可谓源远流长，从时间上，萌于商周，形成于秦末，发展于西楚，成长于两汉。从地域上，汉水又称汉江，古时曾叫沔水，与长江、黄河、淮河一道并称"江河淮汉"。汉江流域具有深厚的文化底蕴，堪称一部纪录生命起源、人类诞生、石器时代、青铜器时代、铁器时代乃至近代的完整的历史画卷。楚国早在商代就开始在汉水流域活动，楚国在汉水南岸发展是先向北后向东扩张的，它先控制了汉水上游的原生部落方国，东渡汉水，开始了对"汉阳诸姬"的争夺，在对北方中原方国的不断兼并过程中，楚既把楚文化带来这一地区，也从这一地区取得了中原文化的先进经验，并且把它们融入自身的文化体系当中。1973年襄阳佘岗春秋战国墓出土大批器物中有一件"徐王义楚元子剑"，有 16 字铭文，对研究春秋时期徐国历史及徐楚关系有重要价值。不过，有文字史以来，徐州就与楚有割不断的联系。其一，据《史记·楚世家》记载，"彭祖，黄帝后裔，陆终氏之子，陆终氏生六子，一昆吾，二参胡，三彭祖，四会人，五黄姓，六季连"。季连楚之先祖，彭祖为楚先祖之三兄；其二，当公元前 1010 年周穆王令楚国伐徐，徐州就屡被楚侵，之后楚庄王、楚子辛多次攻占彭城，当然，春秋无义战，晋、宋也多次参与。直到公元前 472 年，周元王四年，楚正式将徐州纳入版图，当时楚地宽广，"江陵（南郡）为南楚，吴为东楚，彭城为西楚"，彭城还是西楚范围。战国时，楚等五国合纵攻秦失败，为避秦兵锋芒，公元前

241年长沙楚考烈王迁都寿春(安徽寿县,离徐州仅200公里),名寿郢。公元前208年六月,项梁立楚怀王的孙子为楚怀王(义帝)建都盱眙,后迁都彭城即徐州。徐州一度成为西楚的军事、政治、文化的中心。公元前206年项羽自封为"西楚霸王",王梁、楚九郡,建都彭城,然后封18个诸侯王,其中刘邦被封为"汉王",封地为巴、蜀、汉中。同时汉江流域也是汉朝的发源地。"大汉民族"、"汉文化"、"汉学"、"汉语"这些名称,都是因有了汉朝才定型,而汉朝得名于汉江,发源于汉中。刘邦由汉王登上皇帝宝座成为汉帝,便以其发迹之地来命名新建立的王朝。建立汉朝后,以彭城为中心立汉楚国,又设汉徐州刺史部。

徐州两汉文物丰厚,首先,具有代表性的有汉墓。其一,徐州西汉楚王陵墓群。西汉初,刘邦封同姓诸王于全国各地,在徐州境内,已确定为楚王墓8处,它们是:徐州市狮子山汉楚王墓及陪葬兵马俑坑、驮篮山汉楚王墓、小龟山汉楚襄王刘注墓、东洞山汉楚王墓、南洞山汉楚王墓、卧牛山汉楚王墓,位于铜山县的楚王山汉楚王墓群和北洞山汉楚王墓(见铜山县21—B3及其子目)。除楚王山汉楚王墓群外,均已发掘,都是大型岩洞墓。其二,东汉彭城王墓(也称土山汉墓)。土山东汉彭城王墓包含三座大型墓葬。一号汉墓位于土山封土的西北部。1969年,出土银、铜、铁、陶、漆及玉、石珠饰等类随葬品近百件,包括一具较完整的银缕玉衣。二号汉墓位于封土的中部,2004年由南京博物院和徐州博物馆将对其进行正式考古发掘。三号墓位于土山西北,2002年由徐州博物馆发掘,墓葬在山岩上凿出深坑,再用巨石和特制的大砖砌成。其三,东汉贵族墓。其中有姚集镇双孤堆古墓葬燕子楼公园内王陵母墓、石磊巷华祖庙及华佗衣冠冢、青山泉镇白集汉画像石墓、茅村汉画像石墓、拉犁山汉画像石墓等。其次,徐州两汉文物。徐州出土的汉代文物种类繁多,主要有玉器、金银器、青铜器、铁器、陶器、石器、牙骨器、化石等,其中尤以汉玉、汉俑和汉画像石最为典型。再次,徐州两汉建筑遗存。如戏马台遗址,汉代采石场遗址,石户城遗址,大风歌碑,射戟台等。

徐州非物质文化遗产丰厚,仅省级、国家级非物质文化遗产保护项目就达42项。其中代表性的汉文化非物质文化遗产有:徐州香包,汉代蹴鞠。汉代器乐,吹奏乐器,如埙、排箫、笙、笛等;弦乐器,如琴、瑟、箜篌等。舞蹈有建鼓舞、盘鼓舞、长袖舞。

虽然时过境迁,汉代已远去。但是,徐州在楚汉时期留下的九里山古战场、戏马台、歌风碑、射戟台等历史遗迹仍诠释着"徐州乃兵家必争之地"。汉墓、汉兵马俑和汉画像石时时涌动着两汉文化的神韵。背水一战、楚河汉界、衣锦还乡、彭城之战、十面埋伏的楚汉故事仍在徐州民间流传;《汉风乐舞》、"汉魂"舞龙、《汉刘邦》《解忧公主》、长袖舞、盘鼓舞、建鼓舞、汉代楚歌、汉代蹴鞠、汉代器乐等还在表演;鼋汁狗肉、霸王别姬、龙凤呈祥、油炸长春卷等在徐州地区常见于饭桌;丰县斗鸡、沛县武术及汉代婚丧嫁娶等民俗在徐州地区人们的生活中打下深深的烙印,传承至今。

徐州汉文化兼收并蓄不断传承。由于历史、地缘关系,徐州在东夷尤其是徐夷文化的基础上先后受楚文化、齐鲁文化、秦晋文化、吴越文化的影响,兼容并蓄形成徐州区域汉文化,并影响着汉代文化。当今,在传承汉文化的过程中,经过文化体制改革,通过整合徐州的历史文化资源,徐州坚持将古代文化与现代都市文明相结合,充分发挥现代文化的积极作用,彰显徐州区域特色文化。从20世纪90年代起,徐州陆续举办了举办了汉文化旅游节、彭祖文化节、刘邦文化节。近年来,徐州以丰厚的汉文化资源为依托,不断加强对汉文化内涵的研究与发掘,坚持文物保护与旅游开发相结合,制定精品战略,2007年10月30日,跨九省24个城市在徐州文化城乐府,缔结"中国汉文化旅游同盟",联手拓展国际客源市场。突出汉文化特色,着力打响"两汉文化看徐州"品牌。注重对徐州汉代历史文化的保护利用,先后对徐州博物馆扩建、土山汉墓发掘、汉代采石场保护。汉文化景区建设,龟山汉墓遗址区的保护和开发利用,使古代文明与现代文化交相辉映,既体现了城市文化底蕴,又洋溢着现代文明色彩。

徐州文物部门在北京国家博物馆成功举办了"大汉楚王徐州西汉楚王陵墓文物精品展",在意大利总统府进行徐州博物馆金缕玉衣展,在奥地利举办了"金与玉——中国徐州历代文物珍品展",在英国肯彻斯特城堡博物馆举办了"王的守护者——中国汉代陶俑艺术珍品展"。徐州汉代文物先后赴奥地利、韩国、德国、日本、新加坡、美国等 11 个国家参加国际文化交流和文物展出活动。近年来,徐州以汉代历史文化为题材,创作的舞剧《汉风乐舞》、《盘鼓舞》、《汉秀》,历史剧《汉刘邦》、《解忧公主》,电视宣传片《徐州汉风》等剧目,荣获江苏省音舞节比赛"特别奖"。徐州艺术团体携舞蹈《汉秀》等赴韩国参加第十九届国际旅游节演出,提高了徐州汉文化在世界的知名度。

总之,薪火相传的两汉文化,是徐州城市的历史文化名片,也是苏北徐州为中心城市群的优势,通过加强文化要素市场建设,形成汉文化资源的良性循环机制,推动文化产业资源集聚和产业融合。保持徐州地域文化个性,改善地域人文环境,提高地域文化品位,将有利于促进区域经济社会协调发展。

第一章

源远流长古徐州

第一节　徐州文明的初曦

徐州有 6000 余年文明史，《尚书·禹贡》记载："海、岱及淮，惟徐州。""海岱"是指自黄海西岸至泰山南北及淮河的广大地区。考古发现，经过"大汶口文化"时代的孕育，到"龙山文化"时代（距今约 4500—4000 年），文明的诸要素在海岱一带破土萌芽，成为中华人文始祖的重要活动区域。徐州在历史上有过四次大的文化辉煌发展时期：

第一次是 6000 年至 5000 年前的炎帝、黄帝、少昊帝一脉相承的夏、商时代的东夷文化和彭祖文化。

第二次是春秋战国至秦时期的西楚文化，徐州先后被春秋宋和秦汉时西楚立为都城，是江苏省建城史最早的城市。

第三次是西汉、东汉时期的两汉文化。两汉文化是徐州历史文化中的高峰。

第四次是明、清两朝的大运河文化，形成了徐州包容性颇强的多元文化。

"徐州",一词春秋以后出现。"海、岱及淮,惟徐州。"①《释名》载:"徐,舒也,土气舒缓也。其地东至海,北至岱,南及淮。"《吕氏春秋》云:"泗上为徐州,鲁也。"《尔雅·释地》有:"济东曰徐州。"概括起来徐州大体指泰山、渤海以南至淮河的一片区域。10000年前,徐州地区就有古人类繁衍生息,新沂北沟镇何山头北侧山脊上,留有古人类生活的遗迹。6000多年前,徐州出现了大汶口文化氏族公社的居住村落,邳州大墩子和刘林文化遗址出土的文物中,成熟的制陶工艺、精湛的绘画艺术,反映出当时徐州文明的水平。5300年前,徐州进入大汶口文化中晚期的父系氏族时期,新沂花厅遗址是原始公社父系氏族社会的文化典型。之后,徐州逐渐成为黄河流域大汶口文化与长江下游良渚文化的交汇地。

一、新石器时期

古徐州,经过"大汶口文化"(公元前4200—前2600年)时代的孕育,到"龙山文化"时代(距今约4500—4000年),文明的诸要素在海岱一带破土萌芽。徐州地区石器时代古文化的代表主要有五处:

其一,大墩子遗址(2006年全国重点文物保护单位)。

图1-1 大墩子遗址保护碑

---

① 《尚书·禹贡》。

大墩子遗址(距今 7000—5000 年),位于江苏省邳州市四户镇竹园村东一里,为一高出地表约 5 米、直径 250 米的近圆形土墩。遗址面积约 5 万平方米(1961 年发现)。1963 年、1976 年两次发掘,文化层厚 2.2~5.5 米。发掘面积 986 平方米,出土文物 5000 余件。早期地层遗存类似淮安青莲岗文化,下层属北辛文化。中晚期地层中有古墓葬达 553 座。遗址中出土陶、石、骨器数千件,内有大量精美的彩陶。属大汶口文化早、中期,相当于母系氏族社会末期和父系氏族社会早期。

其二,花厅遗址(2006 年全国重点文物保护单位)。

图 1-2 花厅遗址保护碑

花厅遗址,位于新沂马陵山南麓,棋盘镇花厅村西北约 300 米。年代约为公元前 3000 年。海拔 69 米,东西长约 1000 米,南北宽约 800 米,面积约80 万平方米,文化层厚约 0.7~1.1 米。南京博物院于 1952 年、1953 年、1987年、1989 年进行四次发掘,发掘面积达 3200 平方米,共发掘墓葬 86 座。遗址和墓葬出土石器、玉器、陶器、骨器等 4300 余件。石器有穿孔斧、有段锛、刀、镞等。玉器多达 600 余件,质地、器形和纹饰与太湖地区良渚文化玉器相同,并有神人兽面纹"神徽"。在四号墓中,发现一块陶板上镶嵌八颗绿松石,是我国首次发现新石器时期陶器上的绿松石镶嵌。在 18 座墓葬发掘中,有 8

座墓有人殉现象。墓葬出土的人骨,经上海自然博物馆人类学专家黄象洪教授鉴定,是目前我国发现时代最早的人殉人祭现象。为探索中国文明史的起源,研究黄淮河下游的史前文化,提供了一批前所未有的和十分珍贵的实物资料。从花厅出土的文物论证,可以把我国奴隶制社会的历史向前推进 2000年。世界著名考古学家、美国哈佛大学人类系主任张光直教授说:"殷商文化的渊源要到花厅文化中去找。"花厅遗址属于大汶口文化的中、晚期。①

其三,小徐庄遗址(2002 年江苏省重点文物保护单位)。

图 1-3　小徐庄遗址保护碑

小徐庄遗址,位于新沂市棋盘镇小徐庄村东北 500 米马陵山西南麓坡地上,与著名的花厅古文化遗址南北相连。东西长约 400 米,南北宽约 250 米,面积约 10 万平方米,坡地北高南低,文化层最厚处 1.8 米。该遗址为新石器时代大汶口文化早、中期遗存,距今 5500 年,总面积 35000 平方米,1998 年及2000 年共进行两次发掘,发现灰坑 32 个、作坊址 4 处、柱洞 54 个、墓葬41 座。

小徐庄遗址出土有一定数量的南方太湖流域崧泽文化因素的器物,反映出早在距今 5500 余年前,海岱区域和太湖区域的原始文化有碰撞、交流,再

①　《花厅——新石器时代墓地发掘报告》,文物出版社 2003 年版。

次证实古徐州地区处在南北文化交汇的过渡带,为研究南北两地物质文化交流提供了新的素材。小徐庄遗址发现建筑用人祭现象,表明原始人的宗教意识,同花厅遗址大墓殉人现象一样,对探讨人类文明发展有重要价值。[①]

其四,刘林遗址(1990 年市级重点文物保护单位)。

刘林遗址,位于江苏省邳州市戴庄镇刘庄村西南。1957 年中运河复堤取土时,初步暴露了文化层,发现三足鼎、钵、彩陶等。1959—1960 年,江苏省文物考古队两次调查、发掘,获得了大批珍贵资料。经研究确定为新石器时期的古文化遗址。遗址约 370 多万平方米,共发现墓葬 145 座,出土文物 804件,其中玉、石器 69 件,骨、角、牙器 215 件,陶器 530 件。说明当时人类已进入了父系氏族社会,生产力有一定程度的发展,出现了社会分工,已逐步产生产品交换和财产私有。该遗址对研究我国原始社会晚期历史具有一定的科学价值。

其五,梁王城遗址(1990 年市级重点文物保护单位)。

图 1-4 梁王城遗址保护碑   图 1-5 梁王城遗址考古现场

梁王城遗址,位于邳州市北部约 37 公里处,戴庄镇李圩村西 500 米,中运河东岸,由河边的台地遗址和东部的城址两部分组成。其中台地遗址,南北长 180 米,东西宽 120 米,面积约 2 万平方米,高出地表 1～3 米。1957 年,南京博物院考古调查发现了该遗址,1995 年发掘 650 平方米,文化层厚度一般在 3.5～5.0 米,最厚处 6 米,共分为七层。地层堆积,从早到晚依次为大汶

---

① 《中国文物报》1999 年 8 月 22 日。

口文化层、龙山文化层、商周文化层、春秋战国文化层、北朝到隋文化层,以及宋元、明、清文化层,历史延续约 5000 年。遗址面积共有 100 多万平方米,可能是春秋战国时期当地的繁华闹市区域或政治经济中心。新石器时代堆积层主要属大汶口文化晚期,陶器有泥质、夹砂及薄胎黑陶,器形有鼎、盆、杯、豆、罐、缸、壶等。龙山文化遗物主要见于灰坑,发现鸟首形足鼎等。另外还发现典型的岳石文化器物,如蘑菇形纽盖、弦纹豆、宽柄杯等。商周层出土铜鼎、陶罐、陶豆、玉玦等。在遗址上还发现战国到南北朝的城址。

梁王城遗址,是春秋战国时期苏北地区最大的城址,是研究黄淮地区人类文明起源的重要资料。2004 年,由南京博物院、徐州博物馆以及邳州博物馆有关人员组成的考古队,对遗址进行了第一次科学的主动发掘,发掘面积共计 2100 平方米,确定了城址的文化性质。在南水北调工程前,从 2006 年 3 月至 2007 年 4 月 20 日,南京博物院、徐州博物馆以及邳州博物馆组成的考古队对梁王城遗址进行了第二次抢救性发掘。待发掘及文物保护工作完成后,梁王城遗址的西部将被淹没在大运河南水北调的水下。大汶口文化属于东夷,东夷人有拔门牙的风俗,梁王城遗址埋葬的成人大多数少两颗上门牙。因此,梁王城遗址,早期属于东夷文化。

二、夏、商、周三代

1. 夏

徐州历史文化在夏时,值得一书的主要有两方面。

其一,徐州为彭姓封国。篯铿善烹饪,因献雉羹于尧帝,得赏识,被封于彭地,为彭祖。夏商时期,大彭氏国日渐强大。夏启十五年,"武观以西河叛,彭伯寿帅师征西河"。商王外壬元年,"邳人、姺人叛",彭伯又先后平定了邳和姺。为就近监视邳人、姺人的活动,大彭氏国国都由大彭山下东迁至彭城(今徐州市),力量强大的彭国令商王不安。商王又担心大彭国成为当时祝融集团中的姺方等部落的内应,武丁四十三年(公元前 1297 年),大彭国为武丁所灭,大彭国前后存约 800 年。①

　　其二,徐州为九州之一。"九州",属于地理概念,是指雍州、冀州、兖州、徐州、豫州、青州、梁州、荆州、扬州。《竹书纪年》记载:"帝舜有虞氏,三十三年春正月,夏后受命于神宗,遂复九州。"②因此有"禹鲧是始布土,均定九州"③之说,郭璞注:"布犹敷也,敷分也,敷土即别九州之义。"④"禹别九州,随山浚水,任土作贡"⑤,"昔周辛甲之为大史也,命百官,官箴五阙,于《虞人之箴》曰:'芒芒禹迹,画为九州,经启九道,民有寝庙,兽有茂草,各有攸处,得用不扰'"⑥。

　　考古发现有关"九州"的记载,春秋青铜器《叔夷钟》铭文有"咸有九州,处禹之堵",《秦公簋》铭文有"禹敷土,随山刊木,奠高山大川,帝命禹布土以定九州"。《○公盨》铭文:"天命禹敷土,随山浚川,迺釐方设征。"⑦

　　"九州"的地理位置和名称在《尔雅·释地》中有明确表述:"九州即两河间曰冀州,河南曰豫州,河西曰雍州,汉南曰荆州,江南曰扬州,济河间曰兖州,济东曰徐州,燕曰幽州,齐曰营州。"周代史官早有禹划九州的记载:"禹亲执畚耜,以陂明都之泽,决九河之阻,于是乎夹州、徐州始可处也。禹通淮与沂,东注之海,于是乎兖州、营州始可处也。禹乃通蓼与易,东注之海,于是乎蒸州始可处也。禹乃通三江五湖,东注之海,于是乎荆州、扬州始可处也。禹乃通伊、洛,并瀍、涧,东注之河,于是乎豫州始可处也。禹乃通泽与渭,北注之河,于是乎卢州始可处也。"《吕氏春秋》:"何谓九州? 河、汉之间为豫州,周也。两河之间为冀州,晋也。河、济之间为兖州,卫也。东方为青州,齐也。泗上为徐州,鲁也。东南为扬州,越也。南方为荆州、楚也。西方为雍州、秦也。北方为幽州、燕也。"⑧不难看出,不同典籍记载九州的地理位置都与治

---

① 《竹书纪年》。
② 王国维:《今本竹书纪年疏证》。
③ 《山海经·海内经》。
④ (元)宋傅寅:《禹贡说断》。
⑤ 《书序》。
⑥ 《左传·襄公四年》。
⑦ 《〈○公盨〉铭文考释》,《中国历史文物》2002 年第 6 期。
⑧ 《吕氏春秋·有始览·有始》。

水相关。东汉许慎认为："'州',通'洲'。水中可居者曰洲,水周绕其旁,从重川。昔尧遭洪水,民居水中高土,故曰九州。"①考古发掘对此也有确凿印证,《容成氏》战国楚竹书第 24 到 27 简记载,九州,是以大禹顺水流趋势治水的先后排列秩序,夹州(黄河下游水系),徐州(淮河、泗水水系),兖州、营州(泗水、济水、沂河水系),豫州(伊水、洛河水系),卢州(泾河、渭河水系)等。② 可见,九州为河流环绕的高地,或水中的陆地为州,应确定为地理概念而不是行政区划。

"九州"与"十二州"的关系,汉代有明确记载:"尧遭洪水,天下分绝为十二州,禹平水土,更置九州。"③这样又回到东汉马融的观点,即"十二州"是在"九州"基础上,冀州分出并州,青州分出营州,雍州分出梁州,而被称为"十二州"。当顾颉刚指出《尚书·尧典》是伪书后,"九州"之说确定无疑。然而,不论"十二州"还是"九州"内容形式有何变化,徐州为其中之一没有变化。徐州为"十二州"之一,更准确地讲徐州应为"九州"之一。中国目前有文献可考的最早的历史地图集《禹贡地域图》十八篇中,有"九州山川地图"包括徐州在内。④

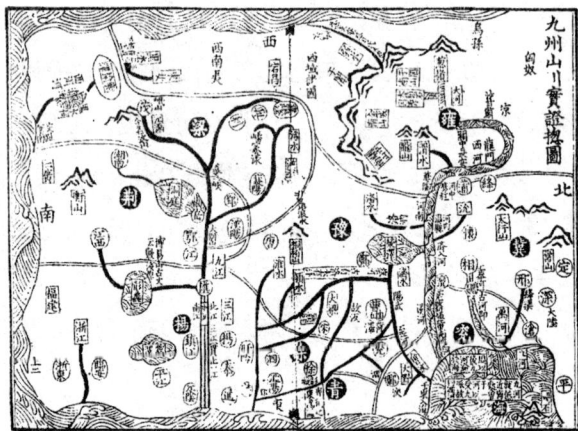

图 1-6 九州山川图

---

① (东汉)许慎:《说文解字》。
② 《上海博物馆藏战国楚竹书》。
③ 《汉书·地理志》。
④ (唐)房玄龄:《晋书·裴秀传》。

可是纵观徐夷在夏朝末,公元前 16 世纪,到春秋(公元前 524 年),1000
多年中,从部族迁徙到立国,从反抗周朝到依附楚国,其活动范围中心大多在
彭城、下邳、睢宁、滕县、郯城、泗洪、泗县一带(近年在邳州梁王城附近,九女
墩一号、二号墓出土编钟尚有"徐王之孙尊"铭文)。正如何光岳所指出的那
样:"其实嵎、莱、和、徐、淮均为鸟夷的分支图腾名称,随着这些部族的迁徙,
也把族名带到那里,便成为山川地名了。"①州是水中陆地,这是毋庸置疑的,
而"徐"正是徐夷留下的地名印记。

甲骨文中有几十处"彭"的记载,铜山县丘湾留有社祭遗址。

图 1-7　商代遗址社祀中心竖立的大石

夏启封伯益二儿子若木于徐,形成徐国。泉旺头遗址(贾汪镇泉旺头村
西,商周)为台形遗址,遗址长、宽各约 50 米,面积约 2500 平方米,高 4 米。据
调查,文化层厚约 4 米,包含物较为丰富,陶器有黑陶杯、罐、盆、鬲、瓦片;石
器有斧、箭镞、砺石;其他还有鹿角、蚌壳等。

2. 周

徐国历夏、商、周三代,徐偃王时强盛,地方五百里,割地而朝者三十六

---

① 何光岳:《东夷源流史》,江西教育出版社 1990 年版,第 7 页。

国。筑有都城,遗址在邳州梁王城。此时,周王朝与徐国之间征伐不断。春
秋末年,在徐国传有"季子挂剑徐君墓"的美谈。公元前512年,吴灭徐。孔
子周游列国时过彭城,在泗水北岸圣女山下演习周礼,于吕梁洪上发出"逝者
如斯夫,不舍昼夜"的感叹。战国时期,魏攻宋时,彭城地理位置险要,"岗峦
环合,汴泗交流,北控齐鲁,南扼濠泗,东襟江淮,西通梁宋",宋国都由睢阳
(今商丘南)迁都彭城。公元前286年,齐灭宋,得彭城。两年后,列国"合纵"
攻齐,楚得彭城和沛。公元前223年,秦灭楚,彭城归秦。焦庄遗址(贾汪镇焦
庄村西约500米,新石器时代、商周)位于山前坡地,三面环山。遗址长、宽各
约100米,面积约1万平方米,文化层厚1米左右。1991年调查发现,地表遗
物不甚丰富,有大汶口时期的夹砂黑褐色圆柱形、方形鼎足以及鼎、泥质红陶
豆、壶、罐等残片,商周时期的鬲足、瓿、盆、罐等残片。

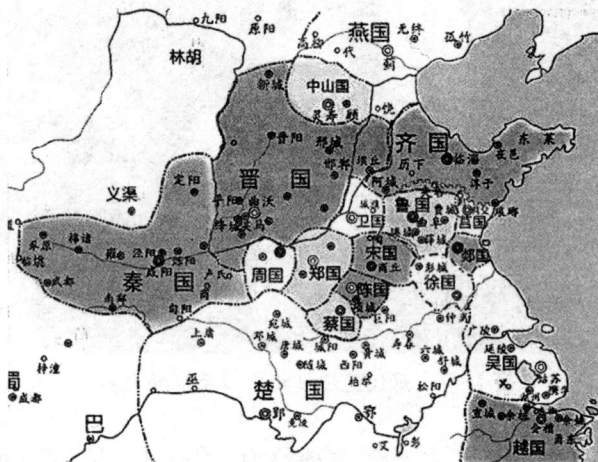

图1-8 东周列国地图

春秋时"勾践灭吴会诸侯于徐州"①。最早的徐州城邑,就在今天山东滕
州南的官桥附近。

3. 秦

秦王政五年(公元前242年),置楚郡于彭城,寻废。秦王政二十六年(公

————————

① 《史记·越世家》。

元前 221 年),秦灭六国,天下一统。"分天下以为三十六郡,郡置守、尉、监。"①改置彭城县,属泗水郡,郡治驻沛县。

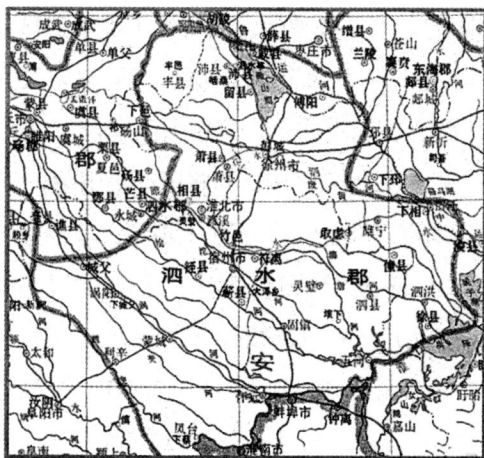

图 1-9　秦泗水郡地图

公元前 219 年,始皇东巡,过彭城,求周鼎于泗水,无果而返。秦王政十七年(公元前 230 年),秦灭韩。秦王政二十三年(公元前 224 年),秦将王翦攻楚,取陈以南至平舆,掳楚王负刍。项燕拥立昌平君为楚王,反秦于淮南。秦王政二十四年(公元前 223 年),秦将王翦、蒙武攻昌平,破楚军,昌平君死,项燕自杀。秦王政三十七年(公元前 210 年)十一月始皇帝出游渡钱塘江,上会稽,祭大禹,项羽随叔叔项梁到江边观看。

秦二世元年(公元前 209 年,秦以十月为岁首)七月,陈胜、吴广率戍卒 900 人起义于蕲县大泽乡,攻克陈,自称王,国号为张楚。九月项梁率项羽杀会稽郡守,起兵吴中。公元前 209 年十月,刘邦在沛县揭竿而起,刘邦投靠景驹部。秦二世二年(公元前 208 年)正月,陈涉死,涉将召平矫命拜项梁为楚柱国,命急西击秦。二月,项梁及项羽率江东 8000 子弟渡江。陈婴、黥布率军来归。四月,项梁及项羽击杀自称楚王的景驹和将军秦嘉。进入薛城,兵力已达 10 余万。刘邦投靠项梁部,项梁与之卒五千,五大夫将十人。六月,

---

① 《史记·秦始皇本纪》。

项梁在民间求得楚怀王之孙熊心,立为楚王。七月,项羽和刘邦一起打败章邯。刘邦受楚怀王之命西征灭秦。八月,项梁率军救东阿,破秦军,乘胜至定陶。九月,秦将章邯破楚军,杀项梁于定陶。怀王徙都彭城。项羽还军彭城。项羽与刘邦相约先入定关中者为王。闰九月,怀王拜宋义为上将军,封项羽为鲁公,任为次将,属宋义,北上救赵。秦军围巨鹿,秦二世三年(公元前207年)十月,章邯破邯郸,徙其民于河内。齐将田都叛田荣,率军往助项羽救赵。十一月,项羽杀宋义,怀王不得已拜项羽为上将军。项羽率军渡河救巨鹿,十二月,大破秦军于巨鹿,诸侯将皆归属项羽。正月,掳秦将王离。二月,攻破章邯军,章邯军退却。四月,楚急攻章邯,章邯恐,派长史司马欣归秦请兵,赵高不见。五月,赵高欲诛司马欣。欣恐,逃走告章邯,共谋叛秦。六月,章邯与楚约降,约未定,项羽击之。七月,项羽与章邯会殷墟。章邯降,订盟约。封章邯为雍王。八月,赵高杀二世。项羽以秦降都尉董翳及长史司马欣为上将,率领秦降军。刘邦入武关。九月,子婴为秦王。秦末,刘邦揭竿为旗,斩木为兵,一呼而百应,据沛县,为沛公。公元前208年,楚怀王从盱眙迁都彭城,封项羽为长安侯,刘邦为砀郡长,封武安侯,共图灭秦大业。[1] 公元前206年,刘邦率军进抵霸上,秦亡。

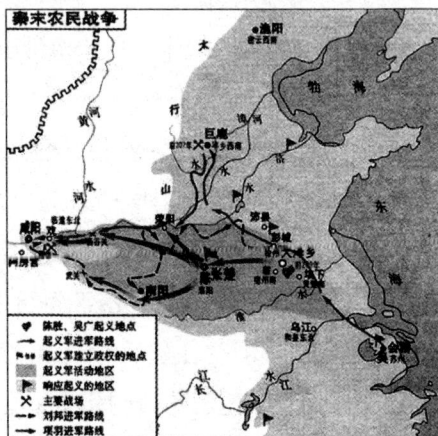

图1-10 秦末抗秦起义路线图

---

① 《史记·高祖本纪》。

第二节　徐州历史文化的积淀

一、徐夷文化的衍生地

从徐夷的产生、繁衍,到发展、兴盛,再到迁徙消亡的过程,来分析徐夷文化,徐州既不是徐夷文化的原创地,也不是徐夷文化的终结地,严格地讲,徐州是徐夷文化的衍生地。

1. 徐夷文化的源头

所谓徐夷文化,是指徐夷创造的文化。徐夷文化离不了徐夷的生存地带和生活时代的过程。徐夷产生于河北东夷;迁徙到山东、江苏徐州及淮河流域,消亡在苏南、浙江、安徽。徐夷的生活时代,经过夏商周(春秋战国)三代,综合典籍和考古资料可以发现:其一,徐夷文化历经发端期(河北,夏及商前期);其二,发展高峰期(苏鲁豫皖接壤地徐州,商中后期及周前、中期);其三,衰落期(苏南、浙江、安徽,战国后期)。徐州既不是徐夷文化的发源地、发端期,也不是徐夷文化的衰落地、衰落期,严格地讲,徐州是徐夷文化的衍生地和发展高峰期。因此,存世1600多年的古徐国给徐州留下了丰富的文化遗产。徐州的徐夷文化就像齐鲁文化、吴越文化等一样,是在一定的历史时期具有鲜明的地域文化特点的。

(1) 东夷中的徐夷

中国经过2000多年的封建社会,在儒家思想占统治地位的意识形态领域,宗法观念在史学领域一直占主导地位,朝代更替论正统,家族繁衍认正宗。非正统、正宗者,国为蛮夷,家为旁系。所以,有史以来视夏、商、周以外的部落方国为"蛮、夷、戎、狄",即所谓的南蛮、东夷、西戎、北狄。"夷,东方之人，从大，从弓。弓者，已之讹变，大则矢之讹变也。"①因此，夷是使用大弓的部落。东夷始居地是在我国东部，"河北易水流域到燕山一带，以后沿渤海湾南下，或向东北迁徙"②。夏商，东夷的一支为徐夷，徐，古有余、涂、塗等写法，徐夷从河北迁到山东又迁到江淮。徐州地处东部，为东夷迁徙之地，因徐夷而成名。"夷"甲骨卜辞写作像人侧立之形，释为"人方"，像人蹲踞之形，与夏人跪坐不同，释为"尸方"。郭沫若先生说："尸方当即东夷也。征尸方所至之地有淮河流域者，则殷代之尸方乃合山东之岛夷与淮夷而言。"③直到西周金文才正式出现了"东夷"的称谓，这是历史的后话。在黄河流域东西两大系部落集团中，夏人出自西系，而又融合了东方少昊集团许多部落最早建立国家的一支。在夏代400余年中，与东方的斗争最激烈。自后启至后杼与东夷斗争，帝发元年，出现了"诸夷宾于王门，诸夷入舞"④帝发即夏桀之父的局面。

图1-11　河北燕山山脉

① 《说文》。
② 翦伯赞：《殷族与史前渤海系诸氏族的关系》，《群众周刊》1942年第7卷第5期。
③ 郭沫若：《卜辞通纂·征伐》，《郭沫若全集·考古篇》，科学出版社2003年版，第462—463页。
④ 《古本竹书纪年辑证》，上海古籍出版社2005年版，第15页。

图 1-12　燕山主峰

商朝人出自黄河流域东西两大系部落集团中的东系,是东、西两大系部落融合的复合型共同体,其与东夷的同源联系,对商朝与东夷的关系影响很大。

商代人殉、人祭之风源于东夷(徐州花厅古文化遗址、小徐庄遗址墓葬中均发现人殉、人祭现象),从甲骨卜辞的记录看,用人殉、人牲的主要是羌人。商晚期,卜辞中常有征伐人方、尸方的记录,东夷与商朝也兵戎相见,而且有的记录表明商对东夷的征伐时间延续长,规模大,涉地远(已到淮河流域)。"商人服象,为虐东夷。"①"商纣为黎之蒐,东夷叛之。"②有的学者认为商纣与东夷大规模的战争是商朝灭亡的主要原因之一,"纣克东夷而殒其身"③,但是从西周初期,东夷与商后裔联合起来反对周王的史实出发,商与东夷的关系曾经比较亲近。周与徐夷的关系,分三个时期。

第一个时期:周初期武王至康王时期

公元前 1046 年武王灭商后,封纣子武庚为诸侯,周武王又封其弟管、蔡、霍三叔为"三监",在商中心地区监视武庚。周武王周密布置后,仍"自夜不

① 《吕氏春秋·古乐篇》。
② 《左传》昭公四年。
③ 《左传》昭公十一年。

寐",因为商后裔和东夷的势力仍很强大。武王灭商后两年去世,其弟周公辅其子成王,而"三监"心怀不满,武庚乘机与东夷大国奄(少昊集团的中心,今山东曲阜县旧城东)、薄姑(今山东博兴县东南)等联合反周(奄和薄姑,在西周初是东夷势力最大的两国。据《史记》记载,周武王曾封太公望于营丘,国号齐,是薄姑的中心地区;封周公于奄,国号鲁,是奄的中心地区)。当薄姑与奄起兵反周时,追随者还有其他东夷方国与部落,周公大举东征商后裔和"东尸"(夷)、"东或"(国)。《孟子·滕文公》载:"周公相武王,诛纣、伐奄,三年讨其君,灭国者五十。"这五十国大多当在今山东境内,此外还有在淮水地区的淮夷。据古籍记载,周公伐奄在成王即位之初,经过三年多战争才杀了武庚,占领了奄,放逐蔡叔。即使在周公东征取得了决定性胜利后,齐大公在营丘立国之初,"莱侯来伐,与之争营丘。营丘边莱,夷也"[1]。经过剧烈的战斗,齐才得以立国,而且直到春秋,有时莱夷也与齐发生战争。周公之子伯禽就封于成,"淮夷,徐戎并兴"[2]。《尚书·费誓》说:"公曰:'人无哗,听命,徂兹淮夷,徐戎并兴'","今往征此淮浦之夷,徐州之戎"。伯禽命令他的士众准备好武器、粮草,振作士气,勇往直前,不然"汝则有常刑"。战后,鲁虽得以立国,成王亲政以后,"淮夷、徐夷及奄又叛,王乃大蒐于岐阳,东伐淮夷"[3],如此大规模征集军队,取得胜利后,又是大规模赏赐,熔金铸器为铭庆功,又是作《多方》等多篇文告,可见成王征伐东夷,影响之大。经过几次反复,山东境内的东夷不再成为周的劲敌,此战巩固了周的统治,才出现了成康40余年不用兵刑的局面。

第二个时期:周中期穆王至孝王时期

周穆王(约前976—前922)时,东夷势力的中心转移到了淮河流域,以淮夷概称东夷,而徐最为强大。徐,嬴姓,渊源于以鸟为图腾的少昊集团,分布在淮水中下游以今泗洪县附近为中心的地区。《逸周书·作雒解》说:"周公立,相天子,三叔及殷东徐、奄及熊、盈以叛。"这里"熊"为"嬴"之讹。杨树达

① 《史记·鲁周公世家》卷三十三,第1480页。
② 《史记·燕召公世家》卷三十四,第152页,使得鲁"东郊不开"(《尚书·费誓·序》)。
③ 《帝王世纪辑存》,第91页。

在《庚嬴卣跋》说："盖古文嬴字形与熊近，先儒误释为熊而今文经从之。"又说："据今此器，知古文经作嬴者是，《公》、《谷》作熊者非。"而"盈"与"嬴"同音，是通假字。可见成王东征之徐戎为东夷。到穆王时，徐已自称王："徐偃号，乃率九夷以伐宗周，西至河上。穆王畏其方炽，乃分东方诸侯命徐偃王主之。偃王处潢池东，地方五百里，行仁义，陆地而朝者三十六国。"[1]后来穆王与楚国夹击徐，徐偃王被杀。《都城记》说："穆王末年，徐君偃好仁义，东夷归之者四十余国。穆王西巡，闻徐君威德日远，遣楚袭其不备，大破之，杀偃王。其子遂北徙彭城，百姓从之者数万。"[2]徐偃王的故事，古籍记述颇多歧异，大约西周中期淮夷以徐夷为最强，经周穆王与楚夹击，徐夷受到严重打击。

第三个时期：周末期夷王至平王东迁以前

西周晚期，东夷的中心更向南移，今山东省境内的东夷反而追随于淮夷之后。直到春秋时，徐夷仍为淮夷群舒当中的大国。古籍金文称之为南淮夷，周夷王时，《禹鼎》铭文噩（鄂）侯驭方叛周，"率南淮尸（夷）、东尸，广伐南或（国），东或"，不仅危及周南境与东境的诸侯，也威胁周的东都雒邑。周动员了西六师、殷八师的力量，才平息下去。宣王时器《兮甲盘》："王令甲政辞（司）成周四方（资），至于南淮尸（夷）。淮尸（夷）旧我（帛）（贿）人……"据郭沫若先生考证，兮甲即铭文后面提到的兮白（伯）吉甫，亦即《诗·小雅·六月》中的尹吉甫。尹吉甫在打败猃狁之后，周宣王即派他征收淮夷的贡物，《诗·大雅·江汉》说："江汉浮浮，武夫滔滔，匪安匪游，淮夷来求。"《诗序》说："《江汉》，尹吉甫美宣王也。"可见与《兮甲盘》所记为同一事件。据统计，西周晚叶金文中南夷凡三见，南淮夷凡六见，而淮夷仅一见。淮夷即南淮夷，可能因其中心转到淮河以南……南夷既与南淮并见，应是指荆楚而言。西周晚叶，王室衰微，诸侯日强，南方的楚、东南的淮夷成为周室的威胁，然而，无论是楚还是东夷都已广泛接受中原文化的影响，融入中原文化。

（2）徐夷文化的形成

从徐夷的形成、发展到壮大，以及徐夷的早期迁徙，我们不难看出，徐夷

---

[1]　《后汉书》卷八十五，第2808页。
[2]　《太平御览》卷一六〇引。

文化带有不同时代、不同迁徙地逐渐积淀形成的特点。早期徐夷文化受夏朝西北羌部落和商朝东夷部落的影响,徐夷是东夷的一部分,其主要活动区域是在河北北部和山东东部一带,围绕渔、猎生产形成其文化的源头。中期徐夷文化逐渐自成体系,其主要活动区域是在山东东南部和徐州及淮河一带,是淮夷中的主要部分。其文化的高峰期,是建立徐国。徐国,在中国历史上的商周时代曾名扬一时,它的活动地域在今苏、鲁、豫、皖四省接壤地带。历史上又有徐夷、徐方、虎方之称;相传是嬴姓部落首领少昊氏的后裔。一般认为,徐夷是东夷族中势力最强大的一支,该部落经济文化发展水平较高,特别是冶炼业、农牧渔业很发达,铸造的青铜器相当精美,具有独特风格。商代后期,又是帝乙和帝辛时期的主要征伐对象与掠夺财富的主要目标。后期其主要活动区域是在淮河及长江中下游一带,其文化影响到吴越、楚及汉。

徐偃王"行仁义",深得东夷之众,可见其文明水准较高。至今传世的徐器中的青铜铸造技术与所铸铭文都比较成熟,接近中原诸侯水平,有一些虽是春秋时器物,也说明徐夷文明发达的渊源久远。徐夷文化主要体现在新石器早期到春秋时期,徐夷文化主要有科技方面,徐夷发明带羽毛的箭,舟、车;冶铜业以及音乐方面,经考古发现有五十弦瑟和陶埙。徐州一代考古发现的琴、瑟、陶埙能佐证徐夷在徐州一带的文化遗迹,1935 年郭沫若在《两周金文辞大系图录二编》中对徐器铭文十分欣赏。徐夷经济发达,是西周王朝赋税的主要提供地,因此"征东国"、"征东夷"成为西周立国之后的主要战事,在西周早期的许多青铜器铭文上都有过文字记载。

在 20 世纪 50 年代之前,有较多出土的徐国青铜器。据资料介绍有 20 余件,主要是生活及兵器方面,如"徐骼尹钲"、"义楚钟"、"徐王义楚铺"、"徐王庚儿钟"都有铭文。其他还有殷"徐伯鬲"、周"徐偃侯旨铭"、"徐偃王壶"、"豆形兽尊仪"、"徐宝蕴"、"大徐王寿铭"、"徐冠卑"、"环头大刀"等。这些徐器大都是徐国晚期(春秋时代)的制品,而在西周徐国鼎盛期的徐器所见不多,可能是在战乱中被掠夺、进献或散失。

徐国的经济发展,还可以从徐器铭文和徐姓家谱及杂史中找到一些线索。例如,绍兴出土的"徐肴尹汤鼎","肴尹"是商朝、徐国、楚国所设管理祭祀的官员,徐夷人居然当上了周王朝的巫祝,可见徐夷经济的发达带来文化的进步,不然,周王朝不可能把祭祀这一神圣的职务轻易地授给一个夷人。徐国是淮夷中具有代表性的方国,已经有十分明确的分工管理这方面的官员。

《诗经·鲁颂·駉》是歌颂鲁国养马众多的篇章,相对来说淮夷地处江淮,河网交错,航运事业具有优势。《英山徐氏宗谱》载:第三十八世祖先徐畅,"畅仕梦为司楫,主航运之事。周昭王南征,使畅操舟事之,行之汉泽,舟失其底,昭王死之,逸于南昌,报父仇也"。"司辑"是管理航运和船舶的官员,联系早先出版的《中文大辞典》"徐偃王"条下注:"穆王时徐子治国,仁义著闻,欲舟行上国,乃导沟陈蔡之间……"徐国居然想以航运的优势,开凿运河,其国力可想而知。公元前1000年至前500年,徐夷文化的集中地在邳州梁王城。

徐夷和淮夷之间的关系应以西周初年两者被迫迁居淮河流域为界,分为前后两个时期。前期应为徐夷和淮夷的分体时期。确切地讲,在这个时期徐夷和淮夷应为两个不同的族团。这两个族团分别在不同的地区活动,是东夷这个大族团中两个最有影响的族团。徐夷在商代就已形成方国,称徐国,徐国是东夷集团中最强大、最有作为的一支;淮夷在商代也建立了国家,曾有与商王朝争夺控制权的冲突。徐夷和淮夷的强大,构成了对商王朝统治的威胁,引得商王朝对徐夷、淮夷的征伐。卜辞记载帝辛十把九月甲子始卜"征夷方",直至"纣克东夷而陨其身"。周灭商后,徐夷、淮夷又成了周王朝的不安定因素。周初,周成王命周公、召公,而后由伯禽频频征战,以更为强大的国家力量对付徐夷、淮夷,对此史籍多有记录。从这些关于叛乱和军事征伐的记录中,可明确看出徐夷和淮夷之间的关系。关于两者并列存在的资料有:淮夷、徐戎亦并兴反,于是伯禽率师伐之于肸,作《肸誓》[1],后人钱时在《融堂书解》卷二十《费誓》中解曰:"徐戎、淮夷,与鲁为邻",阐明了其地理位置。商代后期,徐夷是帝乙和帝辛时期的主要征伐对象与掠夺财富的主要目标。

---

[1] 即《费誓》,见《史记·鲁周公家》。

2.徐夷文化的内容

徐夷文化,是徐夷在社会实践中创造的物质(器物)文化、精神文化和制度文化的总和。

(1)物质(器物)文化

徐夷的物质文化,主要体现在青铜器物方面。20世纪50年代前,考古资料记载有24件青铜器,主要是日常生活、家庭、兵器方面,如"吮儿钟"、"徐骼尹钲"、"义楚钟"、"徐王义楚铺"、"王孙遗者钟"都有铭文。其他还有"徐伯鬲"(殷)、"徐偃侯旨铭"(周)、"徐偃王壶"、"豆形兽尊仪"等。大部分是徐夷晚期(春秋时代)的东西,由于战乱和时代久远,而徐国鼎盛期即西周时的徐器却较少发现。

追溯青铜器的制作,古有"蚩尤作兵"的传说,东夷部落是蚩尤等的后裔,徐器制作曾经处于领先和承前启后的地位。徐器继承了商器的传统。例如,商器没有钟,只有铎,铎形状与钟基本相同,但比钟小、口向上,有柄,执柄而敲鸣,铭文一般都刻在柄上。从西周开始才出现口向下的钟,徐器"徐骼尹征"自名征城,即考古中的句耀,句耀是铎的音变,在浙江绍兴出土的越器中有句镏,应是受徐器的影响。徐器也善于学习和模仿西周的青铜器制作,受西周的礼制和文明的影响。在安徽屯溪、江苏丹徒等地出土春秋战国时期的青铜器,不同于当时南方青铜器的制作风格,都带有棘刺类密集的变形动物纹及几何印纹、陶纹特点的细密花纹,可见徐器的中间过渡时期。

图1-13 徐王嬴义楚剑

浙江绍兴漓渚出土的青铜鸠杖是春秋后期徐国灭亡后,徐夷的一支迁徙至绍兴会稽一带定居所留下的遗物。"鸠"是徐夷崇拜的图腾,在江浙一带出土的徐器中的青铜屋模型之顶上所立的大尾鸠可以佐证。青铜鸠杖,应为徐移民中巫师作法时用的神器。会稽山一带关于大禹和涂山氏的传说,也是徐移民山岳崇拜附会祖先传说积淀形成的。

1990 年 3 月,绍兴县海诸镇中庄村坝头山北坡出土一青铜鸠杖。杖首的鸠首尖呼低冠,展翅欲飞,尾部宽扁,通体饰长方格羽纹,其形制与 1981 年在绍兴坡塘 3 号墓中出土的青铜屋上的大尾鸠十分相似,且两处文物出土地点很近,时代相同,无疑属同类文化器物。

图 1-14 邳州梁王城出土徐国编钟

(2) 精神文化

① 行仁义

《淮南子·人间训》就称徐偃王"有道之君也,好行仁义"。徐偃王因"不忍斗其民",在周、楚连谋争伐时,选择了回避战争的办法,"走之彭城","为楚所败",后又南迁至浙江沿海一带。偃王在临死之前说自己"吾赖文德,而不修武备。好行仁义之道,而不知诈人之心,以至于此"①。这里他已经明确他是"仁"者。至于"仁"的内容,肯定就是他的行为内容了。而且由于他"好行仁义之道","汉东诸侯三十二国尽服矣"。②《北宋徐氏谱》曰:"四方诸侯之争讼者,不至周而至徐",由此而知徐国的仁已为天下知,甚至超过了周。而此前,卜辞中已经有了"仁"字,《商书·太甲》有"怀于有仁",《诗经·郑叔》中有"洵美且仁",周公也自称"予仁者考"③。这里引证的意思是,"仁"作为统治阶

---

① 参见《徐偃王志》。

② 《说苑》。

③ 《礼记·檀弓》下。

级的思想武器之一,由来已久。到了徐国,其内容已逐渐丰富和具体化了。"仁"作为徐国文化的核心内容,其实此时已经固定下来了。

徐偃王"好行仁义",对"上国"周"力尽忠谟","生为忠良之臣"①;对国人则"被服慈惠,身行仁义"②。总之,对上对下,善待之,守规矩。"仁"和"义"的观念一旦作为一种文化被定格,就有了相对的稳定性和影响力。从历史上看,徐国是这一文化和哲学观念的实施者、推行者。

② 重道

"道",是中国古代哲学的重要范畴。在中国哲学史上,"道"这一范畴为道家首先提出。道的原始含义是指道路、坦途,之后逐渐发展为道理,用以表达事物的规律性。这一变化经历了相当长的历史过程。春秋后期,老子最先把道看作宇宙的本原和普遍规律,成为道家的创始人。后来,在不同的哲学体系中其含义虽有不同,但基本上成为世界本原、本体、规律或原理的代名词。

老子论"道",首先是指世界本原。在老子以前,人们对生成万物的根源只推论到天,天的根源没有触及。到老子,才开始探求天的根源,并提出"道"。他认为,天地万物都由道而生。他说:"有物混成,先天地生。寂兮寥兮,独立而不改,周行而不殆,可以为天下母。吾不知其名,字之曰'道',强为之名曰'大'。大曰逝,逝曰远,远曰反。"③关于道生万物的过程,他说:"道生一,一生二,二生三,三生万物。万物负阴而抱阳,冲气以为和。"④对于老子的"道",历来解说不一。有的认为是宇宙处在原始状态中的混沌未分的统一体,理由是老子说了"有物混成,先天地生"。有的则认为是超时空的精神性的虚无本体,因为老子说:"道之为物,惟恍惟惚。惚兮恍兮,其中有象;恍兮惚兮,其中有物。"⑤又说:"无状之状,无象之象,是谓恍惚。迎之,不见其首;

① 见(西周)周穆王《敕封徐偃王》文告。
② 《淮南子》。
③ 《老子·二十五章》。
④ 《老子·四十二章》。
⑤ 《老子·二十一章》。

随之,不见其后。"①事实上,这是老子哲学本身具有的矛盾,也是道家学派在尔后的发展中产生分化的内在原因。归结起来,老子所说的道有三方面含义①:道是先于天地的混成之物②;道是存在于万物之中的普遍法则③;道无形无象。

老子论"道"是当时思辨哲学的最高成果。他不仅对世界的本原做出了"道"的最高抽象,而且对"道"的运动规律做出了最高概括。他说:"反者道之动。"②意思是向相反的方向转化是"道"的运动规律。他认为自然界和人类社会是变动不居的;变动不居的原因是天地万物都存在两个互相矛盾的对立面以及对立面的互相转化。但是他又认为:"道法自然。"③道是自然的法则。其实在老子之前就有"道",《诗经》上有"周道如砥"之说,《易经》中有"一阴一阳谓之道"。《易传·系辞上》曰:"形而上者谓之道,形而下者谓之器。"形体以上而不可见的叫作道,形体以下而可见的叫作器。

徐人讲的"道",则具体得多,如"有道之君"、"德行之道"等。在他们看来,天有道,地有道,人亦有道。"道"虽然大到包含万物,而万物也是各有各的"道"。"虚而无形谓之道,化育万物谓之德。"④管子认为"道"超乎形象之上。又如对"德"的解释,与生养万物联系起来。《管子·四称》里徐伯的言论可以看作徐文化里"道"的内容,"桓公善之",认为很好。徐伯为徐国的国君,穆王命徐子为伯,夏王命徐伯主淮夷,徐伯之称是袭旧号。这里徐伯的"四曰"内容已很广泛,有治国大道,也有处世之理,还有人伦大道含仁、义、礼、智、信、忠、孝等,由此可见当时徐国文化的发达。

③ 致力诚信

"信"和"诚"往往是连在一起的,信则诚,诚则信。穆王六年,徐诞朝拜周

---

① 《老子·十四章》。
② 《老子·四十章》。
③ 《老子第·二十五章》。
④ 《管子·心术上》。

天子,"锡命为伯"①,"乃分东方诸侯徐偃王主之"②。徐偃王以为天子分封,徐国可以高枕无忧,他是以"信"而信人。于是,"外坠城池之显,内无戈甲之备"③。以至于"不知诈人之心","走死失国"。是因诚信而放松警惕、不知戒备的典型例子,反证了"信"在徐国的分量,"信"已成为徐文化的重要组成部分。

(3)制度文化

① 以德治国

韩愈说徐国"处得地中,文德而治","以君国子民"。④ 可见"德"在徐国已被公认为统治思想,并普遍推行而达到"治"。在《徐偃王志》卷二"纪事第一下"里,记述了徐伯关于有道和无道君臣的言论,内有"以怀其德"、"循其祖德"等内容。徐国能遵循祖宗的功德,徐伯不仅把"德"作为君臣做人的准则,而且是治理国家要遵循的法则。⑤ 说明徐国对"德"的认识有相当的深度,以至于齐桓公等诸侯纷纷效法。

② 礼乐纲常

"礼",是规范秩序的行为准则。⑥ 公元前574年,邾娄考公丧礼,徐君使容居吊丧,当时礼节十分严格。容居欲行王使进侯王之座。邾娄国掌司者恶其潜比王使,拒之曰:"诸侯之来敝邑者,臣行臣礼,君行君礼,君臣礼杂行者未之有也。"容居理直气壮地说:"容居闻之,事君不敢忘其君,亦不敢遗其祖,昔我先君驹王西讨济于河,徐于诸侯无所不用王制也,容居愚鲁不敢忘其祖。"说得堂而皇之,气理充足,显示了徐国的气魄⑦,说明了徐国"礼"文化的发达。我们还可以从近代以来出土的文物看出其端倪。徐器"沇儿钟"铭文,就描述了一家几代人老幼有序、和睦相处的情形,即是"徐礼"在徐国家庭的

① 《竹书纪年》。
② 《后汉书·东夷传》。
③ 《抱朴子》。
④ 《衢州徐偃王庙碑》。
⑤ 《管子·四称》。
⑥ 《说文》。
⑦ 引自徐永生《再论徐国在中国历史上的位置》,上海辞书出版社1999年版。

体现。1993 年邳州梁王城遗址上的九女墩古墓群中出土了 19 枚青铜编钟，分别有铭文记载徐国历史，还有"徐王之孙，永宝之用"的字样。其次，该地还出土了 13 枚青铜磬。钟与磬均为古徐国宫廷乐器。[1] 乐器的发展水平说明"礼"的发展程度，因为古代"礼"、"乐"往往是连在一起的，所谓"礼乐"者，"礼"需要"乐"，"乐"为"礼"而设，有"礼"有"乐"，四海升平，政通人和，才是"礼治"。出土有"乐"，朝纲有"礼"，当为不虚。

3. 徐夷的南迁及徐夷文化的传承

根据近代史学家分析：中国传统文化起源于殷商。继承商文化主要是西周、宋、徐、楚。郭沫若先生指出："中国的真实文化期起源于殷人所创造出来的文化，在殷朝灭后分为两大支。一支在周人手下在北部发展，一支在徐、楚人手下，在南方发展，西周三百六十余年间南北是抗争着的，周人一直把徐、楚人当成蛮夷。显然，徐人的文明并不比周人初起的文明落后。徐是夏、商就存在的古国，具有相当的经济基础。"郭沫若曾明确指出："吴越人的汉化一定受了徐楚人的影响，吴的支配者虽然是周人的伯夷仲雍，但他们初到吴时也还是半个蛮子，徐楚人和殷人的直系宋人是传播殷代文化在中国南部发展的。"[2]

（1）徐夷的南迁和徐文化的南移

徐夷的迁徙路线，总体上是向南，徐文化也随徐夷的迁徙而南移。徐夷的始居地在燕山山脉南麓的徐吾山[3]，"古有徐吾山，在今河北玉田县，此山当由余无之戎（徐蒲）定居而得名"[4]，一支在夏代南迁河北大城县[5]，然后向西南到山西榆次，沿徐水继续向南到河南温县。"时夏族东进，与徐族在豫中相接触，夏禹便娶涂山女为妻，实现了夏、徐联盟，这与皋陶和禹一同辅助舜帝有关，也可见两族之间的关系甚为密切。夏禹正由于与东夷和戎夏两大集团

---

① 见《邳州志》，1995 年版。
② 郭沫若：《历史人物》，人民文学出版社 1979 年版。
③ 汉代属徐无县，现在属遵化县。
④ 《李平心史论集》，人民出版社 1983 年版，第 179 页。
⑤ 时名徐州，金时亦名徐州，民国时改为徐水县。

的大联合，国势才强盛，在中国历史上开创了家天下的夏王朝。"①"禹娶于涂山氏之子，谓之女憍氏，产启。"②

　　因此，有的学者认为，夏时，徐已经是方国，不无道理。后徐夷由温县（距黄河10公里）沿黄河一直东下到山东滕县南（徐州）。燕山徐夷另一支沿渤海湾南下到泰山，鲁南郯城、费县、平邑一带。《书·禹贡》载："海岱及淮，惟徐州。"《尔雅·释地》云："济东曰徐州。"这里说的"海"是指今黄海，"岱"是指泰山，"淮"是指淮水流域。"济东"是指济水以东地区。《诗·大雅·常武》篇说："率彼淮浦，省此徐土。"也是说明淮浦是徐国范围。"徐国地处山东南部，江苏、安徽的大部，历史上属东夷活动的地区"③，"徐夷所处的地方，大约相当于今安徽省泗县以北，到今江苏徐州一带，北邻大彭、郯、莒诸国，东南与淮夷毗邻，在商代时，一度强大到足以威胁成汤播迁。在周穆王时，徐偃王的势力强大到几乎席卷东南，弄得穆王也只好半公开地承认其为东方霸主"④。穆王惧徐国，六年春（公元前971年）先封偃王为伯侯爵位，后偃王率九夷抵抗西周入侵，穆王害怕，承认偃王做东方霸主。徐国是最早与周抗衡的国家。此时徐国处鼎盛期，统辖今淮泗一带，即鲁南苏北、皖中、浙东，东西七百五十里，南北五百里，朝贡者36国，都泗水——泗县。"穆王畏其方炽，乃分东方诸侯，命偃王主之。偃王处潢池东，地方五百里，行仁义，划地而朝者三十六国。"⑤在夏商周时期，徐国曾多次遭受征讨。

　　首先，商王不断扩大领土，后又用全部兵力对付东夷。孔子修订的《诗经》多次提到徐，如"濯征徐国"（大大征讨这个徐国）、"徐方不回"（徐国不敢有违）等。

　　其次，西周步步紧逼。翦伯赞曾指出："据铜器铭文记载，自周初以至宣王时，周王朝和东夷、淮夷诸部落间，不断发生战争。淮夷中最强大的是徐方

①　何光岳：《东夷源流史》，江西教育出版社1990年版，第63—64页。
②　《大戴礼记·五帝德第六十二》。
③　徐永生：《徐国史研究》，中国文联出版社2014年版，第22—23页。
④　李白凤：《东夷杂考》，齐鲁书社1986年版。
⑤　《后汉书·东夷传》。

（国）。周穆王时（前964），徐偃王曾起兵攻周，一直打到黄河边上。"①商纣之子武庚联合徐、奄等方国发动复国之战。周公东征三年之久，平定复国之战，把徐国为首的商人六族（徐、条、萧、索、长勺、尾勺）封给鲁国做种族奴隶。

再次，齐鲁宋等封国多次扩张，欲灭徐国。《书·费誓》载："徂兹淮夷，淮戎并兴……甲戌我惟征徐戎。"《书》序："鲁侯伯禽宅曲阜，徐夷并兴，东郊不开，作费誓。"意思是由于徐淮侵犯，鲁国曲阜东郊交通受阻，于是鲁侯周公之子伯禽率兵东征。在叫"费"的地方作"费誓"。这个"费"，在今山东省费县西北12.5公里处上冶镇毕城村（与出土"徐子氽鼎"的台子沟村相距很近）。"誓"是古代征代誓师之辞。伯禽在"费"地作"费誓"，说明"费"是伐徐的前沿阵地，是徐国国土。这场战争，鲁国大获全胜。《诗·鲁颂·閟宫》："鲁侯之功，保有凫峄，遂荒徐宅。"这里的"荒"即到达、占有。"遂荒其宅"就是占有了徐国的古址。

最后，春秋五霸中齐桓公称霸，晋楚争霸，吴越争霸，兼并之战连年。徐国处于齐鲁宋楚吴越等诸侯国包围圈内，"徐国先受齐鲁压力，后为楚吴欺凌。徐的同姓国先后被强楚并吞。徐国在夹缝中拖延到最后，被吴所灭"②。

从公元前668年徐国退出鲁南南迁起，由滕县南→郯城→淮北→彭城→邳州（梁王城）→睢宁西南→泗洪北→城父集（亳县东南）至公元前512年十二月失国，计156年。徐国后裔一部分到浙江地区由城父集→滁县→杭州→湖州→绍兴（会稽山，古称塗山）→临安；另一部分由临安→江西余干和高安→临江（靖安县水口镇）；还有一部分由临安"不断南迁，而入鄂赣"③。

（2）徐夷文化的影响和传承

徐夷文化是在它的特有的生态环境中诞生和成长的，具有文化原型意义，是当时华夏东方民族最重要的文化之一。它不仅是中国古代文化的有机组成部分，而且对中国古代文化的发展产生了积极的影响和推动作用。

---

① 翦伯赞：《中国史纲要》，北京大学出版社2006年版。
② 徐永生：《徐国史研究》，中国文联出版社2014年版。
③ 江西省历史博物馆、靖安县文化馆：《江西靖安出土春秋徐国铜器》，《文物》1980年第8期。

一是在徐夷疆域内发展。徐国的疆域常常变动，但主要在古徐州范围，山东大学张知寒教授曾指出："徐国治所（国都）在下邳。这是指徐偃王所建的徐国。徐偃王复国于邳，国都建在下邳理所当然。"①目前掌握的资料看，梁王城、九女墩、鹅鸭城等遗址，丰县偃王城、泗县徐城和费县出土徐器，都证明了徐文化在本土的发展是十分深厚且丰富多彩的，形成了该区域特色文化体系，且这种文化体系得以"垂直发展"，并不因为改朝换代而泯灭，于是形成了目前的地域文化。

二是向外大面积传播。从距离古徐国境界不远处出土的文物看，徐夷文化确实对该地区影响非浅。1965年，在山东省的临沂市费县上冶镇台子沟村出土了《徐子氽鼎》，高21.5厘米、口径22厘米、重3.2公斤，铭文："徐子氽之鼎百岁用之"，系徐子嬴氽的随葬之品，同时出土的还有铜箭头等。

图1-15　徐国青铜器徐子嬴氽鼎　铭文"徐子氽之鼎百岁用之"

1979年4月，在江西省宜春市靖安县出土了三件青铜器，都是徐国的遗物，其中有一件镌刻铭文18个字："雁君之孙徐令尹者旨型，择其吉金，自作炉盘。"炉盆就如现在火盘，雁和偃同音，古通假字。

① 张知寒：《略谈古代徐州》，山东教育出版社2013年版。

图 1-16　徐国令尹烤炉盘

1982 年,在浙江省绍兴的一座春秋大型墓葬中出土了六件青铜器,其中三件有铭文的铜器是鼎、炉、缶。缶的肩部有一周铭文因残损未能释读。铜器炉的底部三行铭文中有"徐王之"的字样;鼎的器盖与器肩各有相同铭文 44字,标明徐肴尹自作汤鼎。据考古学家考证,肴尹可能是管理祭祀的官。可以看出徐文化辐射至此的证据。

在漫长的岁月里,徐文化由北而南,不断向外扩大传播范围。如《管子》记载,齐桓公问计管子,管子向他复述了徐伯的话,齐桓公认为很好,于是采纳。齐桓公是我国历史上有名望、影响力大的诸侯,尚且依徐伯之言而行之,何况小国。周穆王联楚伐徐,徐偃王息战失国,他本人从彭城(今徐州)以东撤至浙江衢州会稽,又把徐文化带到那里,以至现在,徐国遗存浙江一带居多。

不仅如此,我们从图腾的南移也能够看出徐夷文化迁徙传播的轨迹。东夷族始祖少昊是"百鸟之王",因此,鸟成为东夷各族的图腾。徐国的图腾是鸟,或者准确地说是朱雀(凤)。据王云珠在《"夷夏之辨"异论》中的研究,长江下游发现河姆渡文化遗址中出土的器物上有许多鸟的形象,绍兴出土的铜房脊上有鸟图腾装饰框。这是鸟图腾部落向南部地区的迁徙和发展表现,反映出徐文化在南方的影响。

据一些研究者统计,各地已经出土的西周至春秋期间的徐器,就有"徐王鼎"、"徐子余鼎"、"沇儿钟"、"义楚钟"、"徐王义楚鍴"、"王孙遗者钟"、"徐伯鬲"等数十件及其他碎片万余枚,还有已被发现的几十个徐文化遗址,也都有力地说明了徐文化的广泛传播。

三是汉文化中包含对徐夷文化传承。汉文化的传承既有物质载体,也有口口相传。

其一,我们将徐器铭文与西周和春秋时期的文字做比较,可以看出其端倪。秦朝统一文字是系统整理、继承前朝文化包括徐文化的结果。"汉承秦制",创造了汉隶,演变成了现代汉字。由此可知,在文化进步的历程中,汉文化中包含对徐夷文化的间接传承。

其二,汉直接传承徐夷文化。汉代历史文献《淮南子》中称赞徐偃王"行仁义","好行仁义"。当外强压境,徐偃王"不忍斗,弃国逃亡,民(奴隶)随万余"。在当时可不是一件小事。"夫徐偃王为义所亡。"①通过季札挂剑典故 宣传徐国的仁义。鲁襄公二十九年,季札出使上国,北过徐地。他与徐君既是朋友又是亲戚,他带着一把名贵的宝剑,徐君见了爱不释手,但心知季札任务是到鲁国,不带上这把剑是不行的,所以不好意思开口要。季札心里明白,在他返回时特意留下宝剑,但是徐君已过世。从者问:"徐君已死尚谁予乎?"季札曰:"不然吾心许之矣。今死而不进,是欺心也。爱剑伪心,廉者不为也。"遂脱剑致之嗣君。嗣君曰:"先君无命,孤不敢受剑。"于是季子以剑挂徐君墓树而去。徐人嘉而歌之曰:"延陵季子兮不忘故,脱千金之剑兮带丘墓。"②徐君仁义相待,吴国王子季札诚信回报,跃然纸上。古徐州有季子挂剑台,现复建。

综上所述,曾经十分发达的徐夷文化,对当时和以后产生了广泛而深远的影响,在中国历史文化中有较高的地位。应该认真地研究,并且把徐夷文化中优秀的历史文化遗产传承下去。

---

① 《淮南子·人间训》。
② 《刘向·新序·杂事卷七》。

图1-17　徐州季子挂剑台(原址户部山西,2004年在云龙山西复建)

二、彭祖养生文化的发源地

毛泽东1952年10月29日到徐州视察,他接见徐州市领导干部时说:"徐州是养生学的发祥地。尧时,有位叫籛铿的,是历史上有文字记载的第一位养生学家。尧封他到大彭,也就是徐州市区周围这块地方,建立了大彭国。"毛主席说:"彭祖为开发这块地方付出了极大的辛劳。他带头挖井,发明了烹调术,建筑城墙。传说他活了八百岁,是中国历史第一长寿之人,还留下养生著作《彭祖经》。""彭祖在历史上影响很大,孔夫子就非常推崇他,庄子、荀子、吕不韦等都曾论述过他,《史记》中对他有记载,屈原诗歌中也提到过他。大概因为他名气太大了,到了西汉,刘向在《列仙传》中竟把他列入仙界。"①

1. 籛铿与大彭氏国

(1) 籛铿

彭祖,姓籛,名铿。史称籛铿或钱铿。古东夷族一支部落首领,颛顼帝的四世孙(黄帝的六世孙:黄帝生昌意,昌意生颛顼,颛顼生称,称生老童,老童

———————

① 李家骥:《我做毛泽东卫士十三年》,中央文献出版社1998年版,第216—217页。

生吴回,吴回生陆终,陆终生彭祖)。其父亲是吴回的长子陆终,母亲是鬼方首领之妹女嬇,生于夏,因擅长烹饪野鸡汤,受帝尧的赏识,后受封于徐州大彭,是彭姓的祖先。故称:彭铿、老彭、彭祖。

图 1-18 彭祖画像

王逸注《史记·五帝本纪》认为:老彭为尧臣,商武丁四十三年己亥(公元前 1282 年)大彭国亡。唐宰相系表记载:颛顼帝玄孙大彭为夏伯,少康中兴(夏六代王)封其孙元哲于豕韦(今滑州韦城),至周郝王时失国。由此可知,元哲之后代世袭韦侯至周止,历夏、商、周三朝。

彭祖自尧帝起,历夏朝、商朝。商朝时为守藏史,周朝时担任柱下史;娶妻 40 人,生子 54 人。相传他活了 800 岁(按照现在纪年法折算活了 130 多岁)。然而,据《史记·楚世家》载:"彭祖氏,殷之时尝为侯伯,殷之末世灭彭祖氏。""氏"在上古多用作宗族的称号。可见,彭祖是以其名为姓的氏族,《史记》记载彭姓氏族被封国于大彭等地。① 清人孔广森在注《列子·力命篇》"彭祖之智不出尧舜之上,而寿八百"之句时说:"彭祖者,彭姓之祖也。彭姓诸国:大彭、豕韦、诸稽。大彭历事虞夏,于商为伯,武丁之世灭之,故曰彭祖八百岁,谓彭国八百年而亡,非实铿不死也。"明确说明所谓彭祖年长八百,实际

---

① (清)孔广森注:《列子·力命篇》。

上是大彭氏国存在的年限。先秦时期,彭祖在人们心中是一位贤人。到西汉,经学家、目录学家、文学家刘向著《列仙传》把彭祖列入仙界,并称为硕仙,彭祖逐渐成为神话中的人物。

彭祖一生对人类贡献极其丰富,他发动百姓筑城定居,防御野兽和外来部落的袭扰,告别游牧进入文明世纪;他带头开掘了大彭第一口井,让百姓喝到甘甜清洁的水;他首创了导引术,教会百姓锻炼身体,增强体质;他发明了烹饪术,完成了人类饮食文化的飞跃。《史记》等典籍也有关于他的记载;道家把彭祖奉为先驱和奠基人之一,许多道家典籍保存着彭祖养生遗论。历代名人,如屈原、李耳、孔丘、庄周、荀况、吕不韦等先秦思想家都有关于彭祖言论的记载;医药家葛洪、陶弘景、孙思邈等对其推崇有加;厨师、武术、中华医药界人士敬称其为祖师爷。后人将彭祖的养生之道,整理成《彭祖经》得以传世。东汉时徐州建彭祖庙,唐、明、清曾三次修复,明代所修建彭祖庙及彭祖铁塑像,因"文化大革命"及采煤而损毁,于1993年复建。总之,彭祖开发彭土,治理古国,创建和发展民族养生学,做出过巨大贡献。

(2) 大彭氏国

唐尧时因籛铿擅长烹饪野鸡汤,封于大彭氏国,夏商时期,曾为五霸之一。"彭氏,即大彭之国,在商为侯国。古祝融之后,有陆终氏,六子,第三子彭祖建国于彭,子孙以国为氏。又彭亦为姓。"①彭姓,应是以氏为姓。《彭城志》记载:大彭山在徐州市城西30公里,是古大彭人居住地。山北以称大彭村,大彭氏国都城在大彭山下。大彭山今称为义安山,海拔262米,今山北三里处大彭村以称大彭集,属铜山县夹河乡管辖。据出土文物考证,大彭氏国是在龙山文化时期部落联盟的基础上建立起来的。大彭氏国最初的政治中心可能在大彭村一带。随着人口的增加和经济发展,便迁移到环境更为优越的徐州市中心,建起原始村寨和城堡,作为政治活动中心,并且迅速发展,国力强盛。大彭氏国的疆域,西至萧砀,北至丰、沛、薛城,南至宿县、睢宁,东至沛县、新沂、骆马湖,方圆200多万平方公里。

———————

① 《通志·氏族略》。

据史书及殷墟出土的甲骨文记载,不仅证实史籍中大彭氏国的记载真实可信,还将大彭氏国有文字记载的历史上溯到 3200 多年前。大彭氏国立国近 800 年,启继承夏禹即位后,曾命大彭氏国国君寿,平定地方诸侯叛乱"十五年,武观及西河叛。彭伯寿率师征西河,武观来归。十六年,帝启去世"①;夏王少康时期大彭国与豕韦国成为东方的强势诸侯,殷商时期,大彭氏国与豕韦国也曾受商王外壬的命令征讨东夷部落邳、妊,且最终将其降伏,开拓了殷商的东方领土。

随着大彭氏国与豕韦国在东方势力不断地膨胀,引起殷商王朝的担忧,但因内部纷扰无暇东顾。殷武丁即位后,成为中兴之主,殷商国力强盛,而且开始东征西讨。武丁首先征讨了西北的少数民族部落,其中有与大彭氏国联姻关系的鬼方部落,之后又开始废除不服从王室的诸侯属国,当时东方大彭氏国与豕韦国是武丁的主要进攻对象。武丁四十三年,大彭氏国、豕韦国先后被灭。"大彭、豕韦为商所灭矣。"②大彭氏国被商朝灭后,遗族被迫向南迁移,到今江汉流域,商代晚年,怀着对商王朝的憎恨而参与周武王伐商,为"牧野八师"之一。西周建立后,因大彭氏国是西周王朝的盟国,其国祚得以延续。迁封其同宗的大彭国后裔篯孚的子孙于今河南原阳县,复立大彭国(今南阳市博物馆藏有出土的彭祖铜壶"彭伯自作醴壶,其子子孙孙永宝用止"的铭文),"伯"为爵号,受到西周王朝的重视。武王封韦伯篯遐于其祖先的豕韦国地(今河南滑县东南 25 公里的妹村),仍称豕韦国;大彭国、豕韦国传到周赧王时期(约公元前 260 年),复国历 767 年又同时为楚所灭,彭地入楚,成为楚最早灭掉的方国之一。

春秋战国时期,彭城为宋邑,是徐国国都、宋国国都。秦汉之际,楚怀王和西楚霸王项羽先后建都彭城。彭城在西汉时期为楚国,东汉为彭城国。东汉中后期,徐州刺史部治所在彭城,彭城改称徐州。彭城还是曹魏和西晋等三朝封国的国都,据《竹书纪年》记载及考古发现,彭城建城约 2700 年,是江

---

① 《竹书纪年》。
② 《国语·郑语》。

苏省建城史最早的城市。

2. 彭祖养生文化的内容

屈原曾写过"彭铿斟雉,帝何飨?受寿永多,夫何飨?""彭祖,姓篯,名铿,帝颛顼玄孙,善养气,能调鼎,进雉羹于尧,封于彭城"。因此,《中国烹饪史略》称彭祖是"中国第一位著名职业厨师"。所谓彭祖文化,是指篯铿(彭氏始祖)包括其后人创造,并得以传承的物质文化和非物质文化,及其经过实践所创造、积累的有关养生理论、烹饪饮食、武术健身等方面的知识、方法的总和。徐州境内彭祖文化物质资源有彭祖园、大彭镇、彭祖庙、彭祖祠、彭祖井等历史文化遗迹;非物质文化有彭祖菜系,彭祖养生宴,彭祖寿宴,武术、气功等。彭祖养生文化主要是观念形态方面,具体内容包括以下几个方面。

(1) 中庸和平思想

彭祖提出"阴阳合和"、"人天合和"的人天关系论,主张"中庸和平"之道。他提出:"养寿之法,但莫伤之而已。夫冬温夏凉,不失四时之和,所以适身也。""冬不欲极温,夏不欲极凉"[1];并且指出:"不欲甚劳,不欲甚逸。"彭祖认为:"若不营摄养之术,不顺和平之道,须臾气衰于不竟之际,形枯于声色之前。劳其渺渺之身,憔其戚戚之思。"[2]彭祖又说:"养生之具,譬犹水火,不可失适,反为害耳。"[3]养生的方法,就像水和火,不可"失适",过犹不及,都有害无益。所以,彭祖"扬则抑,抑则扬,缀以德行",务求达到中庸和平的道德行为标准。可见,中庸和谐思想,在孔子之前,以彭祖为代表的中华文化开创者就已经具有雏形。

(2) 养生长寿文化

中华医学经典《黄帝内经素问》中援引与阐发了彭祖养生长寿之道,成为中华医学的重要组成部分之一。《引书》[4]篇首指出:"春产(生)、夏长、秋收、

---

①　《养生要集》第二十七卷。

②　《彭祖摄生养性论》,养生专篇。阐述了神气在养生中的重要地位及养生方法。全篇宗旨在清静养神,摄精爱气。收入《道藏》,第572册。

③　(南朝)陶弘景撰:《养性延命录》。

④　共3235字,约西汉吕后二年(公元前186年)前抄写在113枚竹简上,湖北江陵张家山西汉墓出土。

冬藏(藏),此彭祖之道也"与《素问·四气调神大论》所载养生·养长·养收·养藏之道相同,即养生必须顺应自然界的运行规律,以及与"冬温夏凉,不失四时之和,所以适身也"①是相通的。《黄帝内经素问·四气调神大论篇第二》区分为春三月"养生之道"、夏三月"养长之道"、秋三月"养收之道"、冬三月"养藏之道",并做详细的阐释。这样就将养生学与医学巧妙地结合起来,并形成了鲜明的中国特色。唐代医圣孙思邈的《千金方》,继承和发展了这一独具中国特色的优良传统。医学与养生学相结合,不仅增强了防病治病、养生保健的整体综合理论性和应用性,而且形成了一定的超前性。当今发现的人体与天体之间的电磁效应,可印证彭祖以来"天人相应"的整体观。现代科技证实的人体生理机能的周期性变化,有助于理解彭祖的服饵法和男女相成法。经络学的现代科技测验成果,揭开了彭祖导引按摩术的神秘面纱。当今风靡世界的医疗保健模式,即自然疗法产生于彭祖养生学。彭祖养生长寿文化对后世影响很大,长期流传。历代道家或医学著作中零星保存着彭祖的养生学内容。

(3) 烹饪饮食文化

陶文台在《中国烹饪史略》中认为,徐州是中国烹饪饮食文化发源地,被誉为"中华食都"。彭祖作为烹饪饮食文化的创始人,受到历代厨师的推崇。彭祖所首创的名肴雉羹(饪汤)、麋角鸡、云母羹等名菜、名汤流传至今。人类在饮食文化中的第一次革命是在发明火之后,由生食到熟食,推进人的体力和智力发展。彭祖的主要贡献在于把人类饮食由熟食推向味食,由粗食推向精食,由果腹向营养,由单一食物品种到多样化搭配,将饮食与养生相结合,开创了药膳、食疗等营养饮食,为人们长寿提供条件。这对发展民族饮食文化,增强民族体质,促进人的长寿起到重要作用。

(4) 气功导引术武术文化

气功,是通过自身调摄,主动地练意和练气,从而达到自我身心锻炼的一种运动形式。在古代,气功亦被称为"导引"、"吐纳"、"行气"、"禅定"等。气

① 《神仙传·彭祖》。

功起源于远古时代,彭祖探索导引吐纳调节人体营卫的理论,首创导引吐纳方法,"吐故纳新,熊经鸟申,为寿而已矣;此道引之士,养形之人,彭祖寿考者之所好也。若夫不刻意而高,无仁义而修,无功名而治,无江海而闲,不道引而寿,无不忘也,无不有也,淡然无极而众美从之;此天地之道,圣人之德也"①。导引,奠基于春秋战国时期,发展于两汉隋唐,"导引""吐纳"为"气功"一词,首见记载于晋代许逊所著的《净明宗教录》书中,"气功阐微"。所谓"导引",是指"导气会和""引体会柔",是呼吸运动和躯体运动相结合的一种体育疗法。气功以阴阳五行、脏腑流行于金元明清。功用上,气功可分为以健身为主的内壮功和以治病为主的保健功。

彭祖开气功导引术武术文化的先河,经络、气血津液诸学说作为理论基础。以"气"为动力,在入静和放松状态下调身、调息、调心,从而引起自我控制、自我调整、自我修复和自我建设,非常符合中医"治未病"的观点。

彭城是中华武术发祥地之一。4300多年前,彭祖创始武术,追求"导气令和,引体令柔"的境界,是中国最早的古代健身术。中国武术源远流长,彭祖发明的气功导引术即是中华武术形态的最早雏形。最早记载彭祖以导引行气开我国气功之始的文字资料是庄子的《刻意篇》。他以形象的语言描述了彭祖气功健身法。许多出土的浮雕、壁画、画像、石刻等历史遗存也都记载了彭祖时代先民习练气功导引术的图像。

彭祖的气功导引术把静功(呼吸运动)与动功(躯体运动)有机地结合起来,形成了10余种功法。彭祖的导引功法对人们祛病延年、强身健体具有很大的功效,后世的五禽戏、易筋经、八段锦、太极拳等武术功法和套路是由此演变发展而来的。这也证实了武术是我们的祖先在适应大自然的过程中产生的,也说明古人在武术发展中很早就对内外兼修有了认识和实践。因此,彭祖的气功导引术理所当然地是中国武术和气功的基础。

(5)房中术性文化

性文化在中国古代与儒家、道家文化一样,对人们有巨大的影响。灿烂

---

① 《庄子·外篇·刻意》。

辉煌的中国文化,如浩瀚大海,性文化是其中之一。彭祖开中国性文化、养生文化的先河。

彭祖是古代最长寿的老人,也是中国历史上最早的性文化大师。彭祖是发现男女性爱与人的长寿密切相关的人,并且经过探索,总结概括出一套长寿房中秘法,即彭祖长寿术中的房中术。彭祖认为:"阴阳不交则疮痱生,房事不节则劳瘵发。"①彭祖在房室阴阳和顺方面特别注意保养阴精,保持阴阳平衡。王子乔问彭祖道:人的生气是以什么为精华。彭祖回答说:人的生气没有比过阴精,不要轻易行房事,以便调养好身体。人体腠理密固,让正气牢固地附于形体之上,则内脏及各处功能就会健全,就不会生疾病。至于保养阴精,彭祖认为,首先要懂得阴阳变化之理。保养阴精和懂得阴阳变化之理,两者是相辅相成的。集彭祖房中术大全的为《素女经》。彭祖认为:"男女相成,犹天地相生也,所以神气导养,使人不失其和。天地得交接之道,故无终竟之限;人失交接之道,故有伤残之期。能避众伤之事,得阴阳之术,则不死之道也。天地昼分而夜合,一岁三百六十交,而精气和合,故能生产万物而不穷。人能则之,可以长存。"②

总之,彭祖强调合于法度的男女关系,如天地之自然存在。天地因遵守正确的交接之道,所以永无终了之期。

3. 彭祖养生文化的传承

彭祖养生文化一直在薪火相传。鲁国孔子,赵国荀子,宋国庄子,楚国屈原,秦国吕不韦,汉代刘向,东晋葛洪,南朝陶弘景等都论及彭祖。他们是彭祖养生文化的传承者。

一是在中庸和平思想方面。

孔子有"述而不作,信而好古,窃比于我老彭"之说。③ 孔子《论语·雍也》中有:"中庸之为德也,其至矣乎。"孔子很推崇殷大夫彭祖及商汤左相仲傀(虺)教人的做法,他回答鲁哀公"教他人则如何"时,说:"昔商老彭及仲傀,政

---

① 《彭祖摄生养性论》,见《道藏》,第572册。
② (东晋)葛洪撰:《神仙传·彭祖经》。
③ 《论语·述而篇》。

之教大夫,官之教士,技之教庶人,扬则抑,抑则扬,缀以德行,不任以言,庶人以言,犹以夏后氏之祎怀袍褐也,行不越境。"①教卿大夫理政,教士子做官,教众民学技艺,抑扬适度,使道义合(缀)以德行。"昔老彭及仲傀,所以治己也;教诲不厌,其惟此邪。"中庸和平思想,春秋以后得以传承,成为"中庸之道"及"和为贵"的思想,并沉淀到中华民族文化之中。

二是在养生长寿文化方面。

《素问·四气调神大论篇》中说:"春三月,夜卧早起,广步于庭……养生之道也。"告诉人们在阳春三月,自然界阳气升发之时,在清晨,于庭院中散步可以养人之生气。

《吕氏春秋》认为:圣人养生适性,室大则多阴,台高则多阳。多阳生,多阴则生痿,皆不适之患也。味众肉充则中气不达,衣热则理塞,理塞则气不固,此皆伤生也。故圣人为苑囿园池,足以观望劳形而已矣,为宫观台榭,足以避燥湿。为舆马衣裘逸身,足以暖骸而已;为饮醴,足以适味充虚;为声色音乐,足以安生自娱而已。五者,圣人所养生也。

《列子》中有"少不勤行,庄不竞时,长而安贫,老而寡欲,闲心劳形,养生之方也"②的表述。

当代钱钟书先生《管锥编》,一再论及彭祖养生长寿之道。

三是在烹饪饮食文化方面。

春秋战国时期,曾"烹子事主"的易牙到彭城,求教彭祖的烹饪之道,终成烹饪大师。商殷之际,彭祖后裔纷纷迁往山东、河南、四川、浙江等地,将饮食文化推向全国。汉代高祖刘邦定都长安,将彭城的烹饪技艺带到了西部地区。汉时徐州在烹饪技术上已有较大提高,炊具也有了很大改进,名菜"牝鸡抱蛋"、"樊哙狗肉"、"鸳鸯鸡"等相继问世,同时烧饼、徽子等面点也相继产生。

徐州由于受楚文化的影响,楚民俗文化与饮食文化表现在尊凤(朱雀)崇

---

① 《大戴礼·虞戴德》。
② (南朝)陶弘景撰:《养性延命录》。

龙,尊东重左,喜朱色,尚武善斗,好歌好舞,好食辛辣、酸甜和嗜好异味。

汉代徐州人西迁,因为受彭城的烹饪技艺的影响,据汉武帝时洛阳人桑弘羊《散不足篇》上载:中原近20余款时尚饮食,不同程度与楚文化有关,也是徐州饮食西传的见证。

西汉梁孝王的食客枚乘在《七发》中,曾提及的九款楚地饮食:"犓牛之腴,菜以笋蒲。肥狗之和,冒以山肤。楚苗之食,安胡之飰,抟之不解,一啜而散。于是使伊尹煎熬,易牙调和。熊蹯之臑,芍药之酱。薄耆之炙,鲜鲤之鲙。秋黄之苏,白露之茹。兰英之酒,酌以涤口。山梁之餐,豢豹之胎。小飰大歠,如汤沃雪。"①其中与徐州相关的有五种菜肴、一种粥。嫩牛肉炒蒲笋尖(犓牛之腴,菜以笋蒲),炖肥狗或加上石耳(肥狗之和,冒以山肤),烤羊肉串("薄耆之炙",徐州东汉就有),鲜鲤鱼片烩黄熟苏叶(鲜鲤之鲙),炒溜霜后黑苔菜心(白露之茹),粥。("小飰大歠,如汤沃雪",徐州一带特有的粥,泡黄豆、小麦、大米等,以石磨磨浆,加水熬煮。)

魏晋之后,徐州人多次南迁,又将彭城烹饪之法传往南方各地。北宋苏轼任徐州知州,自称"老饕",创意"东坡四珍"(东坡肉、酿笋尖、羊方藏鱼、霸王别姬)流传至今。

苏轼评彭城饮食:

> 淮海虽故楚,无夫轻扬风。
> 斋厨圣贤杂,无事时一盅。
> 谁言大道远,正赖三杯通。
> 时君不夕坐,衙门散刀弓。②

由于彭祖烹饪饮食文化的传承,使徐州的饮食日渐丰富,发展得很快。元朝时期,有僧人开办的素食馆。释家风味的"天花宴"、"素八珍"等名菜应

① 《枚乘·七发》。
② (宋)苏轼:《和陶饮酒》,诗二十首之第十七。

市,多种风味小吃也布满市面。

清代和民国时期,徐州的饮食更加丰富多彩,冻豆腐、酥鱼、蹄卷、芙蓉肉、糟猪耳、搅瓜等普遍食于民间。康有为品尝到细嫩的彭城鱼丸时,高兴地赋诗赞誉"彭城鱼丸闻遐迩,声誉久持越南北"。近代徐州餐饮业更为迅速发展,传统技艺在继承中不断创新。改革开放以来,徐州的饮食文化与全国各地扩大了交流,在保留地方特色的基础上,兼收并蓄各地烹饪之长,相继推出了川菜、粤菜、淮扬菜等风味名菜,陕西、河南、安徽、山东等地的风味食品也遍布街头。

作为江苏四大风味菜系之一,徐海风味菜至今尚有彭祖菜系、彭祖养生宴和彭祖寿宴等。

徐州饮食文化主流基础是以楚文化为主,因为彭祖是炎帝及陆终氏子孙,日中的三足乌和汉画像石中的朱雀就是楚人崇拜的图腾。《白虎通·五行篇》以为:"炎帝者,太阳也",象征火红色及辛辣食物,形成了楚人的民风民俗。同时,徐州亦兼收中原饮食文化与齐鲁饮食文化。

四是在气功导引术武术文化方面。

庄子评价彭祖:"吐故纳新,熊经鸟申,为寿而已矣;此道引之士,养形之人,彭祖寿考者之所好也。若夫不刻意而高,无仁义而修,无功名而治,无江海而闲,不道引而寿,无不忘也,无不有也,淡然无极而众美从之;此天地之道,圣人之德也。"①

西汉淮南王刘安指出:"是故像人之所游,吐故纳新,熊经,鸟伸,凫浴,猿躩、鸱视、虎愿、是养形之人也。"②《修真秘要》中有"人欲劳于形,百病不能成"。晋代葛洪指出:"朝夕导引,以宣动荣卫,使无辍阂。""身劳则神散,气竭则命终。气疲歇胜,则精灵离身矣。"③"过动伤阴,阳必偏胜;过静伤阳,阴必偏胜。"④因此,运动及体力劳动,要遵循适度,量力而行,劳作有度,动静结合

---

① 《庄子·外篇·刻意》。
② 《淮南·精神训》。
③ 《抱朴子·极言》。
④ 《延年九转法·全图说》。

的原则。"动胜寒,静胜热,能动能静,所以长生。"①

　　1974 年湖南长沙马王堆三号汉墓出土工笔彩色帛画《导引图》,为西汉早期作品。

图 1-19　马王堆出土《导引图》

图 1-20　《导引图》复原图

　　《导引图》出土时残缺严重,经过拼复共有44幅小型全身导引图,从上到下分四层排列,每层各有 11 幅小图。《导引图》有四个方面:一是呼吸运动。马王堆《导引图》文字说明中有两处直接提到呼吸,如"印(仰)浑(呼)"与"笑(猿)狰"。"印浑"(仰身鸣叫),"笼浑"(猿猴啸叫)。图的形态是胸部扩张,双手向后举,是加强对心肺功能的锻炼。二是肢体运动。《导引图》中除极个别

————————

① 《养性延命录》。

的蹲、跪(坐)式外,其余全部为立式运动。如上肢运动有"龙登"冲拳运动有"蚂(占)",扩胸运动有"印淬",体侧运动有"螳螂",腹背运动有"满政",跳跃运动有"引颈"、"坐引八维",以及有图缺文的踢腿运动和体转运动。三是器械运动。《导引图》除徒手操外,还有使用棍仗式运动,做屈身转体运动状,双手持杖。文字说明是"以文(杖)通阴阳"。还有折腰式转体运动,脚下有一球状物,也是器械运动。四是导引与治病关系。《导引图》文字说明中直接提到治病的项目共有:"烦"、"痛明"、"引聋"、"引温病"等 12 处,说明导引不仅对膝痛、五官的耳目,甚至某些传染病的治疗有着密切关系。现在已经开发出"马王堆导引气功法"。

气功的医疗作用,是通过练形和练意来实现的。在中医理论中,人体的真气禀受于先天之精,发源于肾及命门,匿藏于脐下"丹田"部位,并不断接受后天水谷之精气的滋养。先天、后天之精气合化生神,故精、气、神是整个生命活动的象征。通过气功的"三调"可涵养人体的真气使之慧充、会聚、溢置于"丹田",并循经络系统流行于脏腑乃至周身,从而带动人体之精。气,使之充气足则可全神,而"积神生气"、"积气又可化精",这就是"练精化气"、"练气化神"、"练神还虚"的道理,通过上述过程可达到保精益气全神的更高境界。无论练什么气功,都要掌握调身、调息及调心三个要素。调身,是指调整体位和躯干、四肢、五官的姿势,使身体处于端正、放松和易于耐久的体位。调息,是指调整呼吸,练功时一般采用自然呼吸,也有采用腹式呼吸及丹田呼吸者。调心,即诱导入静,采用放松,数息或意守法。调身、调心和调息在练功时是相互联系、相辅相成的。气功发展到当今,在形式上分动功和静功。动功,如自发五触动功,鹤翔桩气功;静功,如内养功、无极式站功、强壮功等。此外,练功时体内气的运动状态可分为"潜气内转"的内气功和"运气外达"的外气功等,气功用途广泛,不仅对健康者有保健之功,而且对各种慢性病以及对患者恢复期康复锻炼有一定的医疗作用。

彭祖气功导引术武术文化往往要求把内在精气神与外部形体动作紧密相合,完整一气,做到"心动形随","形断意连,势断气连"。如五禽戏、太极拳、八卦拳、八段锦、形意拳等,以"手眼身法步,精神气力功"八法的变化来锻炼心身。这一特点反映了中国武术作为一种文化形式在长期的历史演进中备受中国古代哲学、医学、美学等方面的渗透和影响。

中国武术发展到今天,门派、套路众多,蔚为大观。拳种部分有 46 节计 75 种,器械部分有 27 节。① 当然,少林、武当、峨眉、南拳四大派内部,又有许多支派,各支派中某一套路如有显著特色,又可能发展为新的支派。徐州是地市一级的武术之乡,武术的起源、传承和发展得天独厚。徐州武术门派多,习武人多,高手多,全国武术竞赛获奖多,在传承武术文化方面起到重要作用。武术作为中华民族的优秀文化遗产之一,在徐州不断发扬光大。

五是在房中术性文化方面。

"饮食男女,人之大欲存焉"出自《礼记·礼运》。"食色,性也"本是古代先贤对人的天性的一种尊重,食色性是人不可或缺的,但要适度。食色过度的恶果不仅造成自然资源的严重浪费,而且导致社会风气败坏、人心思乱。违背自然规律要遭到报复,"禽流感"的流行,艾滋病的泛滥,都是大自然对人类食色过度行为的报复。彭祖早就说过:"重衣浓褥,体不堪苦,以致风寒之疾。浓味脯腊,醉饱厌饭,以致疝结之病。美色妖丽,媚外家盈房,以致虚损之祸。淫声哀音,移心悦耳,以致荒耻之惑。驰骋游观,弋猎原野,以致发狂之失。谋得战胜,乘弱取乱,以致骄逸之败。盖贤圣戒失其理者也,然此养生之具,譬犹水火,不可失适,反为害耳。"②

马王堆汉墓出土竹简《合阴阳方》和《天下至道谈》是古代房中术,其中在论及"七损八益"时,有一段谈到房事与衰老的关系。"七损",是指在房室生活中有七种做法对人体有损害。"一曰闭,二曰泄,三曰竭,四曰勿,五曰烦,六曰绝,七曰费。"所谓"八益"是指八种对性事有补益作用的做法。"一曰治气,二曰致沫,三曰智时,四曰蓄气,五曰和沫,六曰窃气,七曰寺赢,八曰定倾。"大意是:健康长生的方法,就是要育阴阳之气,懂得以八益去七损之法。如若不能用八益去七损,则 40 岁后就阴气衰减一半,50 岁就起居呈现衰老,

---

① 习云太:《中国武术史》,人民体育出版社 1985 年出版。
② (东晋)张湛:《养生要集》第二十七。

60 岁就耳不聪目不明,70 岁就气血下枯上竭,房事不举。这是由于血脉凝滞而不流畅的缘故。若令人复壮,应去七损以救其病,用八益以益其气,这样衰老者可恢复如壮年,壮年人则可不至早衰,能从中获得促进健身长寿的效果。《养生方》也说:"善用八益去七损,耳目聪明,身体轻利,阴气益强,延年益寿,居处乐长。"

湖南长沙马王堆一号汉墓出土帛书《养生方》,现存文字可辨识者共有 27 篇目,3000 余字。内容主要为男性治疗或保养、女性治疗或保养、房中术和一般的养生补益等养生药方,是世界上现存最古老的有关养生学的专科文献之一。

图 1-21　马王堆一号汉墓帛书《养生方》

中医学认为:精神极欲静,气血极欲动。动静结合的运动与形守神、形神兼养的调摄基础,故谓之:"人身……阴阳也,阴阳一动静也:动静合宜,气血和畅,百病不生,乃得尽其天年。"①古人倡以"小劳"作为适量运动的标准,值得我们借鉴。陶弘景提出:"人欲小劳,但莫至疲及强所不能堪胜耳。故流水不腐,户枢不蠹,以其劳动数故也。"唐代药王孙思邈强调运动劳作当以"小劳"为宜,"但莫大疲"及"勿令气乏气喘而已"。② 宋代养生家蒲虔贯也提出"形要小劳,无至大疲"③的养生要言。判定"小劳"的尺度,现代医学提出三点

---

① 《延年九转法·全图说》。

② 《千金翼方·养性》。

③ 《保生要录》。

依据：① 测定脉搏：一般认为老年人，运动疏密以不超过 120 次/分为宜；最好保持在 100～110 次/分。② 测定心率：体质强的人，运动时心率可以控制在 180 次/分之内，体质弱的人，心率控制在 170 次/分之内。一般以 180 次/分作为健康老人运动的最高心率，大运动量相当于最高心率的 80% 以上（即 180 次/分×80%＝144 次/分），中等运动量相当于最高心率的 70% 以上，小运动量相当于最高心率的 60% 以上，而低于 104 次/分无作用；可见，运动过量与不及都不适宜。③ 自我感觉：运动后精力充沛与否，睡眠及食欲如何，是判断运动是否适中的标准。上述各项指标应在运动后 5～10 分钟恢复正常，说明运动适中，否则需加以纠正。

4. 彭祖养生文化的影响

在彭祖文化的发祥地，彭祖不但长寿，而且留下了博大精深的文化遗产，从理论与实践的结合上树立了养生长寿的楷模。彭祖文化的构成，主要包括两个部分：彭祖养生文化和彭祖文化史研究（包含养生文化史、鼓乐文化史、军事文化史、建筑文化史、尊老文化史、彭祖后裔源流史）。徐州境内有彭城路、彭祖园、大彭镇、彭祖庙、彭祖祠、彭祖井等历史遗迹。与彭祖相关的名称有彭祖酒家、彭城大学、彭祖楼、彭城广场、古彭大楼、彭城剧场、彭祖大道、彭城饭店等。彭祖生日农历三月三的徐州彭祖庙会香火延续，彭祖所创造的服气术、房中术和食疗术流传至今。当然，最具代表性的要数彭祖的养生之道，徐州的饮食文化。徐州专门研究彭祖养生文化的机构有彭祖文化研究会、彭祖文化研究中心、彭祖文化产业发展促进会、徐州市烹饪协会、徐州市性文化研究会、徐州市武术协会等。作为江苏四大风味菜系之一，徐海风味菜至今尚有彭祖菜系、彭祖养生宴和彭祖寿宴等。

彭城也是世界彭姓的发源地。2006 年 10 月 20 日徐州市政府成功承办了 2006 中国徐州彭祖文化国际旅游节暨第七届世彭联谊大会，国内外专家学者对彭祖文化展开较全面的研讨、交流，对彭氏源流进行了深入探讨，取得了丰硕成果。

彭祖国内重要遗存，浙江临安八百里（因彭祖八百岁而得名）、福建武夷山（因彭祖率领彭武彭夷二子开发此处而得名）、广西龙胜县彭祖坪与临桂县

图1-22 徐州彭祖园内彭祖祠

彭祖泉和东兴市彭祖山、陕西宜君县彭镇彭村彭祖墓（20世纪50年代出土过一对陶豆，康熙年间石碑一统）、四川彭山县等地。

彭祖的后裔有三大姓：彭、钱、韦，分属汉、壮、苗、瑶、回、白、畲、蒙、土家等多个民族，星散神州大地，足迹遍全球。其中汉民族的客家民系，从中原南迁，漂洋过海，散居世界各地，仍怀念根在中原，所操的客家方言仍保留古代中原音韵。

彭祖养生长寿之道，包括德行、烹饪、导引、调气、服饵、环境协调、男女相成，形成了相对完整的学科体系原型，奠定了中华养生文化体系的基础。彭祖文化博大精深，其中彭祖养生学就涉及养生学的价值取向、根本原则、基本原理和包括烹饪法、服饵法、导引服气法、环境协调法、男女相成法等在内的诸多养生术，正在为人们的需求所接受。

长寿是人类的永恒的世界性课题，彭祖养生文化开启了长寿密码钥匙探索的源头，随着生产力的发展和科学技术的进步，对彭祖养生文化多学科的深入研究，彭祖养生文化在世界上的影响会越来越大。

三、道教文化的诞生地

道教是我国土生土长的宗教,道教创立于东汉,唐代以后流传到朝鲜、日本、越南和东南亚一带,道教的经典还流传到欧美。道教历经 2000 余年,形成了大量经典,对中国古代社会的政治、经济、哲学、天文、地理、物理、化学、建筑、艺术等都产生了重要影响。经过历史的沉淀,成为中国历史文化的重要组成部分。不仅在古代,而且在现代,仍起重要作用,仍影响人们的生活、思维。然而我们对道教进行溯根求源的研究却发现,道教的创立和发展与徐州有非常密切的联系。人杰地灵的古徐州道家对道教文化的形成与传承以及对中华民族传统文化的形成、发展都做出了历史性的贡献。

1. 古徐州道教创立、发展的人缘因素

(1) 道教创立的思想文化根源

道教是在封建社会形成的一种宗教形式,有它产生的思想文化根源。

首先,道教发轫于道家思想。我国最早的道家代表人物主要有黄帝、彭祖、老子、庄子。黄帝,我国最早的部落联盟首领之一,姬姓,号轩辕氏,少典之子。有《黄帝内经》共十八卷[①],分《素问》、《灵枢》两书各九卷。据考证,《黄帝内经》成书于战国时期,是关于人的生理与自然界关系,以及人们养生、医病的重要文献,如阴阳、五行、四季天体变化与人体经络、脏腑的联系等。为北朝道教托黄帝之名传《黄帝阴符经》而养生、长寿、炼丹、制药、医病留下空间。

彭祖,据说活八百岁,因善调制雉羹,献给尧帝,被封于徐州,徐州故称彭城。宋洪兴注楚辞:"彭祖,善养气,能调鼎,进雉羹与尧,封于彭城。""彭祖少好恬静,唯以养神治气为事,专擅补导之术,至殷之世七百余岁而不衰。"[②]彭祖也成为道教供奉的神仙;"老子姓李,名耳,字伯阳,谥曰聃,楚,苦县,厉乡,

---

① 《汉书·艺文志》。
② (汉)刘向:《列仙传》。

曲仁里人也"①。先秦道家创始人,著《老子》,亦称《道德经》,上下篇共五千余言。老子认为:"道生一,一生二,二生三,三生万物","天下万物生于有,有生于无"。②唐李荣认为:"无者,道也","道者,虚极之理体","虚中动气,故曰道生,元气未分,故言一"。③可见道的核心是先于物质的精神实体,而老子又认为"反者,道之动"④。又具备辩证法思想。《道德经》是唯心主义思想体系下具有朴素辩证法思想的哲学专著,为道教提供了精神素养。道教称老子为鼻祖,《道德经》成为道教的主要经典。"案道家立法,厥有三品,上标老子,次述神仙,下袭张陵。"⑤可见老子与道教的密切联系。庄子,名周,宋国蒙邑人(今河南商丘)著《庄子》。他继承老子关于"道"为宇宙本体的思想,认为:"天道,无为无形,可传而不可受,可得而不可见。"并认为,得"道"可成神,成星宿。"黄帝得之,可登云天,颛顼得之,以处玄宫,禺强得之,立乎北极;西王母得之,坐乎少广,莫知其始,莫知其终;彭祖得之,上及有虞,下及五伯;傅说得之,以相武丁,奄有天下,乘东维,骑箕尾,而比于列星。"⑥庄子还提出通过导引、守一、坐忘,修道之术,可以由"不知悦生,不知恶死"的真人,到"乘云气,骑日月,而游乎四海之外"的"圣人",然后到"吸风饮露"的"神人",老庄的思想为道教所吸收,《庄子》被后来道教奉为《华南经》。

其次,道教直接来源于《周易》和阴阳五行思想。《周易》是古代涉及哲学、史学、天文、地理、历法、医学、数学等不同学科的重要文献。《周易》的内容和形式都被道教所接受。在基本理念方面,道士的"易"释为"道",认为"易"即"道",《周易》与《老子》可融为一体;在神仙体系方面,道教以《周易》中至高无上的"天"塑造最高神"天尊"。并且认为道德天尊即为太上老君是《易》的创造者,按《易》理安排人间活动。"伏羲之时,老君下凡,教伏羲推旧

①　《史记·老子韩非子列传》。
②　《道德经》。
③　(唐)李荣:《道德真经玄德纂疏》,第一章、四十二章疏。
④　《道德经》。
⑤　(梁)刘勰:《灭惑论》。
⑥　陈鼓应:《庄子今注今译》,中华书局 1983 年版。

法,演阴阳,正八方,定八卦"①;在方术仪式方面,道教符箓、内丹、外丹术都与
《周易》相关。

图1-23 老子画像

阴阳五行论对道教也产生了重要的影响。《黄帝内经》、《老子》、《周易》
中都有阴阳观念,后经道教演化为"气"的属性。战国齐国的邹衍把"阴阳"和
"五行"两种观念结合,创阴阳五行论,赋予其社会属性,秦时被神仙方士利
用,汉代被道士吸收,并成为道教鬼神系统和理论的重要来源。

第三,道教汲取古代巫术和神仙方术。我国古代巫术由来已久,古代殷
人认为,卜筮可断吉凶,解疑惑;巫师可以符咒通鬼神,祈福医病;战国时,燕
齐、荆楚出现一批神仙方士,他们把黄帝作为成仙的典范,通过求仙炼不死丹
药,宣扬长生成仙,神仙方士成为方仙道,秦始皇、汉武帝都深信不疑,神仙方
士演变为道士,巫术逐渐发展为谶纬神学,也被道教所采纳,巫术也是后来道
教符箓派的源头。秦汉以后,符箓"驱魔镇邪",成为道士做法事的主要形式。

① 《太上老君开天经》。

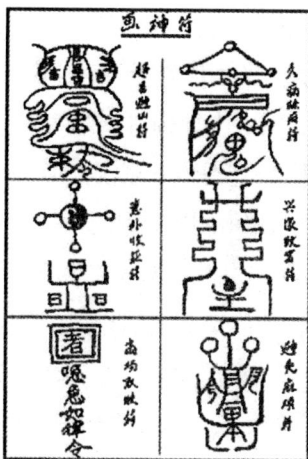

图 1-24　符箓

（2）道教创立的历史条件

① 汉代"天命论"神学的产生

汉初,汉朝统治者在国家治理中,曾采取黄老之术"无为而治",使社会矛盾有所缓和,但是解决不了封建社会固有的矛盾。汉武帝时,为了对付农民暴力反抗,就借鬼神加强统治。"因鬼神禨祥,而为之立禁。"①汉武帝重视神仙方术,祀神求仙,一则求神长寿,二则借鬼统治。"尤敬鬼神之祀"②的统治阶级的思想就是占统治地位的思想,汉武帝时,为适应统治者"君权神授"的观念,董仲舒以"天人感应"为核心的宗教神学的"天命论"应运而生。董仲舒认为:"德侔天地者称皇帝,天佑而子之号称天子。"③他不仅是"天子"称号的发明者,还是"天命论"神学的鼓吹者,他把儒学和阴阳五行五德终始神学观念糅合,并对自然现象进行神秘化诠释。在汉朝统治者的支持下,混合天命神学与经学而形成"谶纬学",逐步成为两汉之际宗教神学的主导。西汉末谶纬学盛行,东汉刘秀借谶纬上台,并通过《白虎通德论》把谶纬学法令化,"天命论"神学的社会氛围,为道教的创立和发展提供了肥沃的社会土壤。

---

① 《淮南子》。

② 《史记·孝武本纪第十二》。

③ （汉）董仲舒撰:《春秋繁露》。

② 汉代社会的政治危机

汉武帝时已出现富豪兼并土地,横行乡里,统治者挥霍无度,加上沉重的赋税,社会危机已经存在,加上水旱蝗等自然灾害,犹如雪上加霜,西汉末年的农民大起义导致西汉灭亡,刘秀建立东汉。但是,从和帝开始,豪强地主迅速发展,外戚和宦官在激励斗争中把持朝政,官吏横行,朝廷腐败,在朝,"高门良将怯如鸡,斗狗走马胜读书";在野,"白骨露于野,千里无鸡鸣"[1],公元126年,顺帝时,皇帝昏庸,民穷财尽,又遇瘟疫盛行,死者无数,壮者转徙四方,老弱死于沟壑。社会压迫和自然灾害交加,使宗教产生有了基础。

生于东汉光武帝十年(公元34年)的沛国丰邑(今徐州丰县)人张陵,字辅汉,后道教称张道陵。自称梦太上老君传于道法,命为天师,在四川大邑传道。以老子为教主,奉《道德经》为经典,撰《老子想尔注》[2],解说《道德经》,凡入道者交五斗米,于是道教创立,也称"五斗米教"、"天师道"。因而其教徒尊称张道陵为"祖天师"、"张天师"。

图 1-25　张道陵画像

---

① (东汉)曹操:《蒿里行》。
② 又称《老君道德经想尔训》,20世纪初于敦煌发现六朝残抄本一件(S6825),内容相当于原书上卷第3至37章。

（3）道教创立、发展的人文原因

任何一种宗教的产生都离不开创教人、教主，宗教理论、经典，有名称有组织的宗教团体，教义、教条和宗教仪式这四大人文因素。道教的创立也概莫能外，我国道教创立的标志是东汉五斗米教和太平道。

其一，五斗米教。东汉张道陵在四川以《道德经》为经典，创五斗米教，以老子为教主。其教义即按"道义"治国，国则太平，循"道义"爱民，民即寿长，人法"道义"，可得长久，以佐国辅命，养育群生为己任[1]，并设立二十四治（即教区）；其仪式主要是上章招神和符咒劾鬼，用符咒治病。张道陵死后，其子张衡继任，张衡死后，其子张鲁在汉中建立了政教合一的政权近 30 年，他以"鬼道教民，自号'师君'。其来学道者，初皆名'鬼卒'受本道己信，号'祭酒'。各领部众，多者为治头大祭酒。皆教以诚信不欺诈，有病自首其过，诸祭酒皆作义舍，为今之亭传，又置义米肉，悬于义舍，行路者量腹取足；若过多，鬼道辄病之。犯法者，三原，然后乃行刑。不置长吏，皆以祭酒为治，民夷便乐之"，"有小过者，当治道百步，则罪除；又依月令，春夏禁杀"。[2] 建安二十年（215年）曹操攻打汉中，张鲁降，被封为镇南将军，阆中侯，其五子皆列侯，女儿为曹操儿媳，五斗米教从此合法化，并以天师道在中原地区广为传播。

其二，太平道。东汉灵帝时，巨鹿人张角在河北创太平道。以《太平经》为经典，奉侍"中黄太一"为主尊天神。其教义依照《太平经》中天、地、人、阴阳，中和道、德、仁等成为"三统三纲"思想，用以治世，则是太平之君。张角自称"天公将军"、弟张宝为"地公将军"、弟张梁为"人公将军"。宣称太平之世将至，给备受压迫的农民勾画出一幅"太平世道"的蓝图。太平道，以"跪拜首过，符水咒说"，反对剥削，主张救穷苦，医病的方式传教。并以"方"为单位，建立教区，组织 36 方，各立渠帅分管教务，后传"苍天已死，黄天当立，岁在甲子，天下大吉"头裹黄巾起义，故称"黄巾军"，史称"黄巾起义"。汉末太平道被镇压，天师道得以传世，并分化成各种宗派。可是不论道教宗派有何差异，

---

① 《老子想尔注》。
② 《三国志·张鲁传》，中华书局 1959 年版，第 263—264 页。

都以无时不在、无处不有造化万物的根本,"道"为基本信仰,而后又生化出各种道经,直到唐代才编纂出我国历史上第一部道教经书总籍《道藏》。

众所周知,只有宗教理论上成熟了,才足以证明该宗教已创立问世。道教最早两部理论经典《老子想尔注》和《太平经》的作者一个是丰县人张道陵,另一个是东海人于吉,都是古徐州人,可见道教从创立就与古徐州有割不断的人文联系。

2. 古徐州道教创立、发展的地缘因素

历史唯物主义认为,地理因素在社会发展中起着重要作用,地理因素在宗教创立和发展中也是非常重要的客观条件。

(1) 道教创立的地理因素

夏商之际,徐州曾是养气大师寿星彭祖的封地;商周之交神仙方士吕尚被封于古徐州赣榆;秦始皇琅邪勒石向彭城进发时,方士徐方(福)上书要"入海求仙人"①,经考证,徐福祠现在江苏连云港市金山镇。神仙方士的实践活动,呼唤道教理论的产生。西汉淮南王刘安(江苏丰县人)于公元前169年招宾客数千人编《淮南子》,其中"内篇论道"21卷,内容反映道家自然天道观。② 东汉楚王刘英领下邳等县,"晚节更喜黄老学,为浮屠斋戒祭祀"③。沛王刘辅"好经书,善说京氏易孝经论语传及图谶"④。传说徐州丰县张道陵撰《老子想尔注》。

东海县曲阳泉人于吉作《太平清领书》(即《太平经》)⑤,三国时吴国吴县人(现苏州)陆凯著《太玄经注》。苏州人陆绩著《周易注》、《周易明变例》、《太平经注》。⑥ 鲁东南到江苏沿海一带出现神仙方士及道家,而成为中国道教的发源地,已经是不争的事实。然而为何此地区会出现神仙方士、原始道教、道教创始人及道教最早的典籍,笔者认为主要有以下四个原因。

---

① 《史记·秦本记第六》。
② 《淮南子》。
③ 《后汉书·楚王英传》。
④ 《后汉书·沛献王辅传》。
⑤ (南朝)范晔:《后汉书·襄楷传》。
⑥ 《三国志·陆绩传》。

其一,古徐州地区(苏北及鲁东南)曾属楚地,受楚文化影响。公元前1010年周穆王令楚伐徐,徐州屡被楚侵,并多次被攻占彭城。春秋时楚伐鲁,并一度占领鲁国,周元王四年楚将徐州纳入版图。"楚东侵,广地泗上"①,"江陵(南郡)为南楚,吴为东楚,彭城为西楚"②。又载:"以淮北、沛、陈、汝南为西楚,彭城以东、东海、吴广陵为东楚,衡山、九江、江南豫章、长沙为南楚。"③公元前241年,楚考烈王为避秦锋芒,迁都寿春(安徽寿县,离徐200公里),名寿郢。公元前225年楚亡后,楚起兵抗秦,公元前208年项梁立楚怀王的孙子熊心为楚怀王,建都盱眙,后迁都彭城,项羽自立"西楚霸王",又建都彭城。从公元前472年苏北、江苏沿海及鲁东南一带属楚,到公元前202年刘邦建立汉朝徐州为汉楚国,苏北及鲁东南归徐州刺史部,西汉元封五年(公元前106年)徐州辖有琅琊、东海、临淮三郡和楚、泗水、广陵三国共132县。苏北、江苏沿海及鲁东南一带一直受楚文化影响。荆楚有好巫术淫祀,借鬼神求神仙长生的风俗传统。"闻赤松之清尘兮,愿承风乎遗则。贵真人之休德兮,羡往事之登仙"④,屈原早就写过对神仙的向往,并且老子诞生在楚国厉乡曲仁里(今河南鹿邑县距徐州95公里)。庄子,宋国人(河南商丘距徐州不过100公里),是道家理论的重要传承人。战国时荆楚就产生过一批鼓吹长生成仙术的神仙方士,后来他们利用齐国邹衍的阴阳五行论解释方术,成为神仙家,可见江苏、鲁东南一带受楚巫术,信鬼神的影响,逐渐形成神仙术和方士论道的楚汉地域亚文化。江苏沿海地区也成为道教的原生地。神仙家的信仰和方术为道教所接受,神仙方术演化为道教炼丹术,神仙方士也逐渐转化为道士。

其二,秦汉以来,皇帝统治需要信奉天命论,寻求神成仙之路。

秦汉之前,古人对自然力不理解,从图腾崇拜泛神论,对神灵敬畏而加以祭祀,周朝即开始以礼制观念祭祀,秦汉承袭。战国时,北方燕齐和南方荆楚出现鼓吹长生成仙的神仙方士,齐人邹衍阴阳五行说诞生后,方仙道产生,方

---

① 《史记·楚世家》。
② 《汉书·高帝纪》。
③ 《汉书·货殖列传》。
④ 王泗原:《楚辞校释》,人民教育出版社1990年版。

仙道是战国时到秦汉间方士鼓吹的成仙之道,代表人物战国有宋毋忌、正伯桥等。

秦时有徐福、韩终等,汉武帝时有李少君、廖忌等,他们向秦始皇、汉武帝鼓吹有神仙方术,秦始皇、汉武帝为了永久统治长寿不死,不仅相信而且求之若渴,"如恐弗及"。于是秦汉之际祭祀加求神仙盛行。秦始皇以秦王政二十八年称帝三年(公元前219年)就开始出巡祭祀和求神仙之路。他从咸阳出发,主要有八条线路。其中北线有两条:一是经云阳到九原、雪中、雁门;二是经河东到太原、雁门、上谷、渔阳、石北平。西线一条:从咸阳到陇西。南线一条:峣关到武关、南阳、湘山。东线四条:主要是祭祀、封禅、勒石、求仙。其一,公元前219年出函谷关到新安、平阴、荥阳、薛城、峄山勒石、泰山封禅祭祀,之罘勒石、琅琊筑台勒石。在琅琊往东海到彭城泗水捞鼎路上,徐福上书要至东海求仙。其二,公元前218年由阳武、博浪沙到之罘、琅琊,经安阳回咸阳。其三,公元前215年由河东经上党、常山、广阳到碣石,使韩终(众)、侯公、石生,求仙人不死药,然后从上党回。其四,公元前210年由南线到东海、云梦、长江水路到丹阳、钱塘再到会稽,从江乘县(现在江苏句容)过朐县秦东门(现连云港)到琅琊,时隔八年,秦始皇又见徐福说:"徐市等入海求神药数岁不得,费多恐谴,乃诈蓬莱药可得,然常为大鲛鱼所苦,故不得至,愿请善射与俱,见则以连弩射之。"秦皇从琅琊走海路经成山在之罘射杀一鱼,到平原津(现德州平原县南)病,死于沙丘平台,可见秦始皇死于求神仙不死药之路。①

汉武帝元封五年(公元前111年)从九嶷山到天柱山、浔阳江经东海临琅琊,登泰山,并多次到琅琊,到泰山封禅,以后又多次去泰山渤海蓬莱祭祀,并封方士栾大为乐通侯,位上将军。② 方士李少君知汉武帝成仙心切,即建议他祭灶神,说用丹砂炼黄金,再用黄金制饮食器盛饭可以长寿、成仙。

我们从秦皇、汉武祭祀求神仙不死药的路线及方士活动的范围不难看

---

① 《史记·秦始皇本纪第六》。
② 《汉书·武帝纪第六》。

出,大多是在古徐州一带。"可见神仙学说之起源及其道术之传授,必与濒海地域有连,则无可疑者。"①可以从皇帝巡游祭祀线路勾勒出古徐州到东海沿岸一带方仙道的活动范围。

其三,"经"、"道"取仕制度化。神仙方士及道教理论,在古徐州应运而生。

秦汉以来,统治者好神仙方术,并逐渐以制度的形式固化。首先,秦汉建立以"经"、"道"取士制度。秦汉官吏的产生主要是察举制,即考察荐举。尤其是汉代皇帝定察举特定科目,其中有三项特科:"一是明经,对经学研究者;二是有道,天文(占候、星占)、医学(巫医)神仙术、占术、相术、命相、遁甲、堪舆或精通谶纬之学;三是明阴阳灾异学说的人。"②其次,以"道"、"经"谋取官职形成社会效应。一方面,封建专制社会"一人得道鸡犬升天",一人发迹最先惠及的是同宗和同乡。所以,刘邦建立汉王朝带出一批刘氏宗亲和丰沛人。另一方面,"上有好者,下必有甚焉者",方士"易"经学者把神仙方术作为进身的本钱,迎合统治者,投其所好。所以仅西汉因方士、"易"学家、经学家被封官职的就有30余人,具有代表性的人物古徐州区域(丰沛籍)占三分之一以上。汉武帝曾封方士栾大为乐通侯,位上将军。宣帝时沛县人施雠(《易》学家)为博士;蔡千秋(经学家)为谏大夫、平陵令、郎中户将;庆普(《易》学家)东平王刘宇太傅;闻人通汉(经学家)中山中尉;申章昌(经学家)长沙太傅;东海下邳(今睢宁)人严彭祖(《易》学家)为博士,任河南郡太守。元帝时,东海下邳(今睢宁)人翼奉(经学家)博士、谏大夫;哀帝时,徐州人龚胜(《易》学家)谏议大夫,渤海太守,光禄大夫;邳州人龚会(《易》学家)谏议大夫,太山太守、光禄大夫;沛县人唐林(经学家)尚书令;沛县人刘歆(经学家)光禄大夫、河内太守。西汉时,"自言有禁方",能神仙之徒不可胜数。③ 民间的和官场的神仙方士、经学者推波助澜,形成群体,在寻仙中问"道",在炼丹中找"理",方术和道家理论不断翻新。先以《老子》、《庄子》、《周易》等经书为根,

---

① 陈寅恪:《天师道与濒海地域之关系》,上海古籍出版社1980年版,第15页。
② 《周秦汉唐文明》,陕西人民出版社1999年版,第417—419页。
③ 《史记》,中华书局1959年版,第1391页。

结合阴阳五行说,墨儒家思想及神仙术、巫术,在黄老道、方仙道的基础上潜心研究,东汉江苏人张道陵《老子想尔注》、于吉《太平经》、魏伯阳《周易参同契》道教专著相继问世,广为流传。东汉末日益系统化的道教理论也从徐州走向全国。

(2)道教创立后发展的区域路线

东汉太平道被镇压后,天师道(五斗米教)张鲁被封为阆中侯后,迁往邺城,天师道得以在北方传播,张鲁公元216年逝世,天师道以帛家道由北方传入吴(江浙)代表者句容人许映。三国时,蜀中天师道一支李家道,李阿、李宽在吴传道;晋时,吴人杜子恭(世传天师道)在江南传天师道,西晋江苏句容人葛洪注重修道炼丹的道家代表,东晋源于天师道的上清派,道士杨羲(苏州人)传句容道士许谧、许翔父子。天师道在魏晋时经分化而发展。南北朝又分两支。北朝嵩山道士寇谦之剔除反映人民意愿方面,增加约束戒律改造天师道,更适合统治者需要,为北天师道;南朝吴兴人陆修静长居南京以建立道教斋戒仪范、整顿组织、建立制度改革天师道,成为南天师道。经改造后北南天师道机构健全、组织严密,更加成熟,因而南北朝是道教从组织到理论重要的发展阶段。不过道教在北朝发展中,跌宕起伏,曲折发展。北朝曾两次灭佛,一次灭道[北魏太武帝446年第一次灭佛;北齐高洋555年灭道;周武帝建德年间(572—577年)灭佛兴道]。道教在南朝发展中虽有佛道之争,但没有灭佛灭道说。尤其是南朝梁武帝萧衍、简文帝萧纲、元帝萧绎、陈武帝陈霸先、宣帝陈顼,既信道,又是道教理论研究者。梁武帝对道士陶弘景秣陵(南京)人,信任有加,"梁高祖太子从而受道,梁简文、邵陵诸王、谢览、沈约、阮忻、虞权,并服膺师事之"①。陶弘景历经宋、齐、梁三朝,参与国事,但多次辞官,隐居茅山45年,权贵争与结交,有"山中宰相"之称。他创茅山宗,并使茅山成为上清派的中心。总之,在统治者的支持、参与下,天师道或其宗派,在古代徐州地区为中心的沿海地域广为传播。如陈寅恪先生所言:"凡东西晋南北朝奉天师道之世家,旧史记载可得而考者,大抵与滨海地域有关。故青、

---

① 《太平御览》,第3032页。

徐数州、吴令诸郡,实为天师道之传教区。"①

3. 古徐州籍道家对道教文化的传承

汉到魏晋南北朝,客籍古徐州及古属吴(东汉徐州刺史部和扬州刺史部范围)因历史变迁,现划为浙北、鲁南、皖东的道家不计其内,著名的道家(道士经学家)有36位。其中徐州籍有17位(沛县4人,丰县5人,睢宁1人,东海1人,徐州1人,句容5人);苏南19位(苏州12人,常州6人,另还有1人)②,其中道教创立者张道陵、于吉,继承者张衡、张鲁,魏晋时继承者句容葛玄、许穆、许迈、东海鲍靓,句容许谧、许翙等都是古徐州籍人。南朝是我国道教发展的高峰期之一,使道教在理论和实践上得以发展,最具代表性传承道教的道士有葛洪、陆修静和陶弘景。

(1) 道教史上承前启后的葛洪

葛洪(283—363),字雅川,丹阳郡句容人(今江苏句容县),著名道教学者,号抱朴子。著《抱朴子》内外篇70卷等著述60余种。

葛洪出身贵族,官宦世家,43岁前(成帝咸和元年,326年)建功立业,封伏波将军,获关内侯,宦海沉浮;43岁后由儒为主,以道为辅,从拯世救时转变为以道为主,以儒为辅,舍儒从道,出世绝俗,著书立说,潜心修炼为高道。葛洪在道教的传承中主要有三大贡献。

一是在儒道关系方面,主张道本儒末,道高于儒。调和儒、道关系,使之更加适应统治者需要,易于把道教引入上层士族社会,道教在上层士族信奉参与支持下迅速发展,为南朝道教发展高潮提供了上层建筑条件,葛洪特殊的人生经历成为上层士族道教理论的奠基者。

二是在神仙道教理论方面,构建等级森严的神仙世界系统。葛洪认为:"神有上、中、下,众神之上有元君,老子之师。大神仙能调和阴阳,役使鬼神风雨,骖驾九龙十二白虎,天下众仙皆隶焉。"《抱朴子·内篇》改变了战国以来道家杂乱无章不系统的信神观念,道教神仙系统从此成为封建制度的

① 陈寅恪:《天师道与滨海地域之关系》,上海古籍出版社1980年版,第15页。
② 《江苏历代文化名人录》。

翻版。

三是在医学、化学和科技方面,有新发明、新发现和创造。葛洪对结核性传染病的精确记载比西方早 1000 多年;关于天花病的症状及治疗药方是医学史上最早的记载;世界上最早发现并使用免疫法治疗疯狗咬伤。"杀所咬犬,取脑傅之,后不复发。"①

在化学和科技方面,葛洪通过炼丹实验认识到丹砂的化学特性、铅的可逆性、金属间的置换作用、化合分解现象。"以曾青涂铁,铁赤色为铜"(《黄白篇》),曾青又名胆矾,即硫酸铜,硫酸铜溶液使铁起化学作用,铁镀铜产生。"以鸡子白化银,银黄为金,而皆外变而内不变也",即银镀金(《黄白篇》),葛洪曾把入山符字刻在两寸方的枣木上,其木刻符可印,后来木刻板印刷术的发明受其启发。

当然,葛洪具有道学家和科学实验家的双重人格。前者信仰神仙,是唯心论;后者实事求是,尊重客观规律而倾向唯物论。正是他的双重人格下的不同贡献,在道教中起到了承上启下的作用。

(2) 天师道改革者陆修静

陆修静(406—477),字元德,吴兴(原属吴,今浙江)人。长居南京(424—453 年),18 岁时被宋文帝请入内宫讲经说法。467 年,宋明帝在南京北郊天印山筑崇虚宫,广集道经,校订整理,陆修静著述 30 余种。道教创立后系统整理道教经典第一人。陆修静自称:"祖述三张(张陵、张衡、张鲁)弘衍二葛(葛玄、葛洪)。"他改革天师道,使之更加适于生存和传播。

他编制的《三洞经书目录》是道教史上第一部道经目录,奠定了《道藏》的文献基础,为道教经典的编纂创立体例和原则,为后代整理和保存道教经典起到了重要作用。制定道教斋醮仪范,使道教仪式完备,天师道斋仪式简单、粗俗,不适合上层社会。"露身中坛,束骸自缚,散发泥额,悬头衔发于栏格之下。"②陆修静著《斋戒仪范》,制定"九斋十二法"(即之清斋法两种,灵宝斋法

---

① 《肘后备急方》。
② 《道藏》(25 册),第 180 页。

九种,天师法斋一种),斋仪充实而健全,后世沿袭采用。改革天师道组织制度,使道教组织更严密,天师道在张鲁死后组织涣散,陆修静整顿了组织。

首先,健全天师道"编户著藉"(即户口)和"三会日"(每年正月初七、七月初七、十月初五三次道教集会活动);其次,建立道官依功受箓和晋升制度。设立"三八之品"(下八职,中八职,上八职),凡道官、祭酒任命升迁,须按其人德行逐级提升,废除道官世袭制。再次,建立道教服饰等级制度。"道家法服犹世朝服,公侯士庶各有品秩,五等之制以别贵贱。""夫巾褐裙帔,制作长短,条缝多少,各有准式,故谓之法服。"① 改革后的天师道称为南天师道,上自宋、齐皇帝,朝廷权贵,下至平民百姓,信奉者俱增,使道教得以发展。

(3)道教中兴的代表陶弘景

陶弘景(456—536),字通明,自号华阳居士,晚号华阳真逸、华阳真人,谥贞白,丹阳秣陵(今南京)人,南朝多才多艺的道教徒。一生著述丰厚,约80余种,其中道书、丹书有《真诰》20卷,《真灵位业图》1卷,《登真隐诀》3卷,《合丹药诸法节度》1卷,《集金丹黄白方》1卷,《太清诸册集要》4卷。还有天文、地理、历算、兵学、医药学、文学、艺术、经学、冶炼等诸多著述。陶弘景是南朝道教中兴的关键人物,他在不同领域都做出了重要贡献。

建立神谱,使道教趋于一神教。道教创立后信奉泛神论,各种神灵杂乱无章。陶弘景在前人的基础上按封建等级制建立了神谱,其中罗列天神、地祇、人鬼等诸仙,历代帝王将相,思想家,包括道教上清、灵宝派、天师道,全排列有序。并分七个等级,由七个主神统帅,前三个主神与"三清"相似,从此道教趋于一神教。

编著《真诰》,编修道教史。搜集大量道教历史资料,包括道经、道家历史人物、神话故事、修行方术等。编纂《真诰》20卷,《真灵位业图》1卷,具有道教史的文献资料意义。

形神双修,发展道教修炼理论。陶弘景主张形神双修(养神少欲,炼形有度),强调少思寡欲,饮食有节,起居有度,服食药物即可长寿。

① 《道藏》(20册),第558页。

弘扬上清派,创立茅山宗。陶弘景是上清派嫡传弟子,他在《真诰》中就上清派的源流进行考证,并加以神话,加之陶弘景的个人魅力以及他在茅山修炼45年之久,在朝野产生很大影响,成为上清派的中心,而后茅山宗取代上清派并尊陶弘景为创始人。

潜心多学科研究,取得丰硕科研成果。

医学和药物学方面。陶弘景在葛洪《肘后备忘录》的基础上撰《药总诀》2卷,《肘后百一方》3卷,《效验方》5卷,医病有显效,为预防疾病而作《养生延命录》、《导引养生图》,厘定《神农本草经》,撰《本草集注》、《叙录》共7卷,是系统的药物学名著。在天文历算和地理学方面,陶弘景曾制浑天象,用机械转动十二时轮转循环,与天体相会。在文学和艺术方面,陶弘景有文辞美著《学苑》100卷,其中有诗、赋、书、表、序、论、碑、铭等,存于《陶隐居集》,他"善琴棋,工草隶",著《书法录要》。在兵学、经学和佛学方面,著兵书《太公孙吴书略注》2卷,兵阴阳书《真人水镜》10卷,《握镜》1卷,经学专著《孝经论语集注并自立意》12卷,《三礼序并自注》1卷,《注尚书毛诗序》1卷。进行冶炼和炼丹实验。总之,陶弘景不仅是道教理论家,儒、道、佛共奉,还是实践家。由于他跨南朝齐、梁、陈三代,成为茅山宗一代宗师,在朝廷和士族中有重大影响。陶弘景为道教在南朝的中兴起到非常重要作用,也为隋后唐代道教鼎盛奠定了基础。

综上所述,可见徐州汉代道教的创立、发展及对道教文化的传承之一斑。

四、军事文化的策源地

1. 徐州的战略地位及古今重大战略战役

(1) 徐州的战略地位自古是兵家必争之地

首先,徐州地处要冲。徐州位于东经116°23′—119°43′,北纬34°45′—35°3′,居中原南北要冲,是"五省通衢"要塞。它东近东海,西连中原,北倚鲁南山地,南瞻江淮平原。"徐州之域,古大彭氏国也。州冈峦环合,汴泗交流,北走齐、鲁，西通梁、宋，自昔要害地也。"①徐州四面环山，三面临水，是水陆交通枢纽，古时的泗水、汴水、黄河，之后的京杭大运河都途经徐州，水路连接东西南北；既是北面连云港出海口的必经要道，又是河南山西陕西等地的出海必经之地。

其次，徐州易守难攻。徐州山中有城（四面环山），城中有山（户部山、土山），自古是兵家必争之地。史有北国锁钥、南国重镇之称。守，可督苏鲁豫皖四省；攻，由此可向东西南北挺进。南北方的战争，每以徐州之得失为胜败之关键。"彭城之得失，辄关南北之盛衰。"②古今军事家对徐州这一军事重镇的认识基本相同。在南方军事家眼里，占领了徐州，就等于拿到了打开北方大门之锁的一把钥匙；而在北方军事家眼里，夺下了徐州，就等于占领了向南方进军的桥头堡。上古徐偃王以徐州为家，钱铿以彭城为国，西周宋迁都彭城，秦末西楚霸王项羽建西楚王朝以彭城为都，他们无不是从军事上考量徐州的地位的。

再次，徐州军备充足。进行军事战争离不开战斗员、军备物资（武器装备、粮草等），徐州基本具备。徐州位于苏鲁豫皖接壤地区结合部，历来人口密度大，加之徐州人有燕赵之风，尚武、骁勇、善战，作战兵源充足。自秦以来，徐州附近爆发过大泽乡陈胜、吴广起义，芒砀山刘邦起义，萧县李二起义，红巾军韩山童、刘福通、芝麻李起义等 50 余次起义。无不振臂一呼，从者数万余；徐州有丰富的铁矿和煤矿，汉代徐州设立的铁官，宋代设利国监和宝丰监，专管开矿炼铁之事。徐州拥有制造武器的重要资源，就地取材，以煤炼铁，以铁铸兵。徐州属黄淮平原，粮草丰沛，宜于厉兵秣马。

近代辛亥革命领导人黄兴 1912 年曾评价徐州的战略地位："南不得此，无以图冀东，北不得此，无以窥江东。是胜负转战之地。""辫帅"张勋移军徐州图谋复辟、兵变，孙中山令北伐军三路光复徐州，直系军阀孙传芳、奉系军阀张宗昌争夺徐州，蒋介石与北洋军阀争夺徐州，冯玉祥进攻徐州等，都是从军事战略着眼。毛泽东称："世称此处乃兵家必争之地，果然如此啊！"③

---

① 《禹贡》。
② 《资治通鉴》卷一〇四。
③ 丁爱华：《毛泽东七到徐州》，《毛泽东思想研究》1984 年第 4 期。

（2）徐州古今重大战略战役

徐州军事文化的历史可以追溯到新石器时代原始部落间的战争。从邳州大墩子遗址受箭伤的墓主、刘林遗址中出土的武器可佐证。

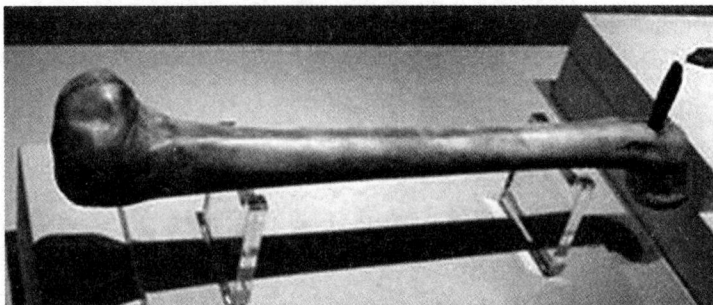

图1-26　邳州大墩子遗址受箭伤的腿骨

首先，中国古代不少重大战役与徐州相关，黄帝战蚩尤，彭祖参加的"牧野之战"，在商丘因宋背楚从晋为由的"城濮之战"，郯城一带的"马陵之战"，项羽彭城出兵"巨鹿之战"，"淝水之战"的前期彭城争夺战等。其次，徐州城就是激战之地。楚汉两军九里山下对垒。明朝的朱棣伏兵九里山。《水浒传》中有"九里山前作战场，牧童拾得旧刀枪。顺风吹起乌江水，好似虞姬别霸王"。北伐战争时，在徐州城南的云龙山，也被总司令蒋介石设置过前线指挥部。

古往今来，据不完全统计，进入阶级社会的4000多年中，发生在徐州及其周围地区，有文字记载的大小战事1000余场。其中规模较大的有400多场（仅楚汉相争七年间大战有70余场，小战30余场），平均10年左右发生一次，这在我国城市发展史中极为罕见。春秋战国时期，正所谓"春秋无义战"，在徐州一带列国相互攻伐，楚攻宋、鲁；吴伐楚、齐；秦灭楚、齐。秦末陈胜、吴广在徐州以南大泽乡揭竿而起，项羽、刘邦群雄响应，立张楚国，兴楚灭秦。楚汉数度争彭城。九里山下四面楚歌、十面埋伏垓下大战、赤眉起义、黄巾称雄，金戈铁马都在徐州一带。三国时期，曹操攻陶谦，刘备战吕布，袁术攻下邳。晋朝百多年，大战40余次。南北朝平均三年一仗，南北朝时在徐州有吕梁大战。隋唐时期，庞勋起义、黄巢起义烽火燃遍大半个中国，震撼唐朝廷。北宋时徐州临近水泊梁山,小战不断。南宋时徐州属金国南部,宋朝北部,多年拉锯战。元朝宰相脱脱镇压徐州芝麻红巾军起义屠城徐州①,明、清时期更是战事连年,硝烟不断。既有抗击金、蒙、清等外族入侵的战斗,也有农民义军的割据。战事频繁,不胜枚举。近代新老军阀混战,国民革命军北伐,都在徐州一带角逐鏖战。抗日战争中,1937年,5个月的徐州会战台儿庄战役,取得歼灭日寇1万余人的伟大胜利,威震倭寇。抗战八年间,徐州人民争取民族解放,发起较大战斗近百起。解放战争中,1948年11月6日开始历经2个月的淮海战役,抗击国民党进攻,为推翻蒋家王朝,解放全中国奠定了基础(见表1-1)。

表1-1 徐州历代战争一览表

战争时间	朝 代	战 争 过 程
前2066年	夏启15年	封于西河(今山西汾阳)的禹幼子武观反叛。启命彭祖篯铿的孙子彭伯篯寿帅师征讨,武观战败投降
前1990年	夏少康	彭伯又出兵助少康(夏六代王)夺回了王位。少康,封彭伯弟篯元哲于豕韦(今河南滑县)立国
前1434年	商河亶甲3年	彭伯助商剿平邳人、姺人反叛
前1432年	商河亶甲5年	姺人投于班方。彭伯率军征伐班方,班方姺人战败归降
前1192年	商武丁43年	商王武丁四十三年己亥,率王师灭大彭国、豕韦国
前963年	西周	周穆王令楚文王伐徐,徐偃王败走
前573年	东周	晋悼公率八国诸侯之兵二十万围彭城,楚军败退
前473年	东周	越王勾践北上度淮,与中原诸侯会盟于徐之桐山
前209年	秦	泗水亭长刘邦芒砀山斩蛇起义,于沛城起兵
前205年	楚汉	彭城之战,刘邦占彭城,项羽袭刘邦惨败,死者众,睢水为之不流
前202年	楚汉	九里山之战,楚汉决战于九里山,张良吹箫散楚兵,韩信占彭城
191年	东汉	黄巾军攻徐州
193年	东汉	徐州之战,魏武帝曹操率兵击陶谦于彭城,大战破之

---

① 《元史·脱脱传》。

续 表

战争时间	朝 代	战 争 过 程
198 年	东汉	曹操沿下邳城挖长壕,引泗水灌下邳城,杀吕布
200 年	东汉	曹操破徐州,克下邳,俘关羽及刘备妻
323 年	东晋	后赵王石勒攻彭城、下邳
378 年	东晋太元三年	东晋谢玄率万众救彭城,379 年七月,彭城、下邳被前秦攻占
405 年	东晋	魏宋战徐州,魏败走
422 年	南朝·宋	刘宋军自徐州北援山东
466 年	南朝·宋	宋,北魏战于徐州,北魏都督安都大败张永积,尸六十余里
506 年	南朝·梁	梁魏争夺徐州
614 年	隋	张大彪率军攻徐州遇伏,万余皆战死
618 年	隋	宇文化及杀隋炀帝,据徐州抢掠
623 年	唐	李世民讨徐元朗,占徐州
862 年	唐	唐浙东观察使平定徐州兵乱,杀骄兵数千
884 年	唐	黄巢克徐、兖等数十州
899 年	唐	淮南节度使杨行密攻徐州
915 年	五代·后梁	后梁末帝朱友贞遣牛存节攻徐,破城。节度使朱殷自焚
1129 年	南宋	宋金战于徐州、下邳
1140 年	南宋	韩世忠三围淮阳
1218 年	南宋	红袄军攻徐,与徐州总领纳合六哥战于狄山,杀金兵无数
1232 年	元	蒙古军南下攻徐,蒙、金争夺徐州
1351 年	元	农民起义军芝麻李化装入城,攻占徐州
1360 年	元	张士诚占徐、邳
1407 年	明	燕王兵袭邳县,朱棣伏兵九里山
1511 年	明	刘六、刘七起义军攻徐州
1523 年	明	山东矿民王堂起义军攻徐州

战争时间	朝　代	战 争 过 程
1554 年	明	倭寇犯徐，徐、邳军民奋起灭倭
1636 年	明	李自成攻徐，陷睢宁
1644 年	明	史可法调兵徐、邳，次年清兵围邳，陷徐
1853 年	清	太平军林凤祥、李开芳北伐过徐州
1860 年	清	捻军攻徐，擒杀总兵滕示胜
1865 年	清	僧林格沁追捻军至邳县。曾国藩驻徐州攻捻
1866 年	清	赖文光率捻军围丰县攻徐州，李鸿章驻徐州攻捻
1911 年	清末	辛亥革命军光复南京，张勋退驻徐州
1912 年	民国	孙中山下令北伐，光复徐州
1913 年	民国	徐州陷入张勋、冯国璋之手
1925 年	民国	直奉孙传芳、张宗昌争夺徐州
1927 年	民国	蒋介石指挥北伐军数次攻徐，南北激战经年
1930 年	民国	蒋介石坐镇徐州，指挥蒋冯阎中原大战
1938 年	民国	中国军队与日本侵略军徐州大会战，血战台儿庄
1948 年	民国	淮海战役

2. 徐州军事文化的内容

（1）古代徐州军事遗址（古战场）

以徐州为中心，东临黄海，西接中原，北至泰山，南达淮河，纵横千里，连接苏、鲁、豫、皖。在这一地区内发生的战事，有的是为夺取徐州在外围的争斗，有的则是以徐州为大本营，交战双方激烈厮杀。楚汉相争时，刘邦、项羽为了夺取彭城，双方投入近百万军队，举行了一场彭城会战。战场从河南东部雍丘、睢阳、夏邑、咸臬、荥阳，山东南部的定陶、蒲城、滕县等地，南到江苏的邳、睢及安徽的灵璧、萧、砀等地。三国角逐时，曹操、陶谦、刘备、吕布等在以彭城为中心的广大地区你争我夺达 8 年之久，战场东至郯城、下邳，西到陈留、濮阳，北到武阳、东阿，南达睢、灵一带。

近代军阀蒋、冯、阎大战时，冯玉祥、阎锡山等反蒋战线集 70 万大军自山西、河南、山东、湖北等地杀来,其目的就是会师徐州,攻占南京。而蒋介石正是以徐州为依托,沿津浦、陇海两铁路沿线为防御阵地,战场西自归德(河南商丘),北到济南、泰安、兖州等地。蒋介石调张学良率东北军入关参战。日军乘东北空虚,发动九一八事变,侵战东三省。抗战时期,中日徐州会战,日本侵略军把徐州作为进攻中国腹地的重要目标,中国政府也把徐州当作屏障中原,确保大后方武汉的重要战略基地,徐州是总指挥部和大本营。在长达5个多月的会战中,战场北达济南,南到滁州、淮河,东至淮阴、淮安,南北千余里。会战以徐州失守而结束。震惊中外的淮海战役,其战场波及江、淮、河、汉之间,北到枣庄、滕县,南达淮河,东起海州,西至商丘,遍布四省,波及百县。

图1-27 (左起)冯玉祥、蒋介石、阎锡山

据不完全统计:目前徐州市区域有53处战争文化遗址,其中徐州市核心区有31处,县区22处,其中29处为市级文物保护单位,8处为省级文物保护单位。徐州战争文化遗址大多毁于水灾兵祸,现有商周梁王城遗址、秦汉遗址、三国遗址、唐宋遗址、明清遗址。其中有九里山古战场、任山古战场(任山古道)、东汉时吕布射戟台、曹操斩吕布的白门楼、关羽被困土山,及现代碾庄战场遗址等。1949年以前徐州城周边70余座山峰的制高点上几乎都有碉堡,至今九里山、云龙山、子房山、卧牛山、骆驼山等山头尚残存一些碉堡;黄

河故道西岸、九里山机场、大郭庄机场周边,至今还有碉堡;市中心原卫戍区司令部、道台衙门围墙都有碉堡。徐州兵家必争之地的痕迹俯拾即是。

图 1-28　九里山古战场遗址(张爱萍将军题字)

(2) 徐州重要军事事件

春秋时期,萧、楚、晋、宋、吴、韩、齐、鲁等国在徐州一带连年争战。秦末以来,徐州地区农民起义、武装暴动多达 50 多次。中国历史上最早的陈胜、吴广起义就爆发在徐州以南 90 公里的地区,尔后刘邦、项羽领导的起义军灭秦指挥中心就设在徐州。汉朝的赤眉军起义、黄巾军起义,东晋孙恩起义,隋末农民起义,唐末庞勋起义,宋朝红袄军起义,元朝芝麻李起义、红巾军起义,明朝刘六、刘七起义、李自成起义,近代太平天国起义,捻军起义,辛亥革命以来的农民暴动等,这些起义有的就在徐州爆发,有的在徐州一带进行殊死的战斗,有的以占据徐州为据点向统治者发起攻击,有的则在徐州地区被统治者剿灭。

宋时金兵数攻徐州,抗金名将韩世忠、王复等在丰、沛、徐、邳等地英勇抗敌。元朝朱元璋起兵北伐,攻克邳州、徐州;一鼓作气直下山东,横扫华北,灭元兴明。清朝时期,清兵攻陷徐州,太平军北伐在徐州大战清兵,捻军攻占徐州及周围各县,受到清政府围剿。辛亥革命后,老军阀、新军阀连年混战,几度攻占徐州或以徐州为据点。抗日战争中,中国军队在徐州地区英勇抗击日寇，取得了台儿庄战役的巨大胜利，振奋了全国军民抗战热情。中国共产党领导徐州人民高举抗日大旗在城乡各地遍燃抗日烽火，直至胜利。解放战争中，国民党反动派以徐州为内战据点，疯狂进攻解放区，中国人民解放军在徐州地区与国民党军进行了淮海战役，一战定乾坤，为解放全中国奠定了胜利基础。

历代统治者都把徐州作为军事要地，屯以重兵。唐设武宁军、感化军，管辖徐、泗、濠三州；五代十国、金设武宁节度使；宋朝驻武卫军、奉化厢军；元朝设徐邳屯田总管府；明朝设徐州卫和徐州左卫、徐淮兵备道；清朝设徐州镇总兵，辖本标中营、徐州城守营、萧营和宿州营。中华民国时期，军政府和南京临时政府设徐州军政分府和徐州卫戍司令部、徐州总司令部；北京国民政府设徐州镇守使署、长江巡阅使署、苏鲁豫皖四省"剿匪"总司令部、津浦驻军司令部、第二军援湘总司令部，浙、苏、皖、赣、闽五省联军总司令部和徐州总司令部、扩军使署、戒严司令部以及湘赣巡阅使徐州行辕、直鲁联军总司令徐州行辕、陆军第七方面军总司令部、陆军第二方面军总司令部行辕等。1927年至1948年，国民政府先后设国民革命军第一集团军总司令部徐州行辕、北伐军总司令部徐州行辕、中华民国陆海空军总司令部徐州行辕、国民革命军第一集团军司令部、国民革命军第五战区司令长官部、国民革命军徐州绥靖公署、陆军总司令部徐州司令部、徐州"剿匪"总司令部、津浦路警备司令部、陇海路警备司令部等。

楚汉相争徐州时，项羽守军30万，刘邦率军56万；近代蒋、冯、阎军阀徐州混战时，各方投入兵力100多万；日本侵略军进攻徐州时，日军投入10多个师团计30多万人，中国军队也集结了45万多人；淮海战役时，国民党军投入了80多万人，人民解放军也投入了60多万人。徐州是兵争之地、屯兵之所，是全国重要的军事战略支撑点。

（3）古今徐州军事谋略家及军事谋略经验的总结

徐州狮子山楚王陵出土的兵马俑，将2000多年前的汉楚国军队呈现在我们面前，仿佛听到了战马的嘶鸣，看到了刀光剑影，嗅到了战场的硝烟。

我们目睹古战场遗迹时，最值得称道的是军事文化中的军事谋略，如：秦

图1-29　徐州狮子山楚王陵出土的兵马俑

末张良在博浪沙刺杀秦始皇未成,在下邳圯桥受师黄石公的太公兵法,以后成为刘邦运筹帷幄、决胜千里的谋臣;项羽在公元前205年四月彭城之战中以3万军队打败刘邦56万之众,创以少胜多的战例,项羽以3万兵力千里奔袭,从河北南下占萧县,断刘邦后路,由西进城杀刘邦士卒10万,刘邦逃到灵璧,项羽在睢水再杀10万兵,刘邦父亲、妻子被俘,败回荥阳;汉王刘邦在汉中明修栈道、暗度陈仓,与齐王韩信联手夹击项羽。刘邦多次失败,善于妥协斗争,兵不厌诈,最后打败项羽夺取天下;刘邦善于用人,推车的娄敬,布贩子灌英,吹鼓手周勃,杀狗的樊哙,亡臣张良,胯下夫韩信,都用其所长,正如刘邦所说:"夫运筹帷幄之中,决胜千里之外,吾不如子房;镇国家,抚百姓,给馈饷,不绝粮道,吾不如萧何;连百万之军,战必胜,攻必取,吾不如韩信。此三者,皆人杰也,吾能用之,此吾所以取天下也。"由此可见军事谋略在战争中的关键作用。

　　徐州古九州之一,地域辽阔物产富庶,物华天宝,地灵人杰。先有大彭、徐、留三个方国,春秋时宋为都城;项羽建西楚王朝,分封18个王,当时,天下36郡,他自领以彭城为中心的9郡,占全国的1/4(始皇二十六年后又增分为46郡,也占1/5)。西汉建徐州刺史部,辖东海郡、泗水国、楚国、鲁国、琅邪郡、江都国、东阳郡、广陵国、临淮郡 4 郡 5 国,132 个县。① 东汉徐州刺史部辖东海郡、琅邪国、彭城国、广陵郡、下邳国 5 个郡国,东汉末设置利城郡、城阳郡、东莞郡、东安郡、东城郡 5 郡。②③ 区域范围大致是当今的山东省东南部、江苏省长江以北及安徽省东北角(北到东营,东连大海,西临商丘,南接扬州)(见表 1-2)。

表 1-2　西汉、东汉徐州刺史部情况一览表

部	郡国	县数	郡治	下辖具体县、邑、道、候国名
西汉徐州刺史部	琅邪郡	51	东武县	东武县、不其县、海曲县、赣榆县、朱虚县、诸县、梧成县、灵门县、姑幕县、虚水国、临原县、琅邪县、袚国、柜县、瓶国、邦县、雩假国、黔陬县、云国、计斤县、稻国、皋虞国、平昌县、长广县、横县、东莞县、魏其国、昌县、兹乡国、箕国、椑县、高广国、高乡国、柔国、即来国、丽国、武乡国、伊乡国、新山国、高阳国、昆山国、参封国折泉国、博石国、房山国、慎乡国、驷望国、安丘国、高陵国、临安国、石山国
西汉徐州刺史部	东海郡	38	郯县	郯县、兰陵县、襄贲县、下邳县、良成县、平曲县、戚县、朐县、开阳县、费县、利成县、海曲县、兰祺国、缯县、南成国、山乡国、建乡国、即丘县、祝其县、临沂县、厚丘县、容丘国、东安国、合乡县、承县、建阳国、曲阳县、司吾县、于乡国、平曲国、都阳国、阴平国、鄋乡国、武阳国、新阳国、建陵国、昌虑国、都平国
西汉徐州刺史部	临淮郡	29	徐县	徐县、取虑县、淮浦县、盱眙县、厹犹县、僮县、射阳县、开阳县、赘其县、高山县、睢陵县、盐渎县、淮阴县、淮陵县、下相县、富陵县、东阳县、播旌县、西平县、高平国、开陵国、昌阳国、广平国、兰阳国、襄平国、海陵县、舆县、堂邑、乐陵国
西汉徐州刺史部	楚国(彭城郡)	7	彭城县	彭城县、留县、梧县、傅阳县、吕县、武原县、甾丘县
西汉徐州刺史部	泗水国	3	凌县	凌县、泗阳县、于县
西汉徐州刺史部	广陵国	4	广陵县	广陵县、江都县、高邮县、平安县

---

①　见西汉徐州刺史部地形图(注:西汉徐州刺史部无治所)。
②　见西汉、东汉徐州刺史部情况一览表。
③　见东汉徐州刺史部地形图(注:治所在郯城南)。

续　表

部	郡国	县数	郡治	下辖具体县、邑、道、侯国名
东汉徐州刺史部（治所为郯县）	东海国	13	郯县	郯县、兰陵县、戚县、朐县、襄贲县、昌虑县、承县、阴平县、利城县、合乡县、祝其县、厚丘县、赣榆县
	琅琊国	13	开阳县	开阳县、东武县、琅邪县、东莞县、西海县、诸县、莒县、东安县、阳都县、临沂县、即丘国、缯国、姑幕县
	彭城国	8	彭城	彭城县、武原县、傅阳县、吕县、留县、梧县、甾丘县、广戚县
	广陵郡	11	广陵县	广陵县、江都县、高邮县、平安县、凌县、东阳县、射阳县、盐渎县、舆国、堂邑、海西县、海陵县
	下邳国	17	下邳	下邳县、徐县、僮国、睢陵县、下相县、淮阴县、淮浦县、盱台县、高山县、潘旌县、淮陵县、取虑县、东城县、曲阳国、司吾国、良成县、夏丘县

注：光武帝建武元年（公元25年）撤销泗水国[汉武帝元鼎三年（公元前114年）置]改设泗水郡。

献帝初平四年（193年）琅邪国绝继；献帝建安二年（197年）析下邳国新设东城郡（随后撤销）；献帝建安三年（198年）析东海郡新设利城郡、昌虑郡二郡；献帝建安四年（199年）析琅邪国新设东安郡（随后撤销）。

析琅邪国、齐国、泰山郡新设东莞郡。

析琅邪国、北海国、东莱郡复设城阳郡。

献帝建安十一年（206年）析琅邪国复继。撤销下邳国（共维持134年），改设下邳郡。

东汉设徐州，最初治所在郯县（今山东郯城）。后来移治下邳（今江苏睢宁古邳）。

献帝时，曹操移治彭城（江苏徐州），也就是将彭城作为徐州的政治、军事中心。

在徐州范围中由于连年征战，时势造英雄。首先，产生出一批军事家。其次，出现一批总结作战经验的军事谋略家。据不完全统计，从先秦到秦汉、三国、两晋,徐州籍以及在徐州指挥、参加战事的军事家、谋略家104人,其中徐州籍的43人,占41%。[1] 因此,古徐州从夏商周到楚汉较集中地出现一批军事谋略家,是时代造就的产物,绝非偶然(见表1-3)。

表1-3 古徐州一带东汉前主要军事家、谋略家一览表

类 别	姓 名	生 卒	出生地	活动范围	生平掌故	著 作
谋略家、军事家	姜尚字子牙,吕尚、吕望	约 前1128—前1015年	海曲城东吕乡东吕里,今山东日照	山东、陕西、河南、苏北一带	周文王、周武王拜吕尚为师,助武王伐纣。前1046年牧野之战被封于齐营丘,今山东临淄城北	《六韬》、《太公兵法》
谋略家	管仲	前723—前645年	楚国慎邑,今阜阳颍上县	楚、齐	经鲍叔牙力荐,为齐国上卿(为春秋第一相),辅佐齐桓公为春秋第一霸主	《管子·兵法》
谋略家、军事家	孙武	约前535—前470年	齐国乐安今淄博广饶县	齐、吴、楚(鲁、苏、湘)	吴王阖闾任之为将率吴军6万破楚军20万,攻入楚国郢都	《孙子兵法》
谋略家、军事家	孙膑	?—前316年	齐国阿,今阳谷东北、鄄城北	齐、魏、赵(鲁、豫、冀)	齐威王任之为军师。"孙庞斗智""田忌赛马""围魏救赵""桂陵之战""擒庞涓"	《孙膑兵法》
谋略家、军事家	吴起	约前440—前381年	卫国左氏,今山东定陶	鲁、齐、魏、楚	历仕鲁、魏、楚三国军政要职,助鲁退齐、仕魏破秦、仕楚主持改革,史称"吴起变法"	《吴起兵法》
谋略家	黄石公,又称圯上老人	约前292—前195年	秦汉时人	秦。隐居下邳、彭城,圯桥遇张良。三试,授《素书》	黄石公著《素书》,后传授给张良,共三篇。该书杂采儒家的仁、义、礼;法家的权、术、势;墨家的尚贤;道家的重柔及谶纬说	《三略》、《黄石公三略》、《黄石公素书》

---

① 廖国亮主编:《江苏历代名人录·军事卷》,江苏人民出版社2009年版,徐州一带东汉前主要军事家、谋略家一览表。

类 别	姓 名	生 卒	出生地	活动范围	生 平 掌 故	著 作
谋略家	范增	前277—前204年	楚居巢,今巢湖市	楚、齐、西楚、彭城	楚遗民,项羽亚父,助项羽建西楚王朝,西楚第一谋略家	
谋略家(汉初三杰之一)	张良,字子房	约前250—前186年	韩国颍川城父	韩、秦、西楚、汉。秦灭韩,逃至下邳。先投项羽后投刘邦	博浪沙狙击秦始皇。得《太公兵法》,深明韬略,刘邦称他"运筹帷幄之中,决胜千里之外",汉朝建立时封留侯,谥文成	张良、韩信整理182家兵法,定著35家
军事家(汉初三杰之一)	韩信	前231年—前196年	淮阴人,淮阴侯	楚、汉、淮阴、赵。彭城、汉中、咸阳、长安。投项羽后又投刘邦	助汉王明修栈道、暗度陈仓,出汉中。井陉之战大败赵军,十面埋伏击项羽。封齐王、楚王,被刘邦处死	35家之一,有《权谋》
谋略家	陈平	前?—前178年	阳武,今河南原阳东南	汉丞相。封曲逆侯。出反间计、离间计,先投项羽后投刘邦	离间项羽、范增;乔装诱敌,使刘邦从荥阳撤退;封韩信王郊,使韩信效命刘邦;联齐灭楚;擒韩信灭异姓王;解刘邦白登之围	
谋略家(汉初三杰之一)	萧何	前257—前193年	秦朝沛郡丰邑,今江苏丰县	楚、汉、彭城、汉中、长安。汉初丞相,谥号"文终侯"	为汉朝制定政策和律令。灭韩信、英布等异姓王,有国士无双、成也萧何败也萧何、萧规曹随、留侯画策之称	《九章律》盗律、户律、贼律、囚律等
谋略家	晁错	前200—前154年	颍川,今河南禹州	长安。文帝时为太子家令,景帝时为御史大夫	号称"智囊"。主张中央集权、削减诸侯封地,重农贵粟。吴、楚等七国叛乱时,被景帝错杀	《言兵事疏》

类 别	姓 名	生 卒	出生地	活动范围	生 平 掌 故	著 作
军事家	樊哙	前242—前189年	沛县,今江苏省沛县	丰沛、彭城、汉中、长安、封舞阳侯,谥武侯	汉开国功臣,以勇著称,少屠狗为业。后随刘邦起兵攻楚,平定臧荼、陈豨、韩信。吕后妹婿	
军事家谋略家	曹操,字孟德,小字阿瞒	155—220年	沛国谯,今安徽亳州	东汉、亳州、洛阳、许昌、青州、徐州、邺城等。魏王,谥武王	东汉丞相,以天子名征讨四方,内灭二袁,吕布、刘表、韩遂等割据势力,外降南匈奴、乌桓、鲜卑等,统一中国北方。追谥魏武帝	《孟德新书》、《十一家注孙子》之一
谋略家	张昭,字子布	156—236年	徐州彭城,今江苏徐州	东汉、徐州、镇江、南京等	辅佐孙策、孙权稳定江东,撰定朝仪。辅吴将军、娄侯,谥文侯	《春秋左氏传解》
军事家	关羽,字云长,本字长生	约162—220年	司隶河东解良,今山西省运城	东汉、徐州、荆州一带。封汉寿亭侯。谥壮缪侯	刘备干将,忠义和勇武的化身。民间称其"关帝""关公""武圣",佛尊为"护法"	
军事家	吕布,字奉先	151—198年	陕西绥德	东汉、并州、洛阳、徐州一带	为丁原、董卓、袁术的部将,曾被封为徐州牧,辕门射戟解刘备之困,被曹操杀于下邳白门楼	

(4) 有关军事谋略史实的典故

发生在古徐州一带有关军事谋略史实的典故很多,仅以汉代及以前为例,据史实记载大致分作三类。

一是战略、战役类:"黄帝战蚩尤"、"牧野八师"、"武王伐纣"、"围魏救赵"、"楚汉相争"、"巨鹿之战"、"背水之战"(韩信)、"破釜沉舟"(项羽救赵)"十面埋伏"(韩信)、"垓下之战"(项羽战败)、"井陉之战"(韩信攻赵)、"彭城之战"(项羽袭彭城)、"荥阳之战"(刘、项交兵)、"百战百胜"等。

二是形容军事、战争、军事人物类:"鸿鹄之志"(陈胜)、"作壁上观"、"置之死地而后生"(救赵诸侯)、"城下之盟"(楚攻宋)、"揭竿而起"(陈胜)、"四面楚歌"、"霸王别姬"、"项庄舞剑,意在沛公"(范增)、"鸿门宴"(范增)、"沐猴而冠"(项羽)、"拔旗易帜"、"胯下之辱"、"居常鞅鞅"、"功高震主"、"推陈出新"、"妇人之仁"、"勇冠三军"、"不赏之功"、"匹夫之勇"、"独当一面"、"爱国如家"、"传檄而定"、"战无不胜、攻无不克"、"国士无双"、"一饭千金"、"兵仙神帅"、"汉中高对"、"略不世出"、"伐功矜能"、"拔萃出群"、"抱头鼠窜"、"兵连祸结"、"斩将刈旗"等。

三是军事谋略类:"圯桥三进履"(张良遇黄石公),"成也萧何,败也萧何"(韩信),"韩信用兵多多益善"(韩信),"运筹帷幄,决胜千里"(刘邦评张良),"知己知彼,百战不殆","攻其不备,出其不意"(孙子兵法),"田忌赛马","狡兔死,走狗烹,飞鸟尽,良弓藏;敌国破,谋臣亡。天下已定,我固当烹"(韩信语),"取而代之"(项羽),"约法三章"(刘邦),"明修栈道,暗度陈仓"(韩信),"分一杯羹"(刘邦),"萧规曹随"(萧何、曹参),"汗流浃背"(周勃),"误中副车"(张良),"萧何月下追韩信","一诺千金"(季布),"贫贱之交"(宋弘),"沈沙决水,半渡而击","伪游云梦","夏阳偷渡","临晋设疑","不入虎穴,焉得虎子"等。

3. 徐州军事文化的研究

徐州之所以被称为军事文化的策源地,主要有四个硬件和一个软件。四个硬件:一是徐州的战略地位;二是古徐州一带的军事人物;三是在徐州发生的战争、战场的数量;四是古徐州有关军事谋略史实的典故。四个硬件前面已经表述。一个软件是军事文化成果。在徐州一带军事文化成果丰硕。主要代表是徐州一带的军事家或谋略家编撰的各类兵书或军事著作。如姜尚的《六韬》,管仲的《管子兵法》,孙武的《孙子兵法》,孙膑的《孙膑兵法》,吴起的《吴起兵法》,黄石公的《三略》,韩信的《权谋》,司马穰苴的《司马法》,尉缭的《尉缭子》,晁错的《言兵事疏》,曹操的《孟德新书》、《接要》及曹操、诸葛亮等编的《十一家注孙子》,王符的《潜夫论》(主要有:劝将、救边、边议、实边、相列),张良、韩信定著的汉初35家权谋兵书。另外,汉武帝时,军政官杨仆负责搜集整理兵法,编成我国第一部《兵录》。汉成帝时,步兵校尉任宏对当时所尚存的兵法做深入研究,并将其分成四大类,编成我国的第一部兵法分类目录。其内容为:兵权谋,十三家二五九篇;兵形势,十一家九二篇;兵阴阳,十六家二四九篇;兵技巧,十三家一九九篇。任宏的"兵书略"被收入汉代刘歆《七略》之中,以后又被纳入《汉书·艺文志》,而成为我国现存最早的兵书目录。共为五十三家,七百九十篇。①

我国军事文化研究的成果,不仅在国内得以薪火相传,而且流传到国外,作为现代军事教科书。如《孙子兵法》,日本称为《武经》,是中国古典军事文化遗产中的璀璨瑰宝,是中国优秀文化传统的重要组成部分。《孙子兵法》是世界三大兵书之一②,已经用英、俄、法、德、日、意、西班牙等 20 多种文字翻译。《孙膑兵法》、《六韬》、《吴起兵法》也被译成多国文字,分别为军事院校的军事教科书。

五、大运河文化的流传地

京杭大运河,北起北京,南至杭州,全长约 1800 公里。关于运河的历史,如果从公元前 487 年吴王夫差开辟邗沟算起,至今已有 2490 年的历史;如果从元代至元二十九年(1292 年)以会通河与通惠河凿竣为标志的京杭运河的全线贯通算起,至今也有 700 多年的历史。京杭大运河沟通了东西流向的海河、黄河、淮河、长江和钱塘江五大江河,流经北京、天津、河北、山东、江苏、浙江 6 个省市,是世界上最长的人工河流,也是最古老的运河之一。它与万里长城并称为我国古代的两项伟大工程,闻名于世界,是中华民族文明的标志和象征。

大运河徐州段历史悠久,隋代以前,大运河流经徐州的泗水、汴水,上源通黄河,下游通淮河。"南通江淮,北达幽燕",有通贯两河之利。

大运河在徐州境内约 210 公里,北起微山湖南段蔺家坝,南至新沂窑湾

---

① 可参阅:《中国兵书通览》(上编,总论),解放军出版社 2002 年版。
② 另外两部是克劳塞维茨的《战争论》、宫本武藏的《五轮书》。

图 1-30　徐州五省通衢牌坊

的二湾,自北向南流经铜山区、贾汪区、邳州市、睢宁县、新沂市等 5 个市县区,连接的主要湖泊、河道有骆马湖、微山湖、中运河、不老河、房亭河、徐洪河等,流域面积 2000 多平方公里。宋代黄河夺淮入海之前,大运河徐州段与汴泗水道合二为一的航道是国家漕运的主航道,经徐州抵京师汴梁(开封)的漕粮,一年达 600～800 万石。元代建都北京后,京师至杭州南北大运河开通,徐州又是南北漕运的中枢。明代徐州设漕运衙门,设徐州卫和徐州左卫,徐州为漕运四大粮仓,每年经徐州北上的粮船达 12143 艘。

隋唐大运河由苏杭流经徐州西下开始,经宋、元、明、清,尤其是明、清两朝,是经徐州北上的黄金水道。大运河促进了运河两岸区域工商业的发展,形成运河沿岸城镇村落林立,热闹繁荣的景象,数以万计的商业店铺和为漕运服务生活的人们,为运河文化的产生和繁荣营造了人文基础。朝鲜人崔溥在《漂海录》中评大运河徐州段,"及淮河以北,若徐州、济宁、临清,繁华丰阜,无异江南"。因此,运河文化是集漕运、商贸、手工业和农产品加工、农业商品化于一体,具有广泛兼容性、多元性、开放性的文化。徐州境内流域运河文化遗产资源丰富,历史文物古迹众多,共有古遗址、古建筑、古墓葬 30 余处。其中有新沂窑湾、邳州土山 2 座古镇,17 处古遗址(含古城址梁王城),8 处古墓葬(主要是汉代),3 处古建筑遗迹。

　　非物质文化方面的徐州曲艺,在明代随漕运兴盛繁荣。如产生在北方的"寄生草"、"哭皇天"和流传在湖广的"罗江怨"等曲牌子通过大运河、淮河连同长江的船歌相继流入,后发展成为徐州曲艺的主要曲调。最早对曲艺艺人演唱进行记载的是明代李开先的《词谑》,其书中记述了徐州名为周全的曲艺表演家演唱的情况:"徐州人周全善唱南北词,一日在酒肆唱《赏时》,声既洪亮,节有低昂……"徐州评词相传是明末时,泰州说书艺人柳敬亭传至徐州地区,柳敬亭沿运河说书到徐州。另外像四平调、落子舞等曲艺形式都是沿大运河传入徐州。吴文化影响了徐州人的生活,徐州建筑有江南周庄之称的运河明珠窑湾古镇。徐州餐饮中有杭帮、淮扬菜系的糖醋鱼、四喜丸子、开洋茭白、五香螺蛳、肴肉、苏南酱菜、苏式糕点、元宵糕团、藕粉甜饭等。金银首饰徐州人喜爱苏式、沪式;玉器偏爱扬州、苏州、上海刀工。直至 20 世纪 50 年代到 70 年代,徐州人生活中的"四大件"(自行车、手表、缝纫机、收音机)都心仪上海造。

　　沿运河引进江南竹器业,清同治年间徐州有竹器生产一条街"笆子街","民国初年(1912)至民国二十七年徐州的竹器业约有 60 家"[1],徐州从生产工具竹篙、竹梯到生活用具笼屉、箩筐、筷子;从家具桌椅、书架、茶几到文具毛笔、尺子、笔筒。据不完全统计,到 1966 年,徐州尚有条竹厂(社)、竹篾厂、竹器店 20 余家,现在仅存 4 家。清末民初徐州藤器店、棕床作坊及竹器作坊大多在故黄河畔的大马路、太平街。"民国时期城区大大小小的木器店、藤器店、竹器店、棕床店总共 180 多家,其中木器店 60 家,条竹藤制品店 120 家,从业人员达 900 余人。"[2]

　　大运河传来的吴文化丰富了徐州人的生活,徐州人受吴文化影响,喜喝青茶,爱泡澡。新中国成立前徐州市内茶馆众多,并且多数集中在坝子街黄

---

①　张忠泰:《民国时期徐州工商业》,中国诗词楹联出版社 2014 年版,第 94 页。

②　张忠泰:《民国时期徐州工商业》,中国诗词楹联出版社 2014 年版,第 96 页。

图 1-31　徐州 20 世纪 50 年代的老虎灶

河南北两岸以及市区一带,30 余家,最出名的是老东门半乡园。到 20 世纪 40 年代,徐州有 14 家较大的茶馆。其中有坝子街杨天赐茶馆和堤北刘东科茶馆。后来两家茶馆联姻为一家,成为徐州最大的茶馆。50 年代初,徐州还有金城茶社、泰山茶社、云龙茶社和余窑茶社等。徐州有"夏喝龙井,冬喝大方,不冷不热喝旗枪"之说。由于徐州人爱喝茶,催生卖开水的茶炉,直到 50 年代中期三民街、南门口、青年路、道平路、二府街等还有老虎灶。

为适应徐州人泡澡的需求,清嘉庆二十五年(1820 年)徐州已有商业性浴池,最早的知名浴池,是嘉庆三十年(1825 年)在大同街和彭城路交叉口的浴德池。1922 年"新新女子"浴室,在统一街南头开业。1928 年徐州已经有 200 余座位,并且分一、二等雅座的种珊池。

"1945 年徐州浴池业发展到 38 户,从业人员 2000 余人。"[1]徐州市区 20 世纪 70 年代还有种珊、毓秀、同春、龙园、三达、职工、浴德、沧浪等 10 余座浴池。

大运河给徐州运来吴文化,经过历史的沉淀,在影响徐州人生活的同时,不断完善徐州人的性格,使徐州人的性格中既有北方人的阳刚彪悍、豪放;又

---

① 张忠泰:《民国时期徐州工商业》,中国诗词楹联出版社 2014 年版,第 125 页。

有南方人的阴柔细腻、婉约。诚如清代石杰在其乾隆本《徐州府志》的"序言"中所言:"徐州其俗好勇尚气,秀杰者多倜傥非常之士。"

图1-32　20世纪60年代徐州浴德池

总之,千百年来的运河文化影响,打造了徐州的区域文化,造就了徐州人兼有南方北方人的性格。

第三节　壮哉两汉文化

汉代之前由于徐州曾是西楚故都,成为我国政治、经济、军事、文化的中心。相对集中的人力、物力、财力,凸显了徐州的优越性,在多元的历史文化中彰显最光彩的一页。

一、徐州两汉时期地域广而富裕

汉代徐州为诸侯封国,一直由皇族或重臣镇守,拥有强大的实力和影响力。西汉曾设彭城郡。西汉徐州刺史部,是汉朝13州刺史部之一,领东海郡、泗水国、楚国、鲁国、琅邪郡、江都国、东阳郡、广陵国、临淮郡 9 个郡国，132 个县，区域广阔，其州治在郯县(今山东省郯城县)。西汉徐州刺史部区域范围呈狭长地带，大致从北部现山东东营沿黄海、东海海岸线到与扬州的结合部，再到今山东省东南部、江苏省长江以北及安徽省东北角。汉代之前由于徐州曾是西楚故都，是我国政治、经济、军事、文化的中心。"全面考察秦汉时期的经济状况，我们不得不承认，当时最发达的地区是在关东，即燕山山脉以南，太行山、中条山以东，豫西山地和淮河以北地区。以西汉末年为例，这一占全国总面积 11.4% 的范围内，拥有总人口的 60.0%，在粮食自给的情况下，每年至少向关中输出 400 万石，还有大量手工业产品，与关中相比无疑更具有优势。"①

东汉徐州刺史部，领东海郡、琅邪国、彭城国(建都彭城)、广陵郡、下邳国 5 个郡国，62 个县。东汉末置利城郡、城阳郡、东莞郡、东安郡、东城郡 5 郡。治所郯县(今山东郯城县)，汉末移治下邳(今江苏邳县东)，后移治彭城(今江苏徐州)，彭城始称徐州，其地域范围为今山东省东南部、江苏省长江以北及安徽省东北部分。

两汉时期徐州区域处于黄河、长江下游及淮河流域，在自然经济的农业社会中属于最富庶的地区。"彭城地处黄淮平原，物产丰饶，'稻麦一熟可资数岁'。"②

二、徐州两汉时期出人才

秦汉之际，从沛县走出的布衣皇帝刘邦一统天下.建立了辉煌的大汉王朝。两汉 420 多年间，徐州共有 13 个楚王，5 个彭城王，是有名的帝王之乡。据《史记》不完全统计，刘邦称帝后，册封的 18 个诸侯王中，有沛籍王 10 人;侯爵 143 人中，沛籍 23 人;18 位开国元勋中，沛籍的有萧何、曹参、周勃、樊哙、

① 葛剑雄:《论秦汉统一的地理基础》。
② 董治祥:《彭城建都考》,《徐州教育学院学报》2001 年 9 月,第 16 卷第 3 期。

王陵、奚涓、周昌、夏侯婴8人,其中萧何、曹参、周勃、樊哙、王陵5人先后为丞相。刘邦做皇帝,带出一大批人才,包括刘氏宗亲,大汉400余年基业可谓人才辈出。

1. 汉初三杰

汉初三杰指张良、韩信和萧何,他们三人在建立汉朝过程中立下了很大功劳。刘邦说:"夫运筹帷幄之中,决胜千里之外,吾不如子房;镇国家,抚百姓,给馈饷,不绝粮道,吾不如萧何;连百万之军,战必胜,攻必取,吾不如韩信。此三者,皆人杰也,吾能用之,此吾所以取天下也。"①

(1) 张良

张良(约前250—前186),字子房,汉族,为汉初城父(今安徽亳州)人。汉高祖刘邦的谋臣,秦末汉初时期杰出的政治家、军事家,汉王朝的开国元勋之一。

张良先祖原为韩国颍川郡贵族,其祖三代为韩丞相,本姓韩。秦灭韩后,他图谋恢复韩国,结交刺客,在古博浪沙(在河南原阳东南)狙击秦始皇未遂,逃亡至下邳(今江苏徐州市睢宁县古邳镇)时,遇黄石公,得《太公兵书》,深明韬略。秦末农民起义中,率部投奔刘邦,不久游说项梁立韩贵族成为韩王,为韩申徒。以韩申徒之职率军协助平定关中,刘邦西入武关后,在峣下用计破敌;鸿门宴上帮助刘邦脱离险境;灞上分封时"为汉王请汉中地"。后韩王成被项羽杀害,复归刘邦,为其重要谋士。楚汉战争期间,"长计谋平天下",都为刘邦所采纳,提出不立六国后代,联合英布、彭越,重用韩信等策略,又主张追击项羽,歼灭楚军。汉朝建立,封留侯。见刘邦封故旧亲近,诛旧日私怨,力谏刘邦封宿怨雍齿,释疑群臣。刘邦曾赞其"运筹帷幄之中,决胜于千里外,子房功也"②。

(2) 萧何

萧何(前252—前193),汉族,西汉初期政治家。萧何出生于秦泗水郡丰

---

① 《史记·高祖本纪》。
② 《史记·留侯世家》《汉书·张良传》。

邑县(今江苏丰县)东护城河西岸,现萧何宅遗址尚存。萧何年轻时去小沛任功曹,即负责县里某些事务的主要官吏。他勤奋好学,思想机敏,对历代律令颇有研究。他性格随和,很善于识人,结交了许多好朋友。其中秦泗水亭长刘邦,捕役樊哙,书吏曹参,刽子手夏侯婴,吹鼓手周勃(名将周亚夫的父亲),由于年龄相仿、性格相近,便成了莫逆之交。尤其是对刘邦,感情更近。他认为刘邦处世为人与众不同,曾多次利用职权暗中袒护他。

秦二世元年(公元前209年)七月,陈胜、吴广在大泽乡起义,举起反秦的大旗,各地豪杰云集响应,天下大乱。当时在小沛当功曹的萧何,与曹参、樊哙、夏侯婴、周勃等人时常聚会,密切注视着局势的发展,并暗中与芒砀山中的刘邦保持着联系。

攻克咸阳后,他接收了秦丞相、史府所藏的律令、图书,掌握了全国的山川险要、郡县户口,对汉王朝建立后制定政策、形成汉代制度文化起到重要作用。楚汉战争时,他留守关中,使关中成为汉军的巩固后方,不断地输送士卒粮饷支援作战,对刘邦战胜项羽,建立汉朝起了重要作用。萧何采撷秦六法,重新制定律令制度,作《九章律》,在法律思想上,主张"无为",喜好"黄老之术"。高帝十一年(公元前196年)又协助高祖消灭韩信、英布等异姓诸侯王。高祖死后,他辅佐惠帝。惠帝二年(公元前193年)卒。

(3)韩信

韩信(约前231—前196),古淮阴(今江苏省淮安市)人,军事家、战略家、汉军统帅和军事理论家,是中国军事思想"谋战"派代表人物。"王侯将相"集韩信一人,是西汉开国名将,留下许多著名战例和策略。

韩信年轻时经常寄食于他人,为众人所厌,后来加入了楚营项梁的起义军。公元前208年,项梁死后便成为项羽部下,曾经数次向其献策,但项羽没有采纳。韩信在项军内仅任炊事兵与守门官,认为没有前途。于是在公元前206年,汉王刘邦进入汉中郡、武都郡、巴郡与蜀郡时,韩信逃离楚营,投奔汉王刘邦。韩信最初未被汉营重用,后因为涉嫌犯军法被判斩首之刑,行刑时,已有13人被斩,临到韩信,他见到夏侯婴,便说:"上不欲就天下乎? 何为斩壮士!"(意:君王不是想要取得天下吗? 为什么要斩壮士呢?)夏侯婴感到惊奇,释放了韩信,再向刘邦推荐韩信。刘邦任韩信为治粟都尉,但韩信并不满足。韩信与萧何谈话数次,萧何对他印象深刻。在南郑过了一段时间,韩信估计萧何已向刘邦推荐自己,却没有音讯,感到不受重用,于是离开汉营,准备另投明主。萧何闻讯,认为韩信如此将才不能轻易失去,于是来不及通知刘邦便策马于月下追韩信,终于劝得韩信留下。起初,刘邦听说萧何逃出,十分惊恐,后来听说他是为了追韩信,于是问他:"这么多人逃回东方,你都不追,为何却追韩信?"萧何于是向刘邦再荐韩信:"那些逃走的将军们是很容易随手得到的,至于韩信这样的英才,天底下的人群中绝对找不到第二个!"(原文:"诸将易得耳。至如信者,国士无双。")刘邦接纳建议,模仿古代筑坛拜将,封韩信为大将,即汉军总司令。拜将后,韩信立刻向刘邦剖析天下大势,并提出其战略。刘邦同意,并依其计划部署。项羽分封诸侯,不足一年,齐国已生内乱,项羽于是亲率楚军北上镇压。公元前 206 年八月,刘邦出兵进攻关中,由韩信领军暗度陈仓,突袭雍王章邯;汉军大胜,旋即攻占咸阳,塞王司马欣和翟王董翳投降,关中大部分归顺汉王刘邦。当章邯还坚守废丘时,刘邦留下韩信围攻废丘,自己则联合其他项羽 18 诸侯,趁项羽还在齐国时,于公元前 205 年领联军 56 万人攻占项羽首都彭城。项羽领兵 3 万回师彭城,刘邦这时还在沉迷享乐,结果在彭城之战惨败,退至荥阳。萧何即动员关中老弱和未傅者,让韩信带往荥阳前线救援刘邦。之后,韩信率兵在京城和索城(都在荥阳附近)之间击退楚军,使楚军不能西越荥阳。

魏王魏豹附楚反汉,刘邦派韩信领兵攻魏,韩信突袭魏国都城安邑,擒魏豹。随后韩信率军击败代国,这时汉营调走他旗下的精兵到荥阳抵抗楚军。韩信继续进军,在井陉背水一战,以少数兵力击败号称 20 万人的赵军,擒赵王赵歇。韩信听从广武君李左车建议,派人出使燕国,成功游说燕王归附汉王。

公元前 204 年,刘邦派郦食其游说齐国结盟,齐王田广答应,留下郦食其加以款待。此前韩信已奉刘邦命攻齐,在得知郦食其成功说服齐国以后,原本打算退军,但蒯通以刘邦并未发诏退军为由,说服韩信不要把功劳让给郦食其,韩信听从,攻击未做防备的齐国。田广得知消息后极为愤怒,烹杀郦食其。韩信击败齐军,田广引兵向东撤退,并向项羽求援。韩信在潍水以水计击败田广和楚将龙且的联军，龙且战死，韩信陆续攻占齐地。

公元前 203 年，韩信以齐地未稳为由，自请为假齐王（假，有代理的意思），以便治理。当时刘邦正受困于楚军的包围下，不得不听从张良和陈平的劝谏，封韩信为齐王。

项羽自知形势不妙，派武涉游说韩信叛汉，韩信以汉对他有恩为由拒绝。蒯通认为刘邦日后必对韩信不利，多次怂恿韩信把握时机，脱离汉王自立，形成鼎足之势。而韩信自认为劳苦功高，"汉终不夺我齐"；蒯通则以"勇略震主者身危，而功盖天下者不赏"相劝。但韩信始终抱着"汉终不负我"的幻想，而不忍叛汉。

公元前 203 年，刘邦与项羽议和，停战，以鸿沟为界。不久刘邦听从陈平之计毁约，出兵追击东归的项羽，但韩信及彭越没有派兵助战，汉军在固陵被项羽大败。刘邦一方面固守，另一方面答应韩信及彭越事成后封地为王。韩信及彭越终于带兵会合刘邦，韩信以十面埋伏之计大破楚军，最后迫使项羽撤退到垓下，战败自刎而亡。

项羽死后，刘邦迅速夺取韩信的兵权，并改齐王为楚王，移都下邳。逃亡部将钟离眜素与韩信交好，韩信便将其收留藏匿。刘邦得知钟离眜逃到楚国后，要求韩信追捕，韩信则派兵保护钟离眜的出入。

公元前 201 年，有人告发楚王谋反，刘邦采用陈平计策，以出游为由偷袭韩信。韩信有意发兵抵抗，自陈无罪，但又怕事情闹大，钟离眜则自刎。韩信带着人头于陈（今河南淮阳）向刘邦说明原委，刘邦令人将其擒拿，韩信大喊："果若人言：狡兔死，良狗烹；高鸟尽，良弓藏；敌国破，谋臣亡。天下已定，我固当烹！"后来刘邦赦免韩信，韩信被降为淮阴侯。韩信自己功高震主，常称病不出。

汉高祖十年，陈豨起兵造反，吕后与萧何密谋，伪报陈豨已死，在韩信前来祝贺时趁机擒获，以声称有密告指出他与陈豨共谋，将韩信处以五刑后打死于长乐宫钟室，并株连三族，后世人称："成败一萧何，生死两妇人。"

刘邦平定陈豨返回之后，得知韩信已死，"亦喜且怜之"。刘邦问韩信死前说了什么，吕后回答韩信后悔当初不听蒯通之计。于是刘邦下令捕捉蒯通。蒯通辩称"当时只知韩信，不知陛下"，而被赦免。

韩信为汉朝立下汗马功劳,历任大将军、左丞相、相国,封齐王、楚王、淮阴侯等,却也因其军事才能引起猜忌。汉高祖刘邦战胜主要对手项羽后,韩信的势力被一再削弱;最后,韩信由于被控谋反,被吕雉(即吕后)设计,令萧何骗入宫内,处死于长乐宫钟室。①

2. 五里三诸侯

"三诸侯"是指汉初的安国侯王陵、绛侯周勃、颍阴侯灌婴,他们的故居皆在今徐州沛县安国乡境内,绛侯周勃生于周田村,安国侯王陵的府第在安国集,颍阴侯灌婴的食邑在灌婴村,三地成品字形,相距均五里,故称"五里三诸侯"。

(1) 安国侯王陵

王陵(? 一前181),汉初大臣,沛县人,为沛县豪族,汉太祖(汉高帝)刘邦微时,对王陵兄事之。"王陵,沛人也。始为县豪,高祖微时兄事陵。"②太祖起兵攻陷咸阳,王陵集合数千兵占据南阳,不愿跟随刘邦。刘邦与项羽作战,项羽派兵到沛县抓了王陵的母亲,以此要挟王陵归顺。王陵的母亲在项羽营中,王陵派使者来谈判,王陵的母亲为了王陵归顺汉王,私下对使者说:"愿为老妾语陵,善事汉王。汉王长者,毋以老妾故持二心。妾以死送使者。"③伏剑自杀。项羽大怒,将王陵之母烹煮。王陵悲痛万分,"卒从汉王定天下",于是归顺刘邦。彭城的老百姓为王陵母亲的行为感动,偷偷将她埋了。后来,刘邦把项羽从彭城赶走后,王陵才安葬母亲,简称"王陵母墓"。高帝六年(公元前201年)八月,封为安国侯(5000户),以其初不欲从太祖,且与太祖仇人雍齿交厚,故晚封。汉惠帝六年,相国曹参去世后,王陵为右丞相,陈平为左丞相。④

惠帝死后,吕后要以吕氏一族为王。王陵说:"高皇帝刑白马而盟曰:'非刘氏而王者,天下共击之。'今王吕氏,非约也。"吕后不高兴。再问陈平、周勃,他们说:"高帝定天下,王子弟;今太后称制,欲王昆弟诸吕,无所不可。"吕后大喜。王陵后来问陈平:"始与高帝喋血而盟,诸君不在邪? 今高帝崩,太后女主,欲王吕氏,诸君纵欲阿意背约,何面目见高帝于地下乎!"陈平回答:

---

① 《史记·淮阴侯列传》。
②③ 《史记·陈丞相世家》。
④ 《史记·高祖功臣侯者年表》。

"于面折廷争,臣不如君;全社稷,定刘氏后,君亦不如臣。"王陵无言以对。[①]
吕后元年(公元前 187 年),王陵为太傅,夺宰相实权。王陵怒,辞职闭门不
出。吕后八年(公元前 180 年),王陵去世。谥号"武侯"。哀侯王忌即位为安
国侯。安国侯传至王陵玄孙因酎金事件断绝。

(2)绛侯周勃

周勃(? —前 169),秦末汉初的军事家和政治家,西汉开国功臣,沛县(今
江苏沛县)人,汉高祖封为绛侯。周勃的祖先原为卷县(今河南原阳西南)人,
后迁到沛县。周勃少时家贫,靠编织养蚕用的蚕箔为生,还常给办丧事的人
家吹箫奏挽歌,后来成为能拉硬弓的勇士。

高祖当初为沛公刚起兵的时候,周勃以侍从官的身份随从高祖进攻胡
陵,攻下方与。方与反叛,周勃跟他们交战,打退了敌军,之后进攻丰邑,在砀
郡东边攻打秦军,军队回到留县和萧县。再次进攻砀郡,把它攻破了,打下了
下邑,周勃最先登上城墙。高祖赐给他五大夫的爵位。他进攻蒙、虞二城,都
攻下了。袭击章邯车骑部队的时候,周勃立下奇功。平定魏地后,进攻爰戚、
东缗,一直打到栗县,都攻占了。攻啮桑时,周勃又最先登城。在东阿城下攻
击秦军,把他们打败了。追击到濮阳,攻下甄城。进攻都关、定陶,袭击并攻
占了宛朐,俘获了单父的县令。夜袭攻占了临济,进攻寿张,又往前打到卷
县,把它攻破了。在雍丘城下攻击秦军将李由的军队。进攻开封时,周勃先
到城下,立了战功。后来章邯打败了项梁的军队并杀死了项梁。沛公刘邦和
项羽领兵向东回到砀郡。从在沛县开始起兵到回至砀郡,共一年零两个月。
楚怀王给沛公的封号是安武侯,并任他做砀郡郡长。沛公任命周勃以虎贲令
的职位跟随沛公平定魏地。在城武进攻东郡郡尉的军队,打败了他们。攻打
秦将王离的军队,把他们打败了。进攻长社,周勃又是最先登城。进攻颍阳、
缑氏,切断了黄河的渡口。在尸乡北面攻打赵贲的军队。又南下攻打南阳郡
吕,攻破武关、峣关。在蓝田大败秦军,打到咸阳,灭了秦朝。

项羽封沛公为汉王。汉王赐给周勃的爵位是威武侯。周勃跟随汉王进

[①] 《史记·吕太后本纪》。

入汉中,被任命为将军。回师平定三秦,到秦地后,汉王把怀德赐给周勃作食邑。进攻槐里、好畤,立了上等功。在咸阳攻击赵贲和内史保,又立上等功。向北进攻漆县。攻打章平、姚昂的军队。向西平定汧县。又回军打下了湄县、频阳。在废丘包围了章邯军队。打败了西县县丞的军队。攻打盗巴的军队,打败了他。进攻上邽。在东边镇守峣关,转而攻打项羽。进攻曲逆,立上等功。回师镇守敖仓,追击项羽。项羽死后,趁机向东平定楚泗水和东海两郡,共占领 22 县。又回师守卫洛阳、栎阳,汉王把钟离赐给周勃与灌婴作为两人共有的食邑。周勃以将军的身份随从高祖征讨反叛汉朝的燕王臧荼,在易县城下把他们打败。周勃率领的士兵在车马大道上抵御敌军,战功多。周勃被封赐列侯的爵位,高祖分剖符信保证周勃的爵位代代相传,永不断绝。赐绛县 8180 户为食邑,号称绛侯。

汉初定,各诸侯王的反叛不绝,周勃成为汉初平乱的主将。高祖十年(公元前 196 年),周勃率军讨伐叛将陈稀于代。高祖十二年(公元前 194 年),燕王卢绾反。周勃以相国的身份取代樊哙统率部队攻蓟。活捉卢绾大将抵、丞相偃、御史大夫施等。屠灭浑都,共平定 79 个县。战绩赫赫,功不可没。周勃平燕王乱归来后,高祖逝世。他就以列侯的身份辅佐孝惠帝。孝惠帝六年(公元前 187 年)设太尉职,任周勃为太尉。是年八月,齐王刘襄带兵率先讨伐诸吕,吕产派灌婴抗击,灌婴却按兵荥阳,与齐王联合共讨诸吕。周勃和陈平见齐王发兵,共谋宜为策应。于是把郦商作为人质,使其子郦寄诱劝吕禄交出兵权,归其封国。吕禄交出将印,周勃得以控制北军,派兵助刘章入宫诛杀诸吕,与诸大臣共立文帝。在匡扶汉室的事业中,周勃功居首位,名垂后世。[①] 后官至右丞相,汉文帝十一年(公元前 169 年)去世,谥号为武侯。

(3)颍阴侯灌婴

灌婴(前 250—前 176),睢阳(今河南商丘睢阳区)人,原是睢阳的一个贩卖丝缯的小商人。高祖在刚刚起兵反秦自立为沛公的时候攻城略地来到雍丘城下,公元前 208 年参加刘邦军队,以骁勇著称。灌婴以内侍中涓官的身

---

① 《史记卷五十七·绛侯周勃世家第二十七》。

份跟随沛公,因为杀敌英勇被赐予七大夫的爵位。在随刘邦由汉中进取关中时,参与攻塞王司马欣,围雍王章邯。楚汉彭城之战后,被刘邦选为骑兵将领。此后,率领骑兵,参加破魏;接着出击楚军侧后,绝其粮道;继又跟随韩信攻占齐地,复深入楚地,迭克城邑,攻下彭城;参加垓下决战,穷追楚军,攻取江淮数郡。

公元前 201 年,受封颍阴侯。后以车骑将军相继参加平定臧荼、韩王信、陈豨、英布叛汉的作战。吕后死,因与周勃等拥立文帝有功,升为太尉。公元前 177 年,继周勃为相,次年卒。被追谥为"懿侯"。

灌婴冢,即"灌家",是汉朝大将军灌婴的墓,位于山东济宁市东边西灌村北 250 米处,"灌家晴烟"为古济宁八景之一。灌婴墓地虽夷为平地,享殿毁于早年,碑石遭到破坏,树木被砍伐一光,但地表以下墓地尚完好无缺,仍有十分重要的历史价值。1985 年,济宁市人民政府公布灌婴墓地为市级重点文物保护单位。

3. 得以善终的三员武将

在我国封建社会,封建帝王大多是可与共患难不可共享乐,一般采用"狡兔死走狗烹,飞鸟尽宝弓藏,国家定谋臣亡"的策略。尤其对手握兵权的重臣、武将,更是置之死地而后快。而汉代却有得以善终的文臣、武将,前有张良、周勃、灌婴,后有樊哙、夏侯婴、季布。

(1) 樊哙

樊哙 (前 242—前 189),沛县(今江苏省沛县)人,本以屠狗为业。秦末,他与刘邦过往甚密,曾与刘邦一起隐于芒砀山泽间(今河南永城东北)。二世元年(公元前 209 年),与萧何、曹参共同推戴刘邦起兵反秦。刘邦做了沛公,便让樊哙做了他的随从。跟随刘邦征战,先是攻打胡陵、方与,在丰县一带打败了泗水郡监和郡守的军队,后又平定了沛县。与司马欐在砀东英勇作战时,斩 15 人首级,打退了敌人,被封为国大夫。抵抗章邯军队时,樊哙率先登城,斩 23 人首级,被赐爵为列大夫。此后经常跟随刘邦出征,常立战功。入咸阳(今陕西咸阳东北)后,刘邦沉湎于宫廷生活,力劝刘邦还军灞上(今西安东南),勿贪秦宫奢丽之物。他与张良质问刘邦:"欲有天下耶将为富家翁耶?"力劝刘邦还军灞上。汉王元年(公元前206年)十二月,持剑盾闯鸿门宴,面斥项羽,保护刘邦逃离险境。

八月,由汉中还定三秦,升郎中骑将,复迁为将军。攻城阳,下户牖,破李由(李斯之子)军,共斩16人首级,被赐上间爵。在围攻东郡守尉的战斗中,打退敌人,斩14人首级,俘获11人,得封赐五大夫。之后又破秦河间守军,赵贲、杨熊等的军队。屡次先登陷阵,捕斩有功,被赐爵为卿,被赐贤成君的封号。后又多有斩获而再加封赐。攻武关至灞上,樊哙率军斩杀都尉1人,斩10人首级,俘获140人,降2900人。继参加对楚作战,屯守广武(今河南荥阳北)一年。因樊哙坚守作战有功再增加食邑800户。

汉初,异姓诸侯王反叛不断,樊哙成为征讨叛军的主将。先攻打反叛的燕王臧荼,俘臧荼,平定了燕地;楚王韩信反,樊哙随高帝到陈,活捉楚王韩信,平定楚地。更赐爵为列侯。以舞阳为食邑,号舞阳侯;又以将军名义跟随高帝讨伐了韩王信,斩韩王信,与绛侯周勃等共同平定了代地,因功再增加食邑1500户;因击退陈豨、曼丘臣军,战襄国,破柏人,先登,收取赵地清河、常山等共27县,被提升为左丞相。所部败陈豨的胡人骑兵于横谷,斩将军赵既,虏获代丞相冯梁、郡守孙奋、大将王黄等10人。与诸将共同平定代地乡邑73个。高祖十二年(公元前195年),又以相国职率兵击燕王卢绾,平定燕地18县,51个乡邑。高帝把他的封邑增至5400户。总计樊哙战功:跟随高祖作战,斩176人首级,俘虏288人;自己单独领兵作战,打败7支军队,攻下5个城邑,平定6个郡,52县。虏获丞相1人,将军12人,将官11人。樊哙成为汉朝从创立到稳定的重要将领。汉兴,封舞阳侯。跟随刘邦征讨反叛的异姓诸侯王,所部俘臧荼,斩韩王信,收取赵地27县。樊哙一直跟随刘邦左右,是刘邦的爱将。后娶吕后妹吕须为妻,生有一子樊伉,因此与皇帝的关系就更加密切了。他因是吕后妹夫,也险些被诛。孝惠六年,樊哙卒,谥为武侯。

(2)夏侯婴

夏侯婴(?—前172),即汝阴文侯,又称滕公,沛(今江苏沛县)人。西汉王朝的开国功臣之一。他与刘邦是少时的朋友,跟随刘邦起义,立下战功,后封为汝阴侯(封地在今安徽省阜阳市。1977年出土的西汉汝阴侯墓是第二代汝阴侯夏侯灶的墓葬,可证其封地所在)。

夏侯婴,起初在沛县官府的马房掌管养马驾车。每当送客人或使者回来,经过沛县泗水亭,就跟高祖交谈,没有不谈到日影移动、天色已晚才走的。不久,夏侯婴做了县里的试用官吏,与高祖很亲近。高祖开玩笑伤害了夏侯婴,有人告了高祖一状。高祖那时当亭长,官吏伤人,加重治罪。高祖就申诉他没有伤害夏侯婴,夏侯婴还为他作证。后来这个案子又翻了过来,夏侯婴因为高祖的牵连而坐牢一年多,挨了几百板子,终于因为这让高祖逃脱了罪责。

高祖当初想攻沛县的时候,夏侯婴以县令属官的身份做高祖的使者。后来,高祖回师平定三秦,夏侯婴又跟随高祖攻打项羽,到了彭城。项羽打败汉军,因为形势不利而逃跑,路上遇见孝惠帝和鲁元公主,让他们上了车。因为马已经疲惫而敌人又在后面穷追不舍,汉王着急,几次用脚把孩子推到车下,夏侯婴几次都把他们从车下抱起来,让他们坐在车上。汉王非常生气,一路上有十几次想杀夏侯婴,但终于能够逃脱,把孝惠帝和鲁元公主送到了丰邑。

汉王追击逃跑的匈奴骑兵到平城,被胡人包围,被困了七天。汉王派使者以厚礼给匈奴单于的阏氏,冒顿就解除一面的包围。汉王出城时想快点跑,夏侯婴却坚持慢慢行走,弓箭手都拉满弓向外以护驾,终于脱身。

夏侯婴跟随高祖在沛县起兵,直至高祖逝世,长期担任太仆官职,后来仍以太仆身份侍奉孝惠帝。孝惠帝和吕后感激他在下邑路上解救孝惠帝和鲁元公主,把宫殿北面第一等公馆赐给夏侯婴,称为"近我",以显地位尊贵且与众不同。孝惠帝逝世后,他仍以太仆身份侍奉吕后。吕后去世后,代王即位,夏侯婴以太仆身份与东牟侯进入宫廷,进行清洗,废去少帝,用天子车驾到代王宫邸迎接代王,与大臣共立代王为孝文皇帝,仍担任太仆。8年后去世,谥号为文侯。

(3) 季布

季布,秦末汉初人物,初为霸王项羽帐下五大将之一,数围困刘邦,后为刘邦用,拜为郎中,历仕惠帝中郎将、文帝河东郡守。季布为人仗义,好打抱不平,以信守诺言、讲信用而著称。所以楚国人中广泛流传着"得黄金百斤,不如得季布一诺"的谚语,也是"一诺千金"成语的出处。

季布是楚地人,项羽派他率领军队,曾屡次使刘邦受困窘。项羽灭亡后,高祖出千金悬赏捉拿季布,并下令,窝藏季布,罪灭三族。季布藏在濮阳一周姓人家。周家说:"汉王朝悬赏捉拿你,搜查就要到我家。将军能够听从我的话我才敢给你献个计策,如果不能我情愿先自杀。"季布答应了他。周家便把季布的头发剃掉用铁箍束住他的脖子穿上粗布衣服,把他放在运货的大车里,将他和周家的几十个奴仆一同出卖给鲁地的朱家。朱家心里知道是季布,便买了下来安置在田地里耕作,并且告诫他的儿子说:"田间耕作的事都要听从这个用人的吩咐,一定要和他吃同样的饭。"朱家便乘坐轻便马车,到洛阳去拜见了汝阴侯滕公,滕公留朱家喝了几天酒。朱家乘机对滕公说:"季布犯了什么大罪,皇上追捕他这么急迫。"滕公说:"季布多次替项羽窘迫皇上,皇上怨恨他,所以一定要抓到他才干休。"朱家说:"您看季布是怎样的一个人呢?"滕公说:"他是一个有才能的人。"朱家说:"做臣下的各受自己的主上差遣,季布受项羽差遣,这完全是职分内的事。项羽的臣下难道可以全都杀死吗? 现在皇上刚刚夺得天下,仅仅凭着个人的怨恨去追捕一个人,为什么要向天下人显示自己器量狭小呢? 再说,凭着季布的贤能,汉王朝追捕又如此急迫,他不是向北逃到匈奴去,就是要向南逃到越地去了。这种忌恨勇士而去资助敌国的举动,就是伍子胥所以要鞭打楚平王尸体的原因了。您为什么不寻找机会向皇上说明呢?"滕公知道朱家是大侠客,猜想季布一定隐藏在他那里,便答应说:"好。"滕公等待机会果真按照朱家的意思,向皇上奏明,皇上于是就赦免了季布。此时,许多有名望的人都称赞季布能变刚为柔,朱家也因此出了名。后来季布被皇上召见表示服罪,皇上任命他做了郎中。

汉惠帝时,季布担任中郎将。匈奴王单于曾经写信侮辱吕后,吕后大为恼火,召集众位将领来商议这件事。上将军樊哙说:"我愿带领十万人马横扫匈奴。"各位将领都迎合吕后的心意齐声说:"好。"季布说:"樊哙这个人真该斩首啊,当年高皇帝率领四十万大军尚且被围困在平城,如今樊哙怎么能用十万人马就能横扫匈奴呢,这是当面撒谎。再说秦王朝正因为对匈奴用兵,才引起陈胜等人起义造反。直到现在创伤还没有治好,而樊哙又当面阿谀逢迎,想使天下动荡不安。"殿上的将领都感到惊恐,吕后因此退朝,不再议论攻打匈奴的事。

季布做河东郡守(汉文帝的时候),有人说他很有才能,汉文帝便召见他,准备任命他做御史大夫。又有人说他很勇敢,但好发酒疯,难以接近。季布来到京城长安在客馆住了一个月,皇帝召见之后就让他回原郡。季布因此对皇上说:"我没有什么功劳,却受到了您的恩宠,在河东郡任职。现在陛下无缘无故地召见我,这一定是有人妄誉我,来欺骗陛下。现在我来到了京城,没有接受任何事情,就此作罢遣回原郡,一定有人在您面前毁谤我。陛下因为一个人赞誉我就召见,又因为一个人的毁谤而要我回去,我担心天下有见识的人听了这件事,就窥探出您为人处世的深浅了。"皇上默不作声,觉得很难为情。过了很久才说道:"河东对我来说是一个最重要的郡,好比是我的大腿和臂膀,所以我特地召见你啊。"于是季布就辞别了皇上,回到了河东郡守的原任。①

以上三人得以善终,各有原因。樊哙因是吕后的妹婿,刘邦病死,吕后称制,吕氏姻亲逃过一劫;夏侯婴识时务,服侍数代皇帝尽忠到底;季布由刚转柔,随遇而安,全身而退。

4. 两汉徐州四位重要文人

两汉徐州知名且有影响的文人很多,能学有专长,首创第一,著书立说,传之后世的却寥若晨星。

(1) 刘安

刘安(前179—前122),西汉沛郡丰(今江苏省丰县)人,刘邦之孙,刘长之子,淮南王,都寿春。招门客一同撰写《鸿烈》②。公元前164年,汉文帝下诏,将原淮南国一分为三(淮南、衡山和庐江),分别封给刘长三个儿子,其中长子刘安承袭父亲刘长爵位,出任淮南王。刘安广招门客数千人,"天下方术之士,多往归焉",著名的有苏非、李尚、左吴、陈由、伍被、毛周、雷被、晋昌八人,

---

① 《史记卷一百·列传第四十·季布栾布列传》。
② 后世称《淮南子》。

号称"八公"。① 刘安宠爱女儿刘陵,曾经多给金钱,让其结交汉武帝的左右大臣。

元朔五年(公元前124年),雷被在与淮南王太子刘迁比试剑术时,误伤太子,招致太子怨恨。雷被想随军抗击匈奴,刘安不准。雷被遂逃往长安,告发刘安密谋策反。

刘安有两个儿子,幼子刘迁因是嫡出,被立为太子,庶出长子刘不害不得宠,刘安、王后不视他为子,刘迁不视其为兄,刘安也没有按推恩令分封他为侯,刘不害之子刘建因分封无望而怀恨,指称刘安、刘迁谋反。西汉元狩元年(公元前122年),汉武帝以"阴结宾客,拊循百姓,为叛逆事"等罪名捉拿刘安,刘安自杀身亡,除雷被一人外均被诛戮。

《汉书》记载,汉武帝时刘安因被告谋反而畏罪自杀。但是民间相信,刘安是炼丹"得道成仙",而且他没服完的仙丹被家里的鸡和狗吃了,造成"一人得道,鸡犬升天",受到民间敬仰。至今豆腐店、道教人士还奉祀他。《行神研究》:"相传农历九月十五日,为淮南王刘安诞辰,内地豆腐业者均于本日举行公祭,祭毕聚餐。""豆腐作坊,祀淮南王先师。"②

(2)刘向

刘向(约前77—前6),西汉经学家、目录学家、文学家。本名更生,字子政,沛(今江苏沛县)人。汉初楚元王(刘交)四世孙。宣帝时,为谏大夫。元帝时,任宗正。因反对宦官弘恭,刘向、石显下狱,旋得释。后又因反对恭、显下狱,免为庶人。成帝即位后,得进用,任光禄大夫,改名为"向",官至中垒校尉。曾奉命领校秘书,所撰《别录》,为我国目录学之祖。

曾屡次上书称引灾异,弹劾宦官外戚专权。成帝时受诏命校书近20年,未完成的工作由其子刘歆续成。官终中垒校尉,故又世称刘中垒。刘向典校的古籍主要包括经传、诸子和诗赋。典校时,又撰有《别录》。其后,刘歆以《别录》为基础,撰成《七略》,这是中国最早的目录学著作。原书已佚。东汉

① 八公聚北山炼丹,后将北山称为八公山。
② 《琐谈》。

班固因《七略》而成《汉书·艺文志》，从中可以见到《七略》的梗概。据《汉书·艺文志》载，刘向有辞赋33篇，今仅存《九叹》1篇，见于《楚辞》。刘向的散文主要是奏疏和校雠古书的"叙录"，较有名的有《谏营昌陵疏》和《战国策叙录》。刘向的散文叙事简约，论理畅达，舒缓平易是其主要特色。

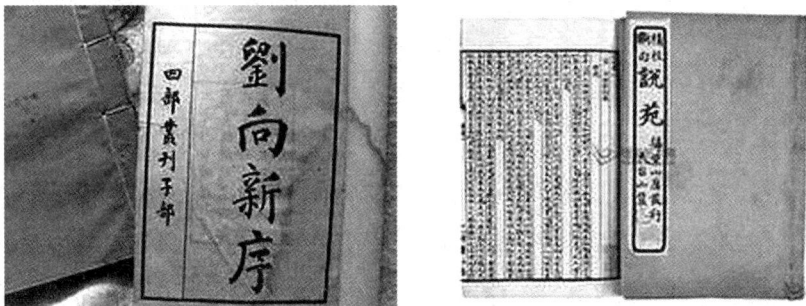

图1-33　刘向著《新序》《说苑》

此外，他还编著了《新序》采集舜禹以致汉代史实，分类编撰而成的一部书，原书30卷，今存10卷，由北宋曾巩校订，记载了相传是宋玉对楚王问的话，列举了楚国流行歌曲《下里巴人》、《阳阿》、《薤露》等，说是"国中属而和者数千人"。《说苑》20卷编辑了先秦至西汉的一些历史故事和传说，并夹有作者的议论，借题发挥儒家的政治思想和道德观念，带有一定的哲理性《古列女传》3部历史故事集，是魏晋小说的先导。明代张溥辑有《刘中垒集》，收入《汉魏六朝百三家集》中。

（3）刘歆

刘歆，（约公元前50—公元23），字子骏，西汉末年人，汉高祖刘邦的四弟楚元王刘交的五世孙，刘向之子。

刘歆在古代典籍分类整理方面做出了重要贡献，在当时积极推行古文经学。刘歆跟随其父刘向整理秘书，他将左丘明的《左传》（即《左氏春秋》）拿去解释孔子的《春秋》，清代学者刘逢禄乃怀疑《左传》遭到窜乱，引起论战。康有为认为东汉以来经学，多出刘歆伪造，是新莽一朝之学，非孔子之经。而章太炎、梁启超等人都把刘氏父子看作孔子的后继者。

刘歆还是天文学家,他编制的《三统历谱》被认为是世界上最早的天文年历的雏形。此外,他在圆周率的计算上也有贡献,他是第一个不沿用“周三径一”的中国人,并定该重要常数为3.1547,只略为偏差了0.0131。

刘歆少年时通习今文《诗》、《书》,后又治今文《易》和《谷梁春秋》等。以能通经学、善属文为汉成帝召见,待诏宦者署,为黄门郎。汉成帝河平三年(公元前26年),受诏与其父刘向领校“中秘书”(内秘府藏书),协助校理图书。刘向死后,继承父业。哀帝时,刘歆负责总校群书,在刘向撰的《别录》基础上,修订成为中国历史上第一部图书分类目录《七略》。

刘向、刘歆父子经过20多年的努力,圆满地完成了中国历史上第一次由政府组织的大规模图书整理编目工作,在这次校理群书的工作中,刘歆创造出一整套科学的方法。为了对书籍的篇章文字等进行校正和勘定,他们首先兼备众本,广搜异本;然后选定篇目,去除重复;其次纠理错简,校雠文字;最后勘定书名,誊清新本,总共整理出图书33090卷,收藏于天禄阁、石渠阁,建立了第一个国家图书馆,并为先秦古籍的流传,为图书由官府收藏走向民间普及做出了重大贡献。他们系统的古籍整理方法,使校勘、辨伪、考据等学问开始产生。

刘歆在其父刘向编纂《别录》的基础上进一步加工,编成了一部综合性的图书分类目录《七略》,为中国第一部图书分类目录,是具有学术史价值的著作。《七略》计7卷,其《辑略》为全书的叙录,其余6卷,有《六艺略》、《诸子略》、《诗赋略》、《兵书略》、《术数略》、《方技略》,将著录的图书分为六个大类,38种,603家,13219卷。《七略》“辨章学术,考镜源流”,对每种每类都加小序,说明其学术源流、类别含义等,不仅对当时的学术发展有很大的推动作用,对后世的目录学更有着深远的影响,成为中国目录书的典范。著《移书太常博士》,是经学史上重要文献,还著有《三统历谱》,造有圆柱形的标准量器。根据量器的铭文计算,所用圆周率是3.1547,世称“刘歆率”。

刘歆在经学史上的贡献首先是发现了一批晚出先秦经书,使之免于佚失,由于刘歆的倡导宣扬,使这批古文经书为社会和士人广泛得知,遂转相传习不辍,尤其是《周礼》、《左传》、《毛诗》等终于传流至今,成为经学的重要文献。

刘歆在经学史上的第二个贡献是开辟了以文字和历史解经的新方法,为了发扬古文经,刘歆等人重视训诂,不仅凭此以读经,且据古文的字体笔意以解经。

刘歆在经学史上的第三个贡献是打破了今文经学对儒学的垄断,开启了古文经学的发展道路。如果说董仲舒开创了以微言大义说经的今文经学,那么重视名物制度的古文经学就是刘歆开其山门。

刘歆,是西汉今文经学之异军,是东汉古文经学之宗师。章太炎说:"孔子以后的最大人物是刘歆",顾颉刚称刘歆为"学术界的大伟人"。刘歆曾助王莽篡汉位,任国师嘉新公。公元23年,刘歆谋诛王莽事败自杀,享年约为73岁。

(4)枚乘

枚乘(?—前140),字叔,西汉辞赋家。淮阴(今江苏淮安市西南)人。曾做过吴王刘濞、梁王刘武的文学侍从。七国之乱前,曾上书谏阻吴王起兵;七国叛乱中,又上书劝谏吴王罢兵。吴王均不听。七国之乱平定后,枚乘因此而显名。景帝时,拜为弘农都尉,因非其所好,以病去官。武帝即位后,以"安车蒲轮"征之,因年老,死于途中。汉代文学的代表是辞赋,而枚乘文学上的主要成就就是辞赋。《汉书·艺文志》著录"枚乘赋九篇"。然现在枚乘名下仅存三篇,为载于《文选》的《七发》、载于《古文苑》的《梁王菟园赋》及《忘忧馆柳赋》三篇,后两篇疑为伪托之作。其子枚皋亦是西汉辞赋家,有赋120篇。

5. 外科鼻祖华佗

华佗(?—208),东汉末著名医学家,沛国谯郡(今安徽亳州市)人。他的一生,主要是在以徐州为中心的苏、皖、豫三省交界处救死扶伤,从事外科救护和疫病防治等医疗活动。徐州市区内有华佗墓和华祖庙等遗迹(华祖庙,华佗墓原在户部山西,20世纪90年代,建海云大厦时拆除)。华佗对内科、外科、儿科、妇科和针灸都十分精通,而且对麻醉学有独到的创见和实践,在医学上做出了巨大的贡献。他最擅长做外科手术,后人称他为外科鼻祖。他也是世界上第一个用麻醉剂进行外科手术的医学家,比欧洲早1600多年。他创造、发展的"五禽戏",坚持操练,可以健身、延寿。他为同乡曹操治好了头疼,却因为不愿留在曹操身边而被杀害。

汉代徐州刺史部区域内人才济济,据《史记》、《汉书》等典籍不完全统计,影响较大的百余人,部分名人见表1-4。

表1-4 汉代徐州刺史部区域部分名人录

序	姓名	生卒	籍贯	官职或专职	著作或贡献
1	项梁	前?— 前208	下相(宿迁西)人	楚怀王的武信君	起义抗秦
2	陈婴	生卒年 不详	秦东阳(盱眙)人	楚上柱国,汉棠邑侯	依项羽抗秦,后归顺刘邦
3	刘交	前?— 前197	沛县丰邑(丰)人	汉文信侯、楚元王	刘邦同父弟,《元王诗》
4	彭越	前?— 前196	昌邑(鲁巨野)人	汉梁王,都定陶	助刘邦灭项羽
5	刘贾	前?— 前196	沛县人	汉荆王,统辖淮东	刘邦堂兄,助刘邦灭项羽
6	英布	前?— 前195	六县(六安北)人	楚九江王,汉淮南王	依项羽抗秦,后归顺刘邦
7	卢绾	前247— 前193	沛县人	汉将军、太尉、燕王	随刘起义抗秦,击项羽
8	项伯,名缠,字伯	前?— 前192	下相(宿迁西)人	项羽叔,汉射阳侯	因与张良友,两救刘邦
9	周昌	前?— 前192	沛县人	汉御史大夫、汾阴侯	任中尉,随刘邦起义抗秦
10	曹参,字仲	前?— 前190	沛县人	汉名将,平阳侯	抗秦兴汉,"萧规曹随"
11	黄石公,名魏辙	生卒年 不详	隐居东海下邳	圯上老人	授张良《黄石公三略》
12	刘肥	前?— 前188	沛县人	汉诸侯王,齐王	刘邦庶子

续　表

序	姓名	生卒	籍贯	官职或专职	著作或贡献
13	刘戊	前？—前154	沛县人	汉诸侯王,楚王	与吴王刘濞谋反,战败自杀
14	朱浮,字叔元	前6—公元58	沛国萧县人	东汉大将军,新息侯	建武二年舞阳侯,后任太司
15	陆贾	前240—前170	苏北、皖北人	高祖、惠帝(吕后)、文帝三世太中大夫	《新语》
16	韦孟	前228—前156	彭城(今徐州)人	西汉初诗人	《讽谏诗》、《在邹诗》
17	刘友	前？—前183	沛县丰邑(丰)人	赵幽王后为淮阳王	
18	刘章	前？—前178	沛县丰邑(丰)人	前179年为城阳王	《耕田歌》、《紫芝歌》
19	刘辟强	前166—前86	沛县丰邑(丰)人	光禄大夫、长乐卫尉	宗正刘辟强赋八篇
20	刘启	前188—前141	沛县丰邑(丰)人	汉景帝,刘邦孙	文景之治
21	刘彻	前156—前87	沛县丰邑(丰)人	汉武帝,景帝十子	《悼李夫人赋》、《秋风词》
22	枚皋	前156—前？	淮阴(今淮安)人	武帝时郎,枚乘子	赋120篇
23	刘旦	前？—前80	沛县丰邑(丰)人	汉燕王,武帝三子	
24	刘胥	前？—前80	沛县丰邑(丰)人	广陵王,武帝四子	
25	刘弗陵	前95—前74	沛县丰邑(丰)人	汉昭帝,武帝少子	《黄鹄赋》

序	姓名	生卒	籍贯	官职或专职	著作或贡献
26	施雠,字长卿	生卒年不详	沛县东人	西汉经学家	《周易施氏章句》创施氏学
27	翟牧,字子兄	生卒年不详	沛县东人	西汉经学家	施雠、梁丘贺为汉初三大家
28	严彭祖,字公子	生卒年不详	东海下邳(现睢宁西北)人	西汉经学家,河南郡太守、太子太傅	创"严氏学",《公羊严氏春秋》《春秋公羊严氏记》
29	蔡千秋,字少君	生卒年不详	沛县东人	西汉经学家,郎中户将	
30	薛广德,字长卿	生卒年不详	沛郡相(濉溪)人	西汉经学家,御史大夫	
31	高相	生卒年不详	沛县东人	西汉经学家,豫章都尉	创《易》高氏学、阴阳灾异
32	庆普,字孝公	生卒年不详	沛县东人	西汉经学家,东平王太傅	创《礼》庆氏学
33	闻人通汉,字子方	生卒年不详	沛县东人	西汉经学家,宣帝时,太子舍人,中山中尉	
34	申章昌,字曼君	生卒年不详	苏北人	西汉经学家,长沙太傅	《谷梁春秋》申章氏学
35	翼奉,字少君	生卒年不详	东海下邳(睢)人	西汉经学家中郎、谏大夫	
36	龚胜,字君宾	前68—前11	彭城(徐州)人	西汉经学家,渤海太守,光禄大夫,莽秩上卿不受	与龚舍重名节,并称"二龚"
37	龚舍,字君倩	前62—6	武原(邳州西)人	西汉经学家,太山太守	与龚胜重名节,并称"二龚"
38	唐林,字子高	前33—24	沛县人	西汉末经学家,散文家,哀帝时尚书令,莽秩上卿	《唐林集》

序	姓名	生卒	籍贯	官职或专职	著作或贡献
39	张道陵、张天师	34—156	沛国丰(丰县)人	东汉道教祖师,江州令	"天师道"创始人
40	华佗,字元化	145—208	沛谯(皖亳县)人	东汉道士,名医	《青囊经》、《中藏经》

三、徐州两汉文化影响最大

从某种意义上讲,文化就是人化,创作文化、使用文化、传承文化的主体都是人。汉代"徐州北至泰山,西北以齐长城故址与青州分界,南以淮河为界"①。汉代徐州地灵人杰,徐州区域的汉文化影响了整个汉代。

首先,汉代徐州是经济富庶地区,人口密集,是文化发展的基础。汉代徐州区域几乎囊括了黄淮平原和江淮平原的大部分。

(1) 黄淮平原。位于河南省东部、山东省西部黄河以南及安徽省、江苏省淮河以北。是华北平原的南部。主要由黄河、淮河下游泥沙冲积而成。地形平坦,仅徐州地区略见小丘。西部和南部山麓平原,海拔大多在 80 米左右;中部平原,海拔多在 35～80 米之间;东部滨海一带,海拔仅 2～3 米。平原中多低洼区,湖泊众多,分布在淮河中下游一带。山东丘陵的西部和南部边缘,有著名的泗水、汴水将这些湖泊沟通,成为中国南北水路交通要道。从兰考经商丘、徐州到淮阴多沙地、沙丘,面积 6000 平方千米。

(2) 江淮平原。位于中国江苏省、安徽省的淮河以南、长江下游一带。主要由长江、淮河冲积而成。地势低洼,海拔一般在 10 米以下,水网交织,湖泊众多。受地质构造和上升运动的影响,沿江一带平原形成了 2～3 级阶地,分布着众多的低山、丘陵和岗地。处在中亚热带区域,水、热资源丰富。年均温15.5℃～16.5℃,无霜期多在 230～240 天之间。作物一般一年两熟,也可一年三熟。作物主要以水稻、冬小麦为主。年均降水量 1100～1500 毫米。产

---

① 　王蕊著:《魏晋十六国青徐兖地域改局研究》,齐鲁书社出版 2008 年版,第 28 页。

水稻、棉花等,也适宜柑橘等亚热带果木栽培和油桐等经济林木生长。矿产资源有煤、铁、铜、硫铁矿、金、银等。

(3) 经济富庶。徐州是汉朝经济的主要支柱,据史书记载:"鲜卑大人皆来归附,并诣辽东受赏赐,青徐二州给钱岁二亿七千万为常。明章二世,保塞无事。"①直到东汉末年黄巾起义,流民四散,"是时,徐州百姓殷盛,谷米封赡,流民多归之"②。

(4) 人口稠密。武帝元丰五年(公元前 106 年)西汉徐州刺史部辖 3 郡、3 国、132 县(包括侯国),1042190 户,3663897 人。东汉徐州刺史部辖 119 县,476117 户,1791683 人。如西汉全国户籍 12233062 户,人口 59594978 人。③西汉徐州刺史部的户数占全国户数的 8.52%;占全国人口的 6.15%。徐州为交通要道,尚且不计流动人口,可见人口密集。

其次,汉代徐州人才门类齐全,是各类文化创造、传承的条件。

由于历史文化积淀,汉代徐州人才汇集。汉代闻名的,佛家有汉楚王刘英,沛县人,王都彭城(今徐州),"修浮屠祠","伊普赛桑门"。④笮融,丹阳人,在下邳所建的浮屠寺、九镜塔在佛教史上具有举足轻重的地位。严佛调,临淮(今安徽凤阳)人,我国最早的出家人。著译《法镜经》2 卷、《阿含口解十二因缘经》1 卷、《濡首菩萨无上清净分卫经》、《沙弥十慧章句》等书。道家,徐州本有道家文化传承上有彭祖、赤须子(丰县人),黄石公(下邳人)。西汉有留侯张良,丞相曹参(沛县人);东汉丰县人张道陵、张衡、张鲁,东海人王远,琅邪人于吉,沛谯人华佗等。仅徐州沛县籍经学家就达 20 余人⑤,军事家、谋略家 30 余人⑥,其他人才不计其数。各类专才对各类文化的创建、传播、发展、传承提供先决条件,也成就了徐州为道教文化的发源地、军事文化的策源地、佛教文化的传播中心。

---

① 《后汉书·鲜卑传》卷九十。
② 《三国志》卷八,《魏书·陶谦传》。
③ 《汉书·郡国志》。
④ 《后汉书》。
⑤ 见本书汉代徐州刺史部区域部分名人录。
⑥ 见本书军事文化章节。

第
二
章

徐
州
汉
文
化
之
渊
薮

徐州两汉文化的形成可谓源远流长，从时间上，萌于商周，发于楚，长于汉。从地域上，首先，离不开汉水、汉水文化，不然"汉"字无从谈起，汉文化无根源；其次，离不了楚国、楚文化，不然徐州汉文化就没有滋养，无从发育。

第一节　萌芽于商周

一、汉水方国文化

1. 汉水的人文地理

汉水又称汉江，古时曾叫沔水，与长江、黄河、淮河一道并称"江河淮汉"。汉江全长 1532 公里，就长度而言为长江第一大支流，其发源地在陕西省西南部秦岭与米仓山之间的宁强县（隶属陕西省汉中市，旧称宁羌）冢山，而后向东南穿越秦巴山地的陕南汉中、安康等市，进入鄂西后北过十堰流入丹江水库，出水库后继续向东南流，过襄樊、荆门等市，在武汉市汇入长江。

图2-1 汉江流域

    三千里汉水,主要有丹江、堵河、南河、唐河、白河、涢水几大支流。汉江流域面积15.1万平方公里,流域涉及鄂、陕、豫、川、渝、甘6省市的20个地(市)区、78个县(市)。流域北部以秦岭、外方山及伏牛山与黄河分界;东北以伏牛山及桐柏山与淮河流域为界;西南以大巴山及荆山与嘉陵江、沮漳河为界;东南为江汉平原,无明显的天然分水界限。流域地势西北高,东南低。地质构造大致以淅川—丹江口—南漳为界,以西为褶皱隆起中低山区;东以平原丘陵为主。综观近百年这一流域的许多震惊中外的考古发现,具有深厚的文化底蕴,堪称一部纪录生命起源、人类诞生、石器时代、青铜器时代、铁器时代乃至近代的完整的历史画卷。同时汉江流域也是汉朝的发祥地。"大汉民族"、"汉文化"、"汉学"、"汉语"这些名称,都是因有了汉朝才定型的,而汉朝得名于汉江,发祥于汉中。刘邦登上皇帝宝座,便以其发迹之地作为这个新建立的王朝的国号。

2. 汉水流域的方国

    这一地区自古就是人类文明的发祥地之一,早在100万年以前就有人类活动,商周至春秋战国时期,这里方国林立,是周代封国最为集中的地区。在春秋早期,沿汉水及其支流,大大小小共分布着18个方国,汉水中上游的巴、庸、麇、绞、鄀、谷、邓、卢、鄢、罗、吕、申12个方国,汉水下游支流涢水流域分布的唐、厉、曾(随)贰、郧、轸6个方国。

汉水流域 18 个方国,根据其自身属性和地域分布,以汉水流域为纵向,可分为三类:

一类,汉水上游。以庸(商代即为侯国)、巴为代表的原生部落方国,《尚书》记载周武王伐纣,其助者有"羌、髳、庸、蜀、微、卢、彭、濮"(微、彭皆指水名)。

二类,汉水中下游。水土肥沃的平原为主,周王为了扩其南土,将北方姬姓宗亲随、唐、贰封于此地,称"汉阳诸姬",同时分封了中原的其他庶姓,姜姓厉、吕、申,偃姓轸,允姓郡,嬴姓郧,曼姓邓,形成了一系列方国。

三类,汉水下游。楚国在商时,就迫于商的压力,从中原南迁至汉水,周成王时定都在丹阳,早期楚国与周王朝的建立有着十分紧密的联系。鬻熊后第三代孙熊绎在周成王时受封于楚蛮,"号为子男五十里",居丹阳。此时楚国比较弱小,为了扩展势力,楚国向南方汉水下游发展。以麇、罗为代表的楚系芈姓封国。为了守住汉水上游地区,楚封同姓宗亲于故地,麇国即是楚国的同姓之国,在汉水上游,鄂西北郧县西部。熊姓罗国也是楚国的同姓国,位于襄阳宜城。楚文王时,楚迁都于郢,罗亦随楚迁至枝江。

从楚国同姓国的分布和迁徙状况也能很明显地看出楚国从汉水上游向汉水下游发展的历史轨迹。以汉水为界两岸为纵向,可分为两方面。一方面,汉水以北是"汉阳诸姬"。随、贰、厉、申、吕、轸、郡、郧、邓,是早期周王朝的势力范围;另一方面,汉水以南为南方原生部落麇、罗、夔、庸(周的诸侯国)、巴(周的诸侯国)、百濮部落("建宁郡南有濮夷,濮夷无君长,总统各以邑落自聚,故称百夷"),濮是很古老的一个民族,商周时分布在汉江以南的地区,濮人是商朝奴仆的主要来源[1],为楚国所占据。汉水天然屏障的地理格局,为楚国的自由发展提供了有利条件,楚国利用这一屏障,创造了独立发展的机会,最终由不过百里的小邦发展成为地方五千里的大国。可见,这一地区在商周时期有重要的地位。

---

[1]　郑昌琳:《楚国编年史辑注》,湖北人民出版社 1999 年版,第 47 页。

3. 汉水方国的文化特点

周朝"汉阳诸姬"的南下,将中原文化带到南方地区,中原文化与南方文化互相交融。不同民族杂居,十分有利于文化的交流和传播,于是形成了与北方中原文化既有联系又有区别的文化形态特色。

汉水流域方国林立,实力强大的方国在史籍中多次被提及,如巴、庸、麇、随、申等,它们与周王朝,与楚国都有重大而紧密的联系。楚武王时,楚、巴联合打败了邓国;楚庄王时,巴人帮助楚国消灭了汉水上游实力强大的庸国;巴国于公元前316年秦惠文王时被秦灭国。庸为商时侯国,周初,武王利用庸、蜀、羌、髳及荆楚诸国联合,以小邦周灭大国殷。他们帮助武王完成了灭商大业,周灭商后封庸为子爵之国。

楚国在汉水流域发展较快。而位于汉水上游的庸国势力强大,对向北扩张的楚国构成了威胁,因此,楚国早期,国王熊渠出兵伐庸,由于当时的楚已经强大起来,庸国无法与之抗衡,就只能依附楚国成为楚的附属国。公元前611年,楚庄王在秦人、巴人的帮助下,打败庸国军队。楚师灭庸,百濮部落被迫重新臣服于楚。由于庸国故地战略地位重要,战国后期,秦楚之争,促使这里成为"朝秦暮楚"之地。楚顷襄王十九年"秦攻楚,楚败,割上庸、汉北地予秦"。从此,庸国从楚国划入了秦国版图。芈姓国,与楚同宗,互为唇齿,楚南迁后,定都于郢,麇被迫屈从于楚的意志,成为楚的附属国。

公元前617年,楚穆王为了图谋霸业,在厥貉(河南项西县)召集陈、蔡、庸、麇等方国会盟,相约联兵伐宋。麇国国君不愿为楚国势力北进充当炮灰,在会盟中途脱逃。史书记载"厥貉之会,麇子逃归",这引起了楚穆王的强烈不满。公元前616年,楚穆王派大将成心伐麇,"败麇师于防堵",后来,又派楚将潘崇再次伐麇,"至于锡穴"。楚军攻入麇国都城锡穴,但并未灭掉麇国。公元前611年,楚国发生大饥荒,饿殍遍野,戎人乘机伐楚。在楚国内忧外患之际,麇国认为报仇雪恨、反扑楚国的机会到来了。史书记载:"麇人率百濮聚于选,将伐楚,于是申息之北门不启,楚人谋徙阪高。"庸、麇、戎、夷、百濮结盟而伐楚,对楚构成了巨大威胁。楚庄王亲征鄂西,联络秦国、巴国,将百濮部落联盟各个击破,先灭了庸国,麇国孤立无援,也被灭掉。

西周封国申,由于周的衰落,约在公元前 687 年至公元前 677 年之间(楚文王在位时),被向北扩张的楚国所灭,此后申成为楚的北方重镇。

西周另一封国随,在春秋时期比较强盛,"汉东之国随为大"①。公元前 706 年、公元前 704 年、公元前 690 年,楚武王熊通三次伐随,死于军中。而在吴人入郢,楚昭王出奔楚国险些灭亡的关键时期,随国并没有对楚落井下石。吴王派人到随国索要昭王,随人回复吴王"昭王亡,不在随",吴人要求搜查,被随国拒绝,吴人只好离去。由于随国的藏匿保护,楚昭王的性命得以保全,楚得以复国,楚人念及随国的恩德,与随国交好,并承认随的诸侯国地位,随国是汉水流域唯一未被楚灭国的方国。

二、徐州地区古文化

徐州地区古文化,是指徐州地区古代先民在社会发展过程中所创造的物质财富和精神财富的总和。具化为在科技、思想、文学、艺术、体育、教育等诸多方面所取得的成就。

上古徐州属于"海岱文化"区,"海岱"是指自黄海西岸至泰山南北的广大地区。经过"大汶口文化"的孕育,到"龙山文化"时代,文明的诸要素在海岱一带破土萌芽。徐州大汶口早、中期文化相当于母系氏族社会末期和父系氏族社会时期,主要有大墩子遗址、小徐庄遗址、刘林遗址。

大墩子遗址,位于江苏省邳县城北 40 公里处。1963 年、1966 年南京博物院两次进行发掘。遗址分上、下两层,上层有大汶口文化墓葬和一些灰坑、建筑残迹;下层属北辛文化,或称青莲岗文化。上层墓葬共 336 座,分布密集,多有叠压,可分早、晚两期,分属于大汶口文化的早、中期。绝大多数无圹穴,死者头向东或稍偏北,以单人仰身直肢葬为主,个别为屈肢、侧身或二次葬。还有 8 座两人合葬墓,分别为成年同性、成年男(左)女(右)、男性或女性成人与儿童的合葬。部分死者的枕骨或齿弓人工畸形,有些拔除上侧门齿。

---

① 《左传》。

还有一男性死者的左股骨尚遗留有射入的骨镞；下层墓葬中陶器多为砂质红陶深腹圜底釜和泥质红陶钵，有的钵内壁或外沿绘有简单彩纹，还出土了近百件粗磨的大型石铲和石斧。据放射性碳素断代并经校正，年代约为公元前4500年。大墩子遗址处于母系氏族社会末期父系氏族社会早期。

小徐庄遗址，位于新沂市马陵山西南麓，与著名的花厅古文化遗址南北相连。该遗址是黄淮地区新石器时代大汶口文化早中期遗存，距今5500年，总面积3.5万平方米，1990年发现。出土玉器数量大、品种多，文化内涵丰富，有一定数量的南方太湖流域崧泽文化因素的器物，反映了海岱区域和太湖区域的原始文化的碰撞、交流，是研究中国古玉文化极为重要的材料。小徐庄遗址发现建筑用人祭现象，表明原始人的宗教意识，对探讨人类文明发展有重要价值。

刘林遗址，位于江苏省邳州市戴庄镇刘庄村西南。1957年中运河复堤取土时，初步暴露了文化层。1959—1960年，江苏省文物考古队两次调查、发掘，获得了大批珍贵资料，确定为新石器时期的古文化遗址。遗址约370多万平方米，共发现墓葬145座，出土文物804件，其中玉，石器69件，骨、角、牙器215件，陶器530件。它说明了当时人类已进入了父系氏族社会，生产力有了一定程度的发展，出现了社会分工，逐步产生了产品交换和财产私有。该遗址对研究我国原始社会晚期历史具有一定的科学价值。

徐州新沂花厅文化

花厅古文化遗址为新石器时期的大汶口晚期文化遗址，在新沂市境内的马陵山西麓，距今已有5000多年的历史。占地30万平方米。其保护范围南到花厅村，北至徐庄，西至吴山头，东至北沟圈子。我国最早的人殉现象在这里发现。从出土的珍贵文物研究表明，有良渚文化相同的神徽。证明这里居住的人类约在10000—5000年以前的新石器时期。

南京博物院于1952年至1989年组织了4次规模较大的挖掘，发现墓葬78所，出土骨器120件，玉器1000余件，陶器1000余件，石器136件。为探索中国文明史起源，研究淮河下游的历史文化提供了一批珍贵的实物资料。16号墓的主人为一壮男子，在其墓中出土了近百件不同质料的文物，最珍贵文物是一串玉串饰;另外尚有 17 岁以下少男少女各一名和三个幼儿为这位墓主人殉葬,可以断定,这位墓主人地位颇高。花厅古文化遗址被称为"东方的土筑金字塔"。花厅古遗址发掘出土的遗迹、遗物十分丰富。南部大山沟处的 4 座墓葬属大汶口文化花厅期,年代距今约 5300 年,北部除徐翰林沟附近的 22 座墓葬时代为大汶口文化中晚期,距今约 5000 年。

花厅文化属大汶口文化中晚期,处于父系氏族公社阶段。当时人们用石斧砍伐树木,用石铲清除杂草,用鹿角锄松土、播种,用石刀、骨镰、蚌铲收割。随着原始农业的发展,已有条件饲养猪、狗、羊、牛等家畜,为他们提供较多的肉食来源。农业和饲养业的兴盛,为手工制造业提供了条件。农业和手工业已经分离,大汶口文化时期花厅人,已有制陶、制石和制骨的手工业,及制玉器和象牙雕刻等手工艺,并且逐渐形成了手工业家族。男子主要从事农业劳动和家畜饲养,女子主要从事纺织。男子在生产和生活中逐渐取得了支配地位。

大汶口文化时期花厅地区,生产发展,产品有了剩余,氏族公社里出现了贫富悬殊。从发掘的墓葬随葬品表明,有贫富差异。有的人坟墓里随葬很多猪头和猪下颚骨以及大量陶器。有的有玉璧、玉瑗、玉耳坠、玉锥形饰、玉镯、玉珠、玉镞、玉串饰等随葬器。更多的墓葬,随葬物品很少。可见,随着私有财产的出现,贫富分化加剧,逐步产生了阶级。

徐州邳州梁王城文化

梁王城遗址位于邳州市北部约 37 公里处,京杭大运河畔。1957 年,南京博物院考古调查发现了该遗址,经过多次考古发掘,该处遗址文化层堆积有四五米深,内涵丰富,地层堆积从早到晚依次为大汶口文化层、龙山文化层、商周文化层、春秋战国文化层、北朝—隋文化层以及宋元文化层等,历史延续约 5000 年。经过钻探确定了梁王城城址的始建年代,遗址面积共有 100 多万平方米,很可能是春秋战国时期当地的繁华闹市区域或政治经济中心。

梁王城遗址是春秋战国时期苏北地区最大的古城址,有多达 5000 年的文化堆积,是研究黄淮地区人类文明起源的"活教材"。该遗址在南京大学、南京博物院等单位组织下,再次启动抢救性发掘,大汶口文化属于东夷谱系。

东夷人有拔门牙的习惯,在考古中再一次得到了证实。埋葬的成人大多数少了两颗上门牙,这与某种成人仪式有关。墓葬充分体现了大汶口文化的葬俗,首先,几乎每个死者下葬时都用陶钵盖住脸,有红陶也有黑陶;其次,死者手中往往攥着几枚獐牙,为雄性獐的犬齿;再次,陪葬物品大多放在墓主的左侧,陪葬品多的墓葬,往往还会发现猪的下颌骨,这是财富与地位的象征。发掘出大量陶器,有鬶、罐、鼎盛、豆和背水壶等许多种类,有普通红陶,也有细腻光滑的白陶,然而其中最为珍贵的,是黑陶中的蛋壳陶,出土文物中胎体最薄的仅为 0.2 毫米,而且还有镂空。

图 2-2　梁王城遗址中的蛋壳陶

黑陶是大汶口文化和其后龙山文化的典型特点,红陶是在氧气充足的情况下烧制的,而黑陶是通过闷烧,在氧气不足的情况下让大量碳分子附着在陶器表面,烧成的黑陶像被油漆过,光亮得能照人。其中蛋壳黑陶工艺让人叹为观止,在 5000 年前能拉出厚度仅为 0.2 毫米的薄胎,而且薄胎在烧制时极易炸裂,生产难度很大。这种工艺,即使在 5000 年后的今天也很难达到。遗址抢救性发掘"让位"于南水北调工程,待发掘及文物保护工作完成后,梁王城遗址的西部将被淹没在大运河南水北调的滚滚运河水下。

三、早期楚文化

由于楚文化的发展与中原文化相区别,并且相对独立,在不断发展演变的过程中形成了自己的特质,具有鲜明的南方地域色彩。楚人尚奇丽,尚灵秀,楚文化以其鲜明独特的特色为后人所敬仰,是我国古代文明中的一朵奇葩。楚文化的构成对楚文化的形成十分关键。楚国早在商代就开始在汉水流域活动,早期在汉水以北,丹水之阳,春秋早期,楚文王迁都于郢,楚人从此主要在汉水以南活动。楚国地域迁移可以说明,在西周时期,楚在汉水以北,受中原文化影响较大。而春秋战国时期,楚文化已经相对独立,开始自由演变。这种变迁不仅体现在地域迁移上,从楚国与周朝的历史关系也可得到证明,楚先祖鬻熊是周朝的开国功臣,到第三代楚王才正式获得子爵封号,对楚的不公平,使楚人开始不满,随着楚国的不断强大,楚人的自尊心也越趋强,多次提请周王晋封爵号。周王不理,于是,楚武王自立为王。为了避免周朝的讨伐报复,楚武王的儿子楚文王迁都于郢,楚与周王朝的距离终于彻底拉开。种种迹象表明,楚国在春秋早期就已经与北方中原文化有了很大距离,楚文化已经独立发展。

楚人南迁,先与庸人、濮人、巴人接触,所以早在春秋时期,楚人的文化构成中就融入了庸人、濮人、巴人的文化因素。后来楚灭汉阳诸姬,又将汉水以北的中原方国文化吸收到楚文化当中,所以楚文化的构成向来是多元的。庸人、濮人、巴人是汉水流域原生的土著部落,他们更先于楚在汉水活动,因此他们自身的文化应是具有鲜明的南方特色和古老的原始特征。楚在南下的过程中不断与庸人、濮人、巴人接触,逐渐融合吸收了这些文化特征,并把它们与楚文化自身相统一起来。可以说这种影响具有十分重要的意义,对于楚文化自身特色的形成有很直接的联系。在巴蜀文化的文化发掘中,青铜器中的礼器、形制、纹饰多与楚器相似;而在楚文化的发掘中,荆门曾发现巴式铜戈,淅川下寺楚墓亦见有巴式柳叶形剑,1959 年,湖南发现的"楚公秉戈"从文字看应为楚戈,但其形制却与巴式铜戈相同。在很多地区,巴式文物与楚文物是共存的①,体现出楚文化与巴蜀文化相互影响的过程。因此汉水流域原生部落的土著文化是有其独特价值的,无论是从民族学还是从文化学角度上分析,都具有深刻的意义。

楚国在汉水南岸发展是先向北后向东扩张的,它先控制了汉水上游的原生部落方国,东渡汉水,开始了对"汉阳诸姬"的争夺,在对北方中原方国的不断兼并过程中,楚既把楚文化带来这一地区,也从这一地区取得了中原文化的先进经验,并且把它们融入自身的文化体系当中。1973 年襄阳佘岗春秋战国墓出土大批器物中有一件"徐王义楚元子剑",有 16 字铭文,对研究春秋时期徐国历史及徐楚关系有重要价值。②

楚文化的这种内部结构特征其实说明楚国文化是一种善于包容,善于学习、借鉴的文化体系,这样就保证了楚文化自身的先进性,这是中原诸侯所不及的,楚文化以其鲜明的特色和先进的技艺被中原诸侯所仰视,从而对中原诸侯国产生了很大影响,所以说楚文化虽然发源于中原,却在南方独立发展,广泛吸收,兼容并包,形成了自身特色,最终又影响到了中原文明。这种文化的发展形态对于我们当今的文化建设也有重要的借鉴意义,多元文化的进步性是被历史经验所证明的,它有着无可比拟的先进性,也是文化发展的必然趋势。综上所述,楚早期多元文化的构成略见一斑。

第二节　形成于秦末

一、秦文化

秦文化是嬴姓秦氏先祖在秦氏文化的基础上开创的人类文明成果,是我国法治思想和政治文化的典范,是中华民族宝贵的历史文化遗产。它发源于

---

① 王建辉、刘森淼:《荆楚文化》,辽宁教育出版社 1998 年版,第 53 页。
② 《汉江文化》1982 年第 1 期。

中国西北部的秦国故地,在西周时期,它由宗族文化逐渐发展成为区域性文化;在春秋战国时期,它升华为当时社会的主流文化;在秦国统一中国后,在一定的历史阶段,它又上升为占据主导地位的全国性文化。而秦后汉继,影响汉文化最深的莫过于秦文化中的制度文化。

1. 物质文化

(1)墓葬建筑。秦墓葬主要是秦始皇陵(丽山)、襄公、文公的墓,为中字形,墓葬规模大,随葬品丰富,惜大墓被疯狂盗掘;另有兵马俑坑、铜车马坑、石铠甲坑、仿生水禽坑、马厩坑、百戏俑坑、文官俑坑、动物坑、寝殿、便殿、食官遗址、内外城垣遗址、丽邑遗址、打石场遗址、刑徒墓地、公子公主墓地及其他一些陪葬墓。

(2)秦竹简。1975 年,在湖北省云梦县睡虎地发现一批秦竹简,云梦秦竹简的数量达 1150 枚,近 4 万字。经过整理发现,内容极为丰富。这批竹简是研究秦文化难得的实物资料,极大地弥补了秦史料的不足,有力地促进了秦文化的深入研究。为秦始皇时期人所手书,但其成文年代有早有晚,早的可以到商鞅变法,晚的则到秦始皇三十年,反映的历史长达 100 余年。2002年 6 月、7 月间在湘西龙山县里耶古城的一口古井中发掘出来的秦代简牍秦简达 3 万余枚。字体属于古隶,内容多为官署档案。里耶秦简的纪年从嬴政二十五年至二世二年(前 222—前 208),一年不少,记事详细到月、日,十几年连续不断的 10 多万字的文字资料充实了秦史资料,其内容涉及秦代政治、军事、农桑、百工、货殖、赋税、徭役、法律、财政、邮政、地理、交通、民族、文化、职官、历法等各个层面,有通邮、军备、算术、记事、行政设置、职官、民族等。提到的地名有迁陵、临沅、洞庭(郡)、弋阳、酉阳、沅陵、阳陵等数十处,职官有司空、司马丞、守丞、令守等,多附有人名,如"迁陵守丞腾"。

(3)秦封泥。秦的封泥发现很少,20 世纪 90 年代,一批秦封泥破土而出。最早由路东之收藏的千余枚,经周晓陆和路东之两位先生共同对外发布,引起极大的轰动,后西安市文物园林局和西安中国书法艺术博物馆对相家巷遗址进行了调查和科学发掘,又获得了不少的秦封泥,使人们对秦封泥的出土地点有了明确的认识。

图 2-3　秦封泥

关于秦职官的封泥主要有：丞相之印、右丞相印、左丞相印、上家马丞、下家马丞、中车府丞、骑尉、内官丞印、郡左邸印、郡右邸印、左弋丞印、大仓丞印、泰仓、泰仓丞印、泰匠丞印、泰库令印、内者、内者府印、宦者丞印、中官丞印、高章宦者、高章宦丞、弄陶丞印、尚浴、尚浴府印、中宫丞印、中宫、中府丞印、北宫宦丞等等，其中相当一部分是宫廷内部和直接为宫室(包括为皇帝、太后、太子)服务的官吏。许多官职虽然史书有记载但记载混乱，秦封泥的发现和研究可使官职混乱问题迎刃而解。譬如，秦的丞相问题一直争论不休，在遗址中发现的丞相官印既有丞相，又有左、右丞相，是秦始皇实行中央集权制的有效办法之一。封泥官职中也看到秦时的宦官现象比较严重，验证了历史上嫪毐和赵高之所以能在秦国为所欲为、专横跋扈的事实。南宫、北宫封泥的发现也证明了文献中关于秦有南北宫的记载。①

(4) 青铜器。青铜器皿，有青铜编钟、青铜壶、鼎、簋、秦公钟、秦公镈、杜虎符及青铜兵器等。

2. 精神文化

(1) 文字。首先，陶文。秦兵马俑的身上也发现了很多的陶文。内容为"宫水"、"宫"、"宫得"、"宫系"、"咸阳衣"、"咸阳午"、"栎阳重"、"工路"等，目前已发现不同的刻名有 80 余个，这实质上是制作陶俑的工匠名，表示这些工匠来自不同的地方，来自宫廷的，在名字之前均有一"宫"字，来自咸阳作坊

---

① 《秦封泥的发现及其研究》，《文物世界》2002 年第 2 期。

的,则在名字前有"咸阳"或"咸"字,还有来自栎阳、安邑、临晋等地的。验证
了《考工记》记载的当时实行的"物勒工名,以考其诚"的记载。其次,金文。
秦金文主要的有秦公钟、秦公镈、杜虎符及青铜兵器上的铭文,度量衡器上的
铭文。秦青铜器铭文在北宋就有发现,但铭文的大量发现则是近几十年的事
情,从而为秦文化的研究补充了很多难得的资料,对研究当时的政治、经济、
文化、军事都有所裨益。① 再次,简牍文。里耶秦简中发现的大批简牍字体,
有古篆书、古隶书、隶中带楷书等,其中的大部分文字字体属于秦隶,从小篆
演化而来,和湖北龙岗睡虎地秦简的字体相似。这样大量的简牍文字对于研
究中国书法史,特别是秦代文字与秦代书法以及小篆、隶书的演变过程具有
重要意义。

（2）算术。里耶秦简中记载了完整的"九九口诀表",里耶秦简将中国乘
法口诀的使用提前到秦时。在一片木牍上发现了乘法口诀表,竟与现今生活
中使用的乘法口诀有着惊人的一致。这是中国乘法口诀表最早的实物证明,
从而印证了文献中所记载的春秋战国时乘法和乘法口诀表已被使用,修正了
被认为中国最早的数学著作是湖北江陵张家山汉墓竹简的《算数书》。

（3）秦国对外来文化兼容并蓄。从秦穆公开始就注重引进人才,吸收外
来文化。秦国大力从六国引进人才,大量吸收外部世界的新信息、新观念,如
秦孝公时的商鞅,秦惠文王时的苏秦、张仪,秦昭王时期的范雎、蔡泽,秦始皇
时的李斯、韩非、蔚缭等。至秦昭王时,博采众长,学术已出现"纳六国之士"
的风气。所谓"垂明月之珠,服太阿之剑,乘纤离之马,建翠凤之旗,树灵鼍
之鼓,秦不生一焉",以及"异国之乐者,今弃击瓮叩缶而就《郑》、《卫》,退弹筝
而取《昭》、《虞》"②,这都是秦国融合各国文化的充分体现。秦始皇执政时期,
注重吸纳礼乐,"至秦有天下,悉内六国礼仪,采择其善,虽不合圣制,其尊君
抑臣,朝廷济济,依古以来"③,还御准吕不韦召集六国学子,编撰《吕氏春秋》,
兼采各家学说,展示了"泰山不让土壤"的广阔视野。虽然曾出现"燔诗书,明

---

① 王辉:《秦铜器铭文编年集释》,三秦出版社1990年版。
② 李斯:《谏逐客令》。
③ 《史记·礼书》、《史记》、《正义》释"依古以来"为"依古以来典法行之"。

法令,禁儒术"和"焚书坑儒"现象,但没有焚医书、农书、算书等,并未影响秦文化的兴盛和繁荣。

(4) 建乐府,成立皇家乐舞机构。在秦始皇陵食官遗址上发现的一个青铜编钟上刻有"乐府"两个字,这一发现将中国古代设立乐府的时间提到了秦代,因为在此之前,据《汉书·礼乐志》记载:汉武帝时,"乃立乐府",颜师古注:"始置之也,乐府之名盖起于此,哀帝时罢之",秦始皇陵乐府编钟的发现证明颜师古的注解是错误的。该乐府钟制作精致,与秦始皇陵的祭祀活动有关。后来在汉长安城中出土的秦封泥中也发现了秦的"乐府"和乐府丞印"。从秦"乐府"到后来的汉"乐府",可见历史文化的传承。

(5) 崇尚武力,功利性强。秦人的价值观,功利主义的特征明显,与儒家提倡的重礼义道德大不相同。"其生民也狭隘,其使民也酷烈。皆干赏蹈利之兵,庸徒鬻卖之道耳,未有安制矜节之理也。"① "秦人其生民也陿陋(即狭隘),其使民也酷烈。"② 商鞅之法规定:"怠而贫者,举以为收孥","秦人之俗,贪狠强力,寡义而趋势利"。③ 在这种政治下,秦人社会养成了十分明显的功利色彩,整个社会形成了"贪狠强力"的习俗,其生活节奏和社会风气里显现出"急促"的特征,与齐、鲁等地"舒缓"形成了鲜明的对比。

3. 制度文化

(1) 废除分封制

秦国从商鞅变法就开始推行"郡县制",进行土地私有制,逐步废除分封制。瓦解封建贵族和领主对土地的控制,准许民间自由买卖土地,让耕农合法占有田地。这一改革,推翻了自西周以来一直施行的"分土诸侯"制度,恢复了基层百姓的基本权利,解放了社会生产力,促进了农业的发展。在秦始皇统一中国之后,那些措施又继续延伸到皇族规制和"世卿世禄"制度,如始皇登基后,不循祖制,"使秦无尺土之封,不立子弟为王",各级官员勋爵,均凭军功授予,以"功臣为诸侯",直至始皇驾崩时,国朝不封皇后、不立太子,群臣

---

① 《汉书·刑法志》。
② 《荀子·议兵》。
③ 《淮南子·要略》。

百官均依制任命,各司其职。秦始皇以上"事不师古"的改革,积极推动"君主法治"的政治理想。

(2) 建立中央集权政治制度

一是创立皇帝制和三公九卿制。秦始皇建立中央集权,是他统一六国后采取的一项空前的措施。秦始皇统一中国以后,原封建割据的国家组织机构已不能适应新形势的需要,于是,他采取了一系列调整、完善和加强中央集权统治的措施。首先改"王"为"皇帝"。春秋战国时期的最高统治者一般都称为"王",但秦统一中国以后,秦始皇觉得自己是"德迈三皇,功过五帝","王"已不足以显示其尊贵,便令臣下议帝号,诸大臣博士商议的结果认为:"古有天皇、有地皇、有泰皇,泰皇最贵。"因此上尊号为"泰皇"。然而秦始皇仍不满意,单取一个"皇"字,同时又采上古"帝"位号,称号"皇帝"。自此"皇帝"就代替"王"而成为最高统治者的称谓。而秦始皇就成了中国历史上第一位皇帝。始皇又下令取消谥法,不准下一代皇帝给上一代皇帝起谥号,自称为"始皇帝",并安排好自己死后儿孙继位,"后世以计数",称为"二世"、"三世"、"至于万世,传之无穷"。为显示皇帝的威尊和与众不同,从秦代开始规定了一套制度,如皇帝的命为"制",令为"诏",文字中不准提起皇帝名字。皇帝自称"朕",印章称"玺",而一般民众再不许使用"朕"、"玺"两字。此外,还制定了一套服饰制度。其次,加强中央政权组织。秦王朝的中央政权是秦国原来的中央政权的延续和扩大,但官职的名称和权力有许多变化:最高统治者是皇帝,皇帝以外,中央最重要的官职是三公,即丞相、太尉、御史大夫。

丞相:战国时秦国原有相、相国,统一全国后,称作丞相,李斯为第一位丞相,乃百官之首。"金印紫绶,掌丞天子,助理万机。"

太尉:原称尉、国尉,统一全国后称太尉,"金印紫绶,掌武事","主五兵",乃武官之长。

御史大夫:秦国原有御史,后置御史大夫"以贰于相"。御史大夫掌监察,"银印青绶,掌副丞相",其位略次于丞相。

在"三公"之下,有所谓"九卿",而实际之数并不止九个,大部分为秦原有,少数是统一后新设的。

奉常:掌宗庙礼仪,有丞。

郎中令:负责皇帝的保卫和传达,下属有大夫、郎中、谒者。

卫尉:掌皇宫的警卫部队,有丞。

太仆:掌皇室车马。

廷尉:掌刑罚,全国最高司法官,有正、左、右监。

典客:主管秦王朝统治下的少数民族。

宗正:掌宗室亲属事务,有两丞。

治粟内史:掌谷货,有两丞。

少府:负责供应皇室用之山海池泽之税,有六丞。

中尉:负责京师保卫,有两丞。

主爵中尉:掌列侯。

秦始皇统治时期,中央集军政大权独揽于皇帝一人。为使大权不旁落,使丞相、太尉、御史大夫分掌政、军和监察大权,互不统属。如丞相总领朝廷集议和上奏,协助皇帝处理日常事务,但统兵之权却属于太尉。而太尉虽名为最高军事长官,但实际只有带兵权,而无调兵权。由于三公互不统属,所以最后决断只能归皇帝。

二是创立郡县制。自秦孝公(三十一世祖,前361—前338)时,任用商鞅为左庶长推行变法,推行"郡县制","并小邑为40县,迁都咸阳(前350年)"至秦始皇时(前246—前210),灭六国(公元前221年),设立36郡,建立中国第一个多民族统一的中央集权制国家。在以后2000多年的历史进程中,秦文化,尤其是秦朝制度文化方面成为中华传统文化的重要组成部分。

三是定《秦律》。"明法度,定律令"的法治思想是秦文化的基础,《秦律》是我国目前发现的年代最早、条目最全、内容最丰富的成文法典。它填补了自李悝《法经》与商鞅《秦律》散佚以来的空缺,是研究法制史的重要史料。同时还是研究秦时阶级、阶级关系的不可多得的资料。秦的官制、土地、赋役、赐爵、租税、官吏考核、罪犯审讯、工匠培训、户籍、上计、仕进等制度,以及仓库的类型、结算、设置、封提、管理等制度,由官府禀衣、禀食、传食等制度和管理、财经出纳的预算、决算制度等,在《秦律》中有明确而且比较详细的反映。

秦国所创制的政治制度和法治文化对后世产生了深远影响。

四是统一货币、度量衡和文字。秦统一前,货币很复杂,不但形状、大小、轻重不同,而且计算单位也不一致。大致有布钱、刀币、圆钱和郢爰四大系统。除郢爰流行于楚国外,布钱流通于韩、赵、魏;刀币流通于齐、燕、赵等国,圆钱流通于秦、东周、西周和魏、赵等国。秦统一后,秦始皇下令统一全国货币,以黄金为上币,镒为单位;以方孔有廓圆钱为下币,以半两为单位,称为"半两"钱。这种圆钱一直沿用了2000多年。

秦在统一全国前,度量衡方面与货币一样,非常混乱。秦商鞅变法时对度量衡的标准做过统一规定。全国统一后,秦政府即以秦国的制度为基础,下令统一度量衡,并把诏书铭刻在官府制作的度量衡器上,作为全国标准器。

统一文字。战国时代处于长期的分裂割据时代,言语异声,文字异形,东方六国文字难写、难认,偏旁组合、上下左右也无一定规律,严重阻碍文化交流。公元前221年,秦始皇下令对各国文字进行整理,规定以秦小篆为统一书体,令李斯作《仓颉篇》、赵高作《爰历篇》,胡毋敬作《博学篇》,作为标准文字范本。文字的统一,使小篆和隶书成为全国通行字体,对我国文化、政治的发展有着深远的影响。

五是修驰道堕壁垒。战国时期各诸侯国在各地修筑了很多关塞堡垒,各国间的道路宽窄也不一致,影响交通往来。秦始皇下令拆除阻碍交通的关塞、堡垒。公元前220年,修建以首都咸阳为中心的驰道。公元前212年,秦始皇又下令修一条由咸阳直向北伸的"直道",仅用两年多的时间即告完成。"驰道"、"直道",再加上西南边疆的"五尺道",以及在今湖南、江西、广东、广西之间修筑的"新道",构成了以咸阳为中心的四通八达的道路网。后又统一道路和车轨宽度,便利了交通往来。

秦文化首先是对后来的汉文化产生了深刻影响,汉承秦制,汉王入关中,萧何收集秦国各种典章制度,为汉所用,"至于高祖,光有四海,叔孙通颇有所增益损减,大抵皆袭秦故,自天子称号,下至佐僚及宫室官名,少有变更"①。

---

① 《史记·礼书》。

西汉制度对秦制有因有革,而因袭的一面是主要的,汉朝建立后最高统治者还是称皇帝,百官制度大体未变,政府的运行机制并无大异,皇帝、百官的行为方式也是基本相同,以汉武帝刘彻的心理、行事与秦始皇做比较,更可以清楚地看到汉文化和秦文化的大同小异。与秦文化相较,汉文化更具有开放性,更善于吸纳,也更有兼容的气量和能力。例如,汉文化就从齐鲁文化中吸收了丰富的政治文化营养,无论是在政治思想方面,还是在朝政礼仪方面,汉文化都比秦文化从齐鲁文化中吸收了更多的东西,较之秦文化,汉文化在浪漫气质上加强了,在这方面显然是受楚文化的影响更大。

二、楚汉文化

徐州地处苏、鲁、豫、皖四省交界,既是四省交界地区的中心城市,又是江苏省三大都市圈中心之一,文化市场宽广,发掘徐州文化市场资源,振兴徐州文化市场,打造文化徐州,以不断满足人们日益增长的物质文化生活需要,具有十分重要的理论和实践意义。以徐州为中心城市的淮海经济区于1986年3月成立,由江苏、山东、河南和安徽四省14个地、市组成,24年后已发展到四省的24个地级市,包括江苏省的徐州、连云港、淮安、盐城、宿迁;山东省的菏泽、济宁、临沂、枣庄、日照、泰安、莱芜;安徽省的淮北、宿州、阜阳、蚌埠、亳州、淮南、滁州、六安;河南省的开封、商丘、周口、信阳。2009年淮海经济区土地总面积24.33万平方公里,2010年总人口1.55亿人,约占全国面积的2.5%和总人口的11.6%。淮海经济区域内城乡地域相邻、人缘相亲,文化相近、习俗相通,方言相似,区域历史文化上属于"楚汉历史文化带"。

有文字史以来,徐州就与楚有割不断的联系。其一,据《史记》载,"彭祖,黄帝后裔,陆终氏之子,陆终氏生六子,一昆吾,二参胡,三彭祖,四会人,五黄姓,六季连"①。季连楚之先祖,彭祖为楚先祖之三兄。其二,当公元前1010

---

① 《史记·楚世家》。

年周穆王令楚国伐徐,徐州就屡被楚侵①,以后楚庄王、楚子辛多次攻占彭城②,当然,春秋无义战,晋宋也多次参与。直到公元前472年,周元王四年,楚正式将徐州纳入版图③,"楚东侵,广地泗上"④,当时楚地宽广,"江陵(南郡)为南楚,吴为东楚,彭城为西楚"⑤。又载,"以淮北、沛、陈、汝南为西楚,彭为南楚",彭城还是西楚范围。⑥ 战国时,楚等五国合纵攻秦失败,为避秦兵锋芒,公元前241年长沙楚考烈王迁都寿春(安徽寿县,离徐州仅200公里),名寿郢。⑦ 公元前225年(楚王负刍三年),王翦、蒙武攻楚,秦败。公元前223年(楚王负刍五年),王翦、蒙武攻楚都寿春,虏楚王负刍,楚亡。其三,"楚三户,可亡秦",亡秦的三户都在徐州一带,并且全是打着兴楚的旗号。第一户,公元前209年陈胜、吴广在大泽乡(现安徽宿县西寺坡乡刘村集)以楚国名义起义抗秦,并在河南淮阳立国,国号"张楚"(张大楚国的意思),陈胜自立为楚隐王。第二户,沛人刘邦,曾做过泗水亭长,与沛吏萧何、曹参起兵于沛县,以楚名攻秦。第三户,下相(宿迁)项梁、项羽叔侄俩都是楚国的贵族,起兵反秦。后三户合流以楚名攻秦。公元前208年六月,项梁立楚怀王的孙子为楚怀王(义帝),建都盱眙,后迁都彭城即徐州。公元前206年项羽自封为"西楚霸王",王梁、楚九郡,建都彭城,然后封18个诸侯王,其中刘邦被封为"汉王",封地为巴、蜀、汉中。项羽将楚怀王徙长沙,杀于郴县。徐州一度成为楚国的军事、政治、文化中心。从公元前472年徐属楚(楚于公元前441年灭莒,公元前306年灭越,公元前256年灭鲁,楚国的东境到达徐泗邹鲁),到公元前202年刘邦打败项羽建立汉朝,徐州由楚地到楚都,共经历270年。建立汉朝,徐州既是汉王朝的发祥地,又是汉楚王的封地,计406年。从楚到汉楚封地总共676年时间。

---

① 《后汉书·东夷传》。

② 《左传》。

③ 《史记正义》,淮北、徐、泗等四州是也。

④ 《史记·楚世家》。

⑤ 《汉书·高帝纪》。

⑥ 《汉书·货殖列传》。

⑦ 《史记·楚世家》。

图 2-4　淮海经济区简图

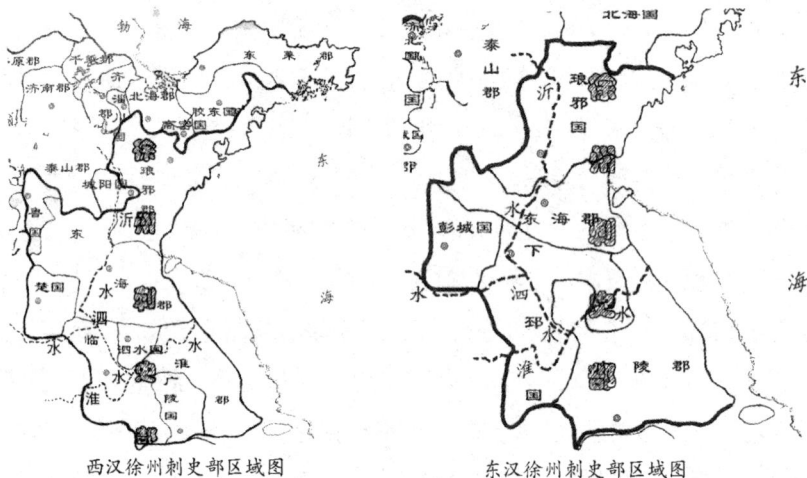

西汉徐州刺史部区域图　　　　东汉徐州刺史部区域图

图 2-5　徐州刺史部范围图①

　　徐州作为楚汉文化的交融地和诞生地,在徐州历史文化中不但表现出区域文化的主要特征,而且对后来中华民族文化的形成乃至现代文化的发展都起到了不可估量的作用。

---

　　① 据谭其骧:《中国历史地图集》(第 2 册),中国地图出版社 1996 年版(绘制)。

1. 楚汉文化的含义

从某种意义上讲文化,即人化,因为文化的创造者、使用者、传承者都是人。在楚汉文化带,曾出现过养生家彭祖;道家老子、庄子;神仙方士徐福、于吉;道教创始人张道陵;儒家代表孔子、孟子。产生过借道、儒思想治国的汉高祖刘邦、汉武帝刘彻;推崇道教、儒学的淮南王刘安、楚王刘英、沛王刘辅。文化除了有人的倡导,还有社会制度的固化,如汉代实行以"经"、"道"取士制度。"上有好者,下必有甚焉者",自上而下的文化影响着整个社会时代。因此,所谓楚汉文化,是指徐州地区东夷部族与华夏部族通过军事、政治、移民、联姻等,在民族融合的基础上,人们在物质和精神生产中创造出的器物文化、精神文化、制度文化和符号文化的总和,并且逐渐成为中华民族传统文化的主流。早在帝尧八十七年初(前2333—前2234)建十二州,大彭、留属徐。[①]到公元前472年徐州属楚,建汉朝后,西汉元封五年(公元前106年),徐州辖有琅琊、东海、临淮三郡和楚、泗水、广陵三国共132县。[②] 在这一区域内通过军事战争强制民族融合,经过移民达到民族融合,进行联姻结成民族融合,从而达到文化交融。总之,在统治集团的推崇和倡导下,人们通过物质和精神生产创造出适应统治者及社会所需要的楚汉文化形态。

2. 楚汉文化的内容

楚汉文化具体有以下四个方面内容。

无论是从湖南、湖北如长沙仰天湖楚墓、马王堆、曾侯乙、江陵、擂鼓墩的楚汉墓,还是从徐州地区狮子山、龟山、北洞山、驮篮山汉楚王墓、梁孝王汉墓出土的文物来看,楚汉器物文化,主要是青铜器、玉器、陶器和漆器。这四种器物虽然产地不一,但是纹饰、质量、器形及制式等如出一辙,体现了楚汉文化形态。由于楚人最先发明毛笔,这不仅使帛书、竹简的出现成为可能,也推动了字体本身的演进。1954年在长沙一座战国中期楚墓中发现了兔毛制作的毛笔实物。毛笔写字,较之以往的刀刻,轻松灵便,因而推动了字体的革

① 《竹书纪年》。
② 《汉书·百官表》。

新。所以隶书最先在楚字中孕育出来。如江陵楚简将"乙"字末尾一笔已明显的有隶书的波势；又"月"字写作不仅有汉隶书的形架，其右下一笔，也可看出汉隶书的挑法。

精神文化是指通过精神生产创造出来的社会意识形态。楚汉文化在精神文化中主要表现在哲学思想，如黄老学说。语言文学，如《楚辞》、《汉赋》。宗教文化，如道教、儒教和佛教。艺术，如音乐、舞蹈、绘画、雕刻，还有社会习俗方面的文化等。

制度文化是指人类社会和文化结构的规范，制度文化的主要形式典章制度，是文化的表现形式。据《左传》记载，楚国有《三坟》、《五典》、《八索》、《九丘》等典籍。汉代典章制度中以儒学为主，杂以黄老。据《史记》、《汉书》记载，楚汉之际，刘邦有《告沛县父老书》、《入关告谕》，即"约法三章"等。建立汉朝先推行以黄老思想为指导的"无为而治"，又依儒家典章制度和秦制，命萧何定律令，韩信申军法，叔孙通定礼仪，"经"、"道"取士制度。我们从以上楚汉典章制度中不难看出，随着封建统治者权力的集中和强化，儒家学说越来越成为统治阶级的思想。

符号文化既是人类物质文化创造的结晶，又是人类精神文化创造的载体。在楚汉文化中，符号文化主要体现在图形（龙凤、四神）、色彩（朱、绛、青）、纹饰（凤鸟纹、龙纹、云纹、几何纹、花瓣纹、菱形纹、变形龙凤纹、兽面纹、蟠螭纹等）、文字（鸟篆、汉隶）等方面。

我们从楚汉文化在器物、精神、制度和符号文化中已不难看出楚汉文化的内容：楚汉地区的人们在物质生产和精神生产中创造出的生动的语言文字，汉语；以"龙凤"为符号的独特的民族标识；以儒、道思想为主要内容的文化典籍；精湛的铸、焊、锻、镀、制造、建筑、纺织、农业等生产技术和工艺；异彩纷呈的各种文学、科技作品以及优美的音乐、舞蹈、绘画、雕刻等艺术；道、儒、释三教合一的宗教哲学；以"仁"、"爱"、"真、善、美"、"忠孝"、"三纲五常"为核心的道德伦理制度。

秦汉之间最显赫的人物项羽、刘邦，都表现了鲜明的楚文化色彩，对于项羽来说，自有其原因，他的祖父项燕是楚国名将，因而对故国念念不忘，而刘邦所居的徐、泗地区,原本离在江汉平原的楚国中心地甚远,但到战国中后期,楚国的势力已达邹鲁境内,这一带很快被"楚化"。刘邦好楚声、楚舞、楚衣,信口吟出的也是很地道的楚辞,可以称得上一个楚文化迷。"沛人语初发声皆言'其','其'者,楚言也,高祖始登帝位,教令言'其',后以为常。"①由此可见,徐、泗一带在语言上也受到楚语的影响,而自称"楚人"的刘邦,对此十分欣然,并热心加以推广。

楚汉之间,民间多乐楚声。对此,鲁迅认为:"盖秦灭六国,四方怨恨,而楚尤发愤,势虽三户必亡秦,于是江湖激昂之士,遂以楚声为尚。"②以此来解释楚文化的高扬,固合情理,但又必须看到,楚文化在东部滨海地区的长期浸染,早已取得显著的效果,楚声大张更深层次的原因是反秦斗争初起之地是在"楚",陈胜定国号为"楚",并以"张楚"作为政治纲领,秦二世也称陈胜等是"楚戍卒"。③ 可见楚文化的渗透力。

第三节　徐州两汉文化的内涵和地域特征

一、徐州两汉文化的构成及内涵

徐州地处黄淮两大水系之间,是长江、黄河两大文化的过渡带,处于齐鲁文化、中原文化、楚文化的交汇地。北融齐、鲁文化,南浸楚、越文化。汉代徐州在我国古东夷文化的基础上,逐渐形成了具有地域特色的历史文化。

1. 徐州两汉文化的构成

徐州两汉物质文化有汉墓、兵马俑、汉画像石及众多各种材质不同纹饰的文物;徐州两汉精神文化有各种著作、民俗习俗及技艺为代表的非物质文化遗产;徐州两汉制度文化除与大汉王朝相一致的共同遵循的规章制定、法

---

① 《史记·高祖本纪》、《集解》引《风俗通义》。
② 《汉文学史纲》,见《鲁迅全集》(第 9 卷),人民文学出版社 1982 年版,第 385 页。
③ 《史记·刘敬叔孙通列传》。

律外,徐州汉楚国有自己的典章。

文化,在汉语中是"人文教化"的简称。狭义上徐州两汉文化的构成主要有语言文字、风俗习惯、思想理论、文学艺术等。

东汉时期,在徐州行政区域内还分封过一个下邳国,有四位下邳王嬗递。这些国王的陵墓犹如地下宫殿般的华丽,国王生前喜好的珍玩和国库的积蓄,尽都填充于墓室中。徐州汉墓中的王陵墓葬,构成了徐州两汉文化的"三绝"之一。徐州汉代十八陵经考古的有北洞山第二代楚王墓、狮子山第三代楚王陵、驮篮山第四(五)代楚王陵、龟山第六代楚王墓、东洞山第八代楚王陵、土山东汉彭城王陵等。徐州西汉楚王陵最具代表性的莫过于北洞山楚王陵、龟山楚王陵和狮子山楚王陵,以"精"、"奇"、"雄"各领风骚。被誉为徐州汉文化三绝之一的狮子山兵马俑,不仅数量众多,而且种类繁多,显示出丰富的内容:有博袖长袍的官员俑、冠帻握兵器的卫士俑、执长器械的发辫俑、足蹬战靴和抱弩负弓的甲士俑等 10 余种。狮子山兵马俑既是汉代的艺术珍品,又是徐州作为军事重镇的历史见证,不仅对研究汉代雕塑艺术有极高的价值,对于研究汉代社会性生活、丧葬制度、军制战阵也有着同样的价值。西汉时期徐州地区流行崖洞墓,东汉时期,墓葬形制发生了变化,盛行汉画像石墓。汉画像石是汉代人雕刻在墓室、礼堂里的雕刻壁画。汉画像石雕刻在中国美术史上占有重要的位置。徐州是中国汉画像石的集中分布地之一,目前徐州地区出土汉画像石 2000 余块,收藏在徐州汉画像石艺术馆的画像石1500 余块。徐汉画像石同苏州园林、南京六朝陵墓石雕,并称为"江苏文物三宝"。除汉墓、汉俑、汉画之外,徐州的两汉文物精品,在中国的两汉文化中也是独领风骚,引人注目,北洞山楚王陵出土的 220 余件彩俑;狮子山楚王陵出土的铁铠甲、玉棺、玉豹;小龟山楚王墓出土的水晶带钩、刘注银印,火山汉墓出土的银缕玉衣;土山汉墓出土的鎏金兽形砚;睢宁刘楼汉墓出土的铜牛灯等珍贵文物,皆属国宝。"佳处未易识,当有来者知。"徐州两汉文化景观中还有许多历史上遗留下来的胜迹,诸如戏马台、泗水亭、霸王楼、歌风台、拔剑泉、子房祠、王陵母墓等,每处景点,都有一段动人的历史故事,使人联想到的是楚汉战争的硝烟风云。戏马台的高台秋风,可使你概见楚霸王项羽"力拔山兮气盖世"的霸王雄风;歌风台的大风歌古碑,能让你领略汉高祖刘邦"大风起兮云飞扬"的千古绝唱;子房祠的晨钟暮鼓,会令你对"张良吹箫散楚兵"的传说浮想联翩。一位历史学家在中国历史文化名城研讨会上这样说:"像徐州这样的城市,荟萃两汉文化如此丰盛的内容,在中国的历史名城中是绝无仅有的。""两汉文化看徐州"名副其实。

2. 徐州两汉文化的内涵

首先,徐州两汉文化中的物质(器物)文化的内涵体现在以下三个方面。

(1) 汉代墓室的建筑文化

汉代墓室是按照"事死如事生"的观念建造,整个空间是完整的,体现了天地万物,从整体上说,汉代墓室造型艺术包括汉阙、祠堂、地下墓室、棺椁、随葬品及它们的装饰部分,每个小系统无不象征一个小宇宙,是整个墓葬环境的有机组成部分。徐州的汉墓主要分为西汉、东汉两个时期。西汉王陵墓的构造形制特点,是以横穴岩洞为主,多数独占一个山头,建筑方法是先开凿露天墓门、墓道、甬道,再向山腹中深造墓室。东汉时期彭城王的墓葬与西汉期楚王陵相比,风格迥异,一般是在平地上起坟造墓,有较大的封土堆,与西汉楚王陵独霸山头的气势不可比拟。两汉时期还流行汉阙来装点宫殿、墓葬。汉阙主要是立于宫殿。墓前的仿木石制地面建筑,放在墓前是墓主身份的标志。

在徐州汉墓中,形制较大内容最丰富的是楚王陵。楚王陵坐北朝南,依山为陵,凿山为墓,陵墓直接开凿于山体之中,南北总长 117 米,宽 13.2 米,深入山体 20 余米,总面积 815 平方米,开凿石方量 5100 余立方米,宏大的地下玄宫几乎把山体掏空,工程浩大,气势磅礴,全国罕见。楚王陵墓模仿地面宫殿的建筑群体,结构复杂,形制奇特,建有包括洗浴室、御府库、御敌库、钱库、印库、棺室、礼乐房以及楚王嫔妃陪葬等大大小小墓室 12 间,再现了西楚汉王奢侈的生活场景,也印证了汉代盛行的"事死如事生"的厚葬观。

(2) 汉画像石的艺术风格

汉画像亦称"汉画",包括汉画像石、画像砖、壁画、帛画、漆画、玉饰等图像资料。画像石、画像砖和帛画等是根据物质材料及制作方法的不同来进行划分的。画像不是在地下墓室、墓地、祠堂、石阙、棺椁等物体表面上的镌刻，而画像砖是印模及窑烧的结果。汉画像是对汉代不同材质和形式表面图像的概括。其中，画像石、画像砖因特殊的物质载体，使它们比帛画、漆画更容易保存和流传。因此，汉画像研究的主要内容是画像石、画像砖上的图像。

图 2-6　徐州汉画像石

徐州汉画像石，是我国古代历史文化遗产中的瑰宝，绝大多数出自墓室内，也有极少部分刻在祠堂的墙壁上。徐州出土的汉画像石已有 2000 多块，是我国汉画像石最为集中的地区之一，汉画像石是汉代的画像，雕刻家在石块上创作出来的艺术作品。艺术形式上它承战国绘画古朴之风，下开魏晋风度艺术之先河，在中国美术史上具有重要的地位，它的艺术价值毋庸置疑。史学家翦伯赞先生非常重视汉画像的史料价值，认为："除了古人的遗物之外，再没有一种史料比绘画雕刻更能反映出历史上的社会之具体的形象。同时，在中国历史上，也再没有一个时代比汉代更好在石板上刻出当时现实生活的形式和流行的故事来。""这些石刻画像假如把它们有系统的搜集起来，几乎可以成为一种绣像的汉代史。"①汉画像石艺术反映了汉代历史时期人们的信仰、习俗、观念。

（3）汉兵马俑制作艺术

汉代兵马俑（高 40 厘米）虽然没有秦兵马俑（秦俑高 175、189、192 厘米）那样高大，但制作工艺先进。徐州汉兵马俑是用模子制作出来，再经二次加

---

①　翦伯赞：《秦汉史》，北京大学出版社 1983 年版。

工塑造成的,大小差不多,但是,它们的表情千姿百态,各不相同,高大壮观、写实主义的秦兵马俑给人一种奔放雄浑的力量之美。徐州汉兵马俑在继承了秦兵马俑风格的基础上加以发展,由写实转向局部写实大部写意。汉俑注重刻画人物的精神世界和心理活动,而不介意具体的线条比例是否准确,所以其轮廓清晰,简练明朗,但姿势优美,情感毕现。虽然俑坑中外观相同的陶俑都是一模所出,但制成后有一个刻画五官、整理修削的过程。西汉楚国艺术家们在继承秦代雕塑艺术的基础上进行了再创造。在整个过程中工匠们的主观创造性得到了极大的发挥,俑坑中的陶俑除甲胄俑因其头戴盔甲受到限制外,其余陶俑面部表情具有写实的特点:或俯或仰,或偏或正,其表情有仰天长啸的,又低头短叹的,还有侧身大哭的,千姿百态,无一雷同,其制作之精细、构思之巧妙,令人拍手叫绝,回味无穷。而在形体塑造上,则运用了写意的手法,含蓄和耐人寻味。在个体雕塑水准上虽不及秦俑的精工细作,但就群体而言,其雕塑艺术却另具特色。

图 2-7　徐州汉兵马俑

其次,徐州两汉文化中的精神文化的内涵体现在以下三个方面:

(1) 儒家经学

从文化史的角度看,两汉文明最独特者是经学。汉代的经学,是综合思想学术,维系政治、经济、社会发展的文化活动。西汉初年,儒家"五经"(《诗》、《书》、《礼》、《易》、《春秋》)形成,而《诗》出现最早;传《诗》四家(齐、鲁、韩、毛),又以鲁诗为先,因于诸家诗中影响最大。鲁诗的代表是申公(名培),申公受《诗》于齐人浮丘伯,浮丘伯受《诗》于荀子,故申公为荀子的再传弟子。汉初,汉高祖刘邦过鲁祭孔,"申公以弟子从师入见","吕太后时,浮丘伯在长安,徐州第一代汉楚王,楚元王遣子郢与申公俱卒学"①。楚元王死后,子郢嗣立为楚王,令申公做太子戊的师傅。徐州丰沛及郯城一带出现一批经学家。秦火(秦始皇焚书)以后,许多典籍尤其是儒家典籍失传,而《诗经》以其口耳相传、易于记诵的特点,得以保存,在汉代流传甚广,出现了今文的鲁、齐、韩三家诗。鲁诗出自鲁人申培,齐诗出自齐人辕固,韩诗出自燕人韩婴。三家诗在西汉被立为博士,成为官学,兴盛一时。

(2) 汉儒阴阳五行思想

汉儒阴阳五行思想,综合、调和、批判地接纳远古文化,比较全面地有系统地收集、整理及解释古文献(包括神话传说),使之与汉代思想文化连接,形成汉代阴阳五行说。一方面,古徐州春秋有道家,秦有神仙方士,形成方仙道,汉有道教、道士;另一方面,先秦阴阳五行说,经齐鲁在徐州得以传承,大略见《汉书·艺文志》。

(3) 霸王杂之的制度文化

在汉初是封建郡县,并行的折中办法;后来汉朝虽然重新发展为中央集权的政府,继承了秦朝法家所建立的政治制度,但这制度运作的基本精神和领导原则却是对暴秦酷法苛政批判得最厉害的儒家学说。汉代制度文化是远古周代的理想(儒家对周代文化的理想化)和近世秦法家的现实(战国时期的变化改革)两者的折中调和。汉宣帝说的"汉家自有制度,本以霸(现实权

---

① 《汉书·儒林列传》。

力)王(理想制度)杂之"①。徐州作为汉楚国延续十三代,彭城王五代,尽管个别楚王有僭越行为而受到惩戒,但总体上遵守霸王杂之的制度文化。正是这一基本的制度文化,才能将中国境内各地区、各阶层的文化传统加以综合,融合为 400 多年的汉代文明。

二、徐州两汉文化的地域特征

1. 徐州两汉文化与汉王朝两汉文化的共性

徐州是两汉文化的发祥地。刘邦属徐州人,由汉王率三千丰沛子弟,经楚汉之争,战胜项羽而称汉帝。大汉王朝的班底大多数是徐州人,徐州是两汉文化的发祥地当之无愧。

汉朝文化奠定了儒家正统、道佛两翼的三足鼎立的意识形态基础。汉初,承多年战乱之后,朝野上下人心思定,希望社会安定,休养生息。因而,黄老的清静无为思想得以滋长,以至大行于世,出现了为史学界所称道的"无为而治"到"文景之治"。到汉武帝时,取董仲舒等人之说,罢黜百家,独尊儒术,置五经博士,传述儒家经典,推崇儒家思想。儒学在汉代由于特定的政治气候一跃而至"独尊"地位,及至古文经学的出现,使汉儒研经之风大变,形成了"汉学"。汉学的中心是经学。这种"中心"地位和由此而形成的系统的儒家思想,在思想政治领域的统治地位,影响了我国整个封建社会。东汉时,佛家思想传入,徐州同样是繁盛地区之一。史书上记载最早的一条佛事,就是楚王刘英好佛,其他,如下邳相笮融大建浮屠寺,中国第一位比丘尼是徐州人,第一部佛典目录学著作的作者是徐州人僧佑,以及后来北魏时期孝文帝亲自到徐州来请高僧到首都去讲学,都说明古徐州人文思想领域是非常活跃的。

2. 徐州两汉文化与汉王朝两汉文化的区别

徐州两汉文化是指两汉徐州刺史部区域范围内,及核心区彭城郡、汉楚国区域范围内的亚文化。汉王朝两汉文化是以政治统一为背景的全国性文

---

① 《汉书·元帝纪九》。

化,两汉时代徐州两汉文化存在于全国性的汉文化之中。

　　徐州两汉文化是指两汉徐州刺史部区域范围内,及核心区彭城郡、汉楚国区域范围内的亚文化。语言上是狭义的北方方言,徐州属中原官话(北方方言)的徐蚌片,北起山东济宁、枣庄,南到安徽的蚌埠、淮南、阜阳,西到河南的商丘,东到连云港的东海,西南到江苏的宿迁,在中原官话区中占有十分重要的地位。刘邦建立汉朝时在大一统的思想下,语言是思维的物质外壳,属于文化的一部分,皇室全是来于彭城,汉高祖刘邦于公元前202年建立汉朝,定都长安之后,为讨太上皇刘太公欢喜,在秦国故地骊邑(今西安市临潼区),仿照家乡沛郡丰邑(今江苏省徐州市丰县)的街巷布局,为太上皇刘太公重筑新城,并将故乡的乡亲故友迁居于此,丰县百姓迁至新居,"鸡犬识新丰",即连鸡犬都能找到各自的门户。汉高帝十年(公元前197年),太公驾崩,刘邦正式下令,将骊邑改名为新丰。刘邦将沛县丰邑人全数迁往西安临潼建新丰镇,西安话很快就被"徐化"。直到现在陕西话中仍保留徐州方言"管"(过问,行,能耐)、"谝"(显示,夸耀)、"张"(张扬)等。

　　徐州人讲话不像吴侬软语那样轻松柔和,也不像鲁豫方言那样艮直生硬。它往往把普通话中字音的第一声读成第三声。比如:"徐州"读成"xū zhǒu"音,"江山"读成"jiǎng shǎn"音等。有些字徐州话说出来又和普通话略有不同。比如"国"读成"guǐ"的音,"麦"读成"měi"的音,"裴"读成"pi","宅"读成"zei","翟"读成"zei","郝"读成"he"等。不过,徐州话正在不断朝普通话的读音靠近。比如:"特别"的"特"字,新中国成立前徐州人读成"dēi",20世纪五六十年代读成"tēi",后来又读成"tē",现在的徐州人已经读成普通话的读音"tè"。

　　汉王朝全国性两汉文化,语言中除大多数使用汉语"雅言"①以外,西北地区使用维吾尔语、哈萨克语、吉尔吉斯语、乌兹别克语、土库曼语、阿塞拜疆语、土耳其语,欧洲的鞑靼语,即突厥语。

　　汉朝地域辽阔,各地习俗迥异。汉代徐州与齐、鲁、楚地区婚、丧、嫁、娶、

----

①　雅言,汉代全国通用,汉代关中地区岐山一带语言。

祭及春节、端午、中秋等节日庆典大体相同。

徐州两汉文化区域，绝大部分都是蒙古利亚人种，也就是俗称的黄种人，主要是蒙古人种，东夷楚汉民族；其肤色呈黄色或黄褐色。头发大多色黑且直而硬，部分人有轻微的卷发，少数为浅色发。胡须和体毛不甚发达；脸型有扁平的，还有窄长的。下巴不凸出，但是有些人较尖，有些则为较扁。颧骨突出。鼻宽度中等，鼻梁不高；唇厚适中，大多略向前突出；眼裂中等，眼球呈褐色，上眼睑褶发达，大多有内眦褶遮盖泪阜，眼外角一般高于眼内角。头骨上表现的特征是鼻尖点指数中等，眼眶较高。美洲印第安人面部不像亚洲的蒙古人种那样扁，鼻子的突出度也稍大。上门齿舌面的铲形结构也是黄种人的显著特征之一。徐州两汉文化区域内，在汉代绝大多数是汉族。

汉王朝全国有蒙古人种、马来人种、欧罗巴人种等。民族有人口占多数的汉族和人口占少数而相对集中的少数民族。汉朝的史书记载，当时甘肃河西走廊的乌孙人是"碧眼"。甘肃以西，除西伯利亚和北欧外，居民大多都是讲雅利安语的白人。

第三章　两汉遗风到如今

第一节　汉家陵阙

一、徐州西汉楚王陵墓群和东汉彭城王墓

1. 徐州西汉楚王陵墓群

西汉初,刘邦封同姓诸王于全国各地,在徐州境内,已确定为楚王墓 8 处:徐州市狮子山汉楚王墓及陪葬兵马俑坑、驮篮山汉楚王墓、小龟山汉楚襄王刘注墓、东洞山汉楚王墓、南洞山汉楚王墓、卧牛山汉楚王墓,位于铜山县的楚王山汉楚王墓群和北洞山汉楚王墓(见铜山县 21—B3 及其子目)。除楚王山汉楚王墓群外,其余均已发掘,都是大型岩洞墓。

(1)狮子山楚王墓及陪葬兵马俑坑(狮子山南坡、西坡及北侧·西汉)。1994—1995 年发掘,山顶有人工夯筑的封土,但破坏严重。墓葬凿山为藏,墓门南向。由墓道、天井、耳室、甬道、前室、后室等部分组成,全长 117 米,总面积 880 平方米。墓道内有一陪葬墓,两侧开凿耳室 3 个。东耳室为庖厨;西耳

室一为武库,一为储藏室。墓道之北为甬道,前部用双层双列共 16 块塞石封堵。甬道东侧有 4 个耳室,除一个未完成外,其余均作长条状。一为钱库,另两个为女性陪葬墓。甬道西侧有两个耳室,均为储藏室。甬道之北为前室,即主墓室,东侧有高出的棺床。最北为后室,系宴饮乐舞室。前、后室原为前堂、后寝,后因故调换了用途,可能是未及时完成之故,留有许多未完成的痕迹。

图 3-1　徐州楚王陵墓道

该墓虽早年被盗,但孑遗甚丰,出土有金缕玉衣(金缕被盗)片、镶玉漆棺(仅存玉棺片)、枕、璧、璜、佩、印以及银、铜、漆、骨、铁、陶器和石磬等各类遗物 2000 余件(套),仅"半两"钱就达 17 万枚之多。墓主为西汉早期的某代楚王。在楚王墓西侧为其兵马俑陪葬坑,它先于楚王墓被发现,并于 1984 年发掘。主坑区面积约 4000 平方米,有俑坑 4 条,即 1—4 号坑,在主俑坑西北有一马俑坑,已被破坏。1 号坑长近 27.7 米,底宽 1.25～1.4 米,深 1.05 米。2 号坑距 1 号坑南 4.9 米,长 27.5 米,底宽 1.4～1.6 米,深 1.03 米。陶俑保持出土时的状态。1 号坑中间以自然岩石为界分为前后两组兵阵,前阵为步兵,后阵前部为车兵,后部为徒兵。1 号坑后阵前面为驷马战车一乘,车上立一将军俑。两坑共发现兵马俑 2100 多件,均模制,兵俑高度在 25.5～54.0 厘米之间,表面施彩绘。3 号坑已探明,尚未发掘。4 号坑位于后(东)部,出土陶俑较少,均为仪卫俑。

(2)驮篮山楚王夫妇墓(驮篮山南麓·西汉)。1989—1990年发掘,共有墓葬2座,东西并列,相距140米,均凿山为藏,坐北朝南。1号墓位于西侧,总长53.74米,有13个墓室。甬道两侧凿出三组对称耳室。墓主男性。2号墓位于东侧,共有11个墓室,总长51.6米。甬道两侧凿有6个耳室。墓主女性。甬道内置双层双列塞石,其中1号墓置塞石五组20块,2号墓置三组12块,墓室中除了前堂、后室、耳室外,每座墓还设有单独的厕所、浴室、钱库、武库等。各室顶部依用途不同凿成平顶、两面坡、四面坡、盝顶四种形式。两墓早年均被盗,但仍出土各式铁质造墓工具,各类陶俑、石磬、铜铺首、铜轮、门臼、铁矛、甲片、灯、玉棒等近千件。墓主为西汉某代楚王夫妇。

(3)小龟山楚襄王刘注夫妇墓(小龟山西麓·西汉)。刘注(? —前117),为西汉第六代楚襄王,武帝元朔元年(公元前128年)即位,卒于元狩六年(公元前117年),在位12年。1981年、1982年和1992年发掘,为岩洞墓。两墓南北并列,相距20米,门西向,形制结构相同,均由墓道、甬道、耳室及墓室组成,两墓之间有门相通。墓道呈长条形,北墓道长20.9米,南墓道长21.6米,内填夯土。甬道作长隧道形,内填塞石,其中南墓墓道塞石为上下双列13组共26块。塞石上刻有位置编号及朱书文字等,墓口部塞石上有墓主人要求薄葬的刻铭。南墓为男性墓,北墓为其妻墓。两墓面积共600多平方米。出土器物主要有男女陶俑、陶马、陶盆、陶饼、铜弩机、"半两"钱币、"五铢"钱币、水晶带钩、"刘注"龟纽银印、车马器等。

图3-2 小龟山汉楚襄王刘注夫妇墓

(4)南洞山楚王夫妇墓(潘塘街道段山村南洞山·西汉)。墓葬开凿在半山腰,两墓东西并列,墓道相距 8 米,均为岩洞墓。正南北方向,早年被盗,墓口长期敞开,墓内已空无一物。1 号墓规模较大,全长近 90 米,由墓道、甬道、耳室、前室、后室、侧室组成。2 号墓位于 1 号墓西侧,结构与 1 号墓相同,但规模较小,由墓道、甬道、东西耳室及主室组成。1 号墓的耳室与 2 号墓的主室之间有长廊相连。该墓为西汉中、晚期的某代楚王夫妇的合葬墓。

(5)卧牛山楚王夫妇墓(卧牛山·西汉)。1980 年发掘。为岩洞墓。墓北向,由墓道、甬道、耳室、主室及侧室组成,全长 40 米,墓内面积 70 多平方米。墓道为斜坡形,长 18 米,前端宽 2 米,后端宽 1 米,深 6 米。甬道分为前后两段,中间有一耳室,甬道全长 11.8 米,宽 1 米,高 1.8 米,平顶。耳室长 5.9米,宽 3.6 米,顶高 3.2 米,两坡式顶,当为车马室。主室位于甬道后部,长 6.6米,宽 5.6 米,顶高 4 米,两面坡顶,地面铺石板,墓壁四周堆积大量板、筒瓦。主室发现人骨架一具,已散乱。侧室位于主室东,长 4 米,宽 3.8 米。该墓早年被盗,出土遗物较少,陶器有盆、猪圈,瓷器有瓿、罐,铜器有镇,"大布黄千"、"大泉五十"钱币,其他还有小玉环、无字玉印、玉口等。墓葬时代为新莽,墓主人当为第十二代楚王刘纡。

(6)东洞山楚王夫妇墓(东洞山·西汉)。又称石桥汉墓,占地约 3000 平方米。共有墓葬 3 座,均为岩洞墓。1 号墓位于中间,早年被盗,由于墓壁上刻有明代造像,故志书上称其为"仙人洞"。1982 年发掘。1 号墓由墓道、甬道及 7 个墓室组成,全长约 61 米,最宽处 16.5 米,墓内面积 210 平方米。出土铜釜、玉璧、玉衣片等。2 号墓位于 1 号墓北侧,1982 年发掘,亦由墓道、甬道及墓室组成,但规模较小,平面呈刀形,甬道尽端仅有一个墓室,甬道前端以两块塞石叠压封堵。漆木棺已朽,出土"明光宫"铜钟、铜鼎、灯、盘、博山炉、勺、鎏金沐器、铁器、陶器、玉璜、佩、环、滑石器及大量漆器的铜银扣件等共计 167 件。3 号墓位于 1 号墓南侧,1997 年 7 月发掘,该墓仅凿出部分甬道,未完工,出土器物有漆奁盒、铜镜等。墓主为西汉中期某代楚王夫妇墓。

(7)拉犁山汉墓(南郊屯里村南拉犁山西坡台地上·东汉·全国重点文物保护单位)。有石室墓 3 座,其中 3 号墓已被破坏,1 号、2 号墓分别于 1985 年和1988年发掘。1号墓封土长29米,宽21米,存高5米,墓门北向,以双扇石门封堵,墓室全长15米,最宽10米。由前室、前室东西耳室、中室、中室西耳室、侧室、侧室东耳室、后室及回廊计九室一回廊组成,总面积60多平方米,出土铜耳杯、石质六博棋盘、"五铢"钱币、琥珀蝉、玉猪、水晶珠、铁剑、金银饰件及铜缕玉衣等近百件。2号墓与1号墓相踞约20米,由前室、南北耳室、中室及后室计5个墓室组成,面积约30平方米。随葬品有陶壶、奁、耳杯、盘、案、猪圈、井、灶、磨、楼、鸡、鸭、猪、狗、九枝灯、玉猪、骨尺、铜铺首等共100余件。在墓门、门楣及前后室顶部发现画像石11块,为浅浮雕。画像内容为九头兽、铺首、四神、莲花等。

2. 东汉彭城王墓

东汉彭城王墓,也称土山汉墓(彭城路南端土山·东汉·省文物保护单位)。土山位于徐州博物馆北侧。《魏书·地形志》《水经注》及方志等记载土山为高冢戍、亚父冢、范增墓。传说范增助项羽推翻秦王朝,深得士卒爱戴,死后士卒为其负土筑墓,所以土山是"掬土成山"的简称,实际上土山是东汉某代彭城王的陵墓。土山东汉彭城王墓包含三座大型墓葬。1号汉墓位于土山封土的西北部。1969年发现,出土随葬品近百件,有银、铜、铁、陶、漆及玉、石珠饰等类,包括一具较完整的银缕玉衣。2号汉墓位于封土的中部,2004年经国家文物局批准,南京博物院和徐州博物馆对其进行正式考古发掘。3号墓位于土山西北,2002年徐州博物馆发掘,墓葬在山岩上凿出深坑,再用巨石和特制的大砖砌成。3号墓由长的斜坡墓道、甬道和墓室组成。墓室长、宽均约17米,有前室、左右耳室和后室。墓葬已被严重盗掘,仅出土少量陶器和大量西汉、东汉封泥。

3. 徐州东汉贵族墓

(1) 双孤堆古墓葬(姚集镇蛟龙村东·东汉·省文物保护单位)。因平地凸起两个土堆而得名。覆斗形封土,东西排列,相距约250米。1号墓居西,高20米,顶部边长约80米,地表散存绳纹陶片。2号墓居东,高15米,顶部边长约50米,地表有绳纹陶片和宋代瓷片。两墓均经夯筑,夯层厚0.2~0.3米。

（2）王陵母墓。徐州市区南部有一条王陵路，沿路西行，可到达燕子楼公园北门。进门左拐有一座隆起高约4米，东西长约50米，南北宽30余米的土堆。1998年夏天曾对封土进行过探掘，证明其为汉墓封土。封土为夯筑而成，其为红土、黄土及夹杂瓦片的灰土相间，与土山汉墓的封土基本相同，应为一大型汉墓。该封土堆历来相传为西汉安国侯太傅右丞相王陵母亲之墓。《铜山县志》记载：明嘉靖年间御史朱衣曾在王陵母墓前立"汉安国候太傅右丞相王陵母之墓"石碑，清康熙五十八年（1719年）淮徐同知孙回渝在墓门前建有牌坊，清嘉庆四年（1799年）淮徐海道康基田重修茔墓，并立有碑记，"文化大革命"中均被毁。20世纪80年代重修，墓地设有汉白玉墓碑、花岗岩牌坊和青石平台，封土顶部有亭，周围松柏苍翠，象征着王母宁死不屈的高尚气节。墓前重立"汉安国候太傅右丞相王陵母之墓"石碑。1985年徐州市人民政府批准为市级文物保护单位。

（3）云龙汉墓（云龙公园北门内·东汉·市文物保护单位）。为一大土堆，东西长50米，南北宽30米，存高3～4米，地表见有板瓦、筒瓦及陶片等。1998年夏曾进行过探掘，证明其为汉墓封土，夯筑方法为一层黄土一层瓦渣，与土山汉墓基本相同，当为一大型东汉墓。历来讹传为西汉安国侯太傅右丞相王陵母亲之墓，曾立碑，建牌坊，"文化大革命"中被毁。

（4）华祖庙及华佗衣冠冢（石磊巷20号·清代·市文物保护单位）。华佗（？—208），字元化，东汉末年沛国谯（今安徽亳县）人，精通医术，曾游医徐方，深受徐州人民的尊敬。相传华佗被曹操杀害后，其弟子徐州人樊阿将其首级偷运回徐州埋葬。明永乐初修华佗衣冠冢，墓为石砌，高1.35米，周长18米，墓前有"后汉神医华祖之墓"，并立有四个石刻侍者及香炉。后于墓旁建华祖庙，清代重建，为青砖合瓦的四合院式，有大殿3间、配房6间，大殿东向，面阔三间12米，进深8.4米，高6米，封火山墙。庙内有石碑3方，有"后汉神医华佗之墓"、辛亥革命重修华佗墓碑文等。1995年建海云大厦时拆除。

（5）白集汉画像石墓（青山泉镇白集村·东汉·全国重点文物保护单位）。1965年发掘，封土长约30米，宽约25米，高近3米，周围有石砌墓垣。墓前有供后人祭祀的残破祠堂，石砌，面阔2.19米，进深1.5米，原为两面坡顶,现仅存高 1.98 米的山墙,上面刻有画像。墓葬分前、中、后三主室,另中室附左、右两耳室,后室又分为东、西室。墓南向,墓室全长 8.85 米,宽 2.13～3.9米,高 2.37～3.15 米。墓室均为石砌,叠涩顶结构,地面亦铺石板。祠堂及墓室发现 24 块画像石,其内容可分为两大类:一是反映现实生活的宾主宴饮、车马出行、歌舞娱乐等;二是反映仙(天)界的珍禽异兽、神话传说等。雕刻技法为浅浮雕。该墓早年曾遭盗掘,墓中仅见东汉时期的剪边"五铢"钱币及少量陶器碎片。

(6) 茅村汉画像石墓(茅村镇茅村凤凰山东麓·东汉·全国重点文物保护单位)。1952 年发掘。墓系青石砌成,墓门东向,由前、中、后室,北侧的三个侧室,南侧的一个长廊组成。全长 10.4 米,最宽处 6.9 米。墓的前、中两室以刻有画像的青石垒砌,叠涩顶结构,条石铺地。共有画像石 18 方,内容有车马出行、仙人戏兽、百戏杂技、楼阁阙观等,其中前室门额为一块长 2.06 米的车马出行图,十分壮观。墓前室北壁右上角刻有"熹平四年四月十三日酉",证明墓葬建于东汉灵帝熹平四年(175 年),未发现有随葬品。

二、徐州两汉文物、建筑遗存

徐州出土的汉代文物种类繁多,主要有玉器、金银器、铜器、铁器、陶器、石器、牙骨器、化石等,其中尤以汉玉、汉俑和汉画像石最为典型。

1. 徐州两汉文物

徐州两汉文物繁多,徐州两汉文物中以汉玉为最。徐州的汉玉代表了我国汉代玉器的最高水平。在玉材上,基本都是新疆和阗白玉,晶莹温润。在工艺上,其设计、制作、抛光都堪称一流。在用途方面,礼仪、装饰、生活和丧葬用玉种类齐全。特别是丧葬用玉,狮子山出土的玉棺、金缕玉衣,九里山出土的银缕玉衣和拉犁山出土的铜缕玉衣等都是当之无愧的国宝,观者无不叹为观止。

(1) 汉玉。徐州出土的汉代玉器数量多、种类全、工艺精湛、玉质精美,是我国目前已出土汉代玉器数量最多的地区之一。尤其是徐州楚王墓中出土玉器代表了我国汉代玉器的最高水平。在玉材上,基本都是新疆和阗白玉,晶莹温润。在工艺上,其设计、制作、抛光都堪称一流。在用途方面,主要是礼仪、装饰、生活和丧葬用玉。特别是丧葬用玉,狮子山楚王陵出土的玉棺、金缕玉衣,九里山汉墓出土的银缕玉衣和拉犁山汉墓出土的铜缕玉衣等都是国之重器。狮子山楚王陵出土的金缕玉衣由4000多块玉片组成,是我国时代最早、玉片最多、玉质最好、工艺最精的金缕玉衣。

(2)汉陶俑。徐州出土的汉代陶俑种类极其繁多,从狮子山气势不凡的兵马俑,北洞山须眉毕肖、纤细入毫的彩绘仗卫俑,驮篮山、北洞山的袍舞俑、绕襟衣襟名舞俑、抚琴、击磬、敲钟俑等乐舞俑,到"家奴院工"等杂役俑,是汉代楚国(彭城)从军队、乐舞到炊厨宴饮的直观反映,具有极高的艺术价值。

徐州出土的陶俑主要集中在狮子山楚王陵及陪葬墓、北洞山楚王陵及陪葬墓、驮篮山楚王夫妇陵墓和龟山第六代楚王刘注夫妇陵墓、后楼山汉墓等10余座汉墓。其中较为重要的有1984—1985年发现并发掘的徐州东郊狮子山西汉兵马俑,藏俑量高达4000余件,目前出土保护陶俑2600余件,成为我国继陕西咸阳杨家湾彩绘兵马俑群和临潼秦始皇兵马俑坑之后的第三次重要考古发现。1986年9月至12月,发掘的徐州北洞山楚王陵出土各式陶俑422件。徐州出土的汉代陶俑种类繁多,具有代表性的有狮子山楚王陵出土的兵马俑,北洞山楚王陵出土的彩绘仗卫俑,驮篮山、北洞山楚王陵出土的搴袍舞俑、绕襟衣舞俑和乐舞俑等。

(3)汉画像石。徐州的西汉晚期至东汉的墓葬、祠堂、门阙都以装饰画像的石块砌建。这些石刻画像被称为画像石,鲁迅先生称赞为"气魄浑沉雄大",内容非富,这些反映汉代人思想、文化、艺术等思想意识的画像,神奇浪漫,天上的神仙世界、神话传说和祥禽瑞兽无所不至,画像石主要还是反映汉代现实生活的内容,举凡贵族生活中车马出行、宾主宴饮、游射田猎、博弈、乐舞百戏、击剑比武等,平民生活中的牛耕、纺织、庖厨甚至纺织"哺乳不下机"都有对汉代社会真实的反映。

徐州是中国汉画像石的集中分布地之一,目前徐州地区出土汉画像石700余块。徐州汉代画像石题材广博、内容丰富,反映现实生活的题材有车马出行、对博比武、舞乐杂技、迎宾待客、庖厨宴饮、建筑人物、男耕女织等,反映神话故事的内容有伏羲、女娲、炎帝、黄帝、东王公、西王母、日中金乌、月中玉兔等,表示祥瑞吉祥的图案有青龙、白虎、朱雀、玄武、麒麟、九尾狐、二龙穿璧、十字穿环等。徐州汉画像石中的牛耕图、纺织图、九仕图、迎宾图、百戏图及八米长卷押囚图,堪称艺术珍品,是研究、鉴赏汉代社会生活、艺术的"绣像百科全书"。

2. 徐州两汉建筑遗存

(1) 戏马台遗址(户部山上·楚汉—清·国家文物保护单位)。位于户部山上。户部山在明以前曰南山。

戏马台为西楚霸王项羽定都彭城后检阅士兵操练的地方。东晋建有台头寺,明代改为三义庙,明代兵备右参政莫与齐续建"戏马台"碑亭,亭为六边形,重檐琉璃瓦顶,亭内有明万历十一年(1583年)立"戏马台"石碑,莫与齐手书。1987年市政府对戏马台进行重新规划建设,新增景点30余处。景区内布局严谨,以风云阁为界,南半部为陈列区,以庭院式展厅为主调,北半部为园林浏览区。陈列区东为"楚室生辉"院,西为"秋风戏马",展室内以砖刻、石刻、壁画和文字图表陈述了项羽从吴中起兵到乌江自刎的一生。东院雄风殿前立有项羽石雕像。园林区由追胜轩、集萃亭、系马桩、乌雅槽、曲廊组成。追胜轩、集萃亭内镶嵌有百余块历代名人歌咏戏马台的诗词石刻。

图 3-3 项羽戏马台

（2）汉代采石场遗址（中山南路和和平路交界处·东汉·全国重点文物保护单位）。汉代采石场遗址位于徐州市中山南路和和平路交界处,南临云龙山,东为徐州博物馆和市级文物保护单位乾隆行宫。2004 年 5 月,共发现采石坑 68 处,其中已开采的空坑 63 处,石坯坑 5 处,另有刻字 1 处、石渣坑 1 处、墓葬 2 座等。遗址南北长 200 米、东西宽 150 米,面积约 30000 平方米。清理的采石遗迹主要分布在南部 15000 平方米内。遗址区采石坑现存规划保护面积东西长 70 多米,南北宽 60 多米,面积 4300 多平方米,分布密集,采石量多,是目前国内发现的唯一一处汉代采石场遗址,也是我国古代(汉唐之前)唯一一处采石遗址。2006 年 5 月被国务院核定为国家级文物保护单位。

（3）石户城遗址（柳泉镇石户城村城山·战国—汉·省文物保护单位）。遗址依山筑城,南面以山为屏障,另三面筑有城墙。城址平面呈长方形,东西长约 500 米,南北宽约 600 米,残高城墙约 1.5～2.0 米,北城墙宽约 40 米,东、西城墙宽约 30 米,均夯土筑成。城墙外为护城河,宽约 8～10 米。辟三门,北门、东门、西门,今已不存。在城内发现楚国的"蚁鼻钱"和铜箭镞,以及汉代筒瓦、板瓦、瓦当等残片。城垣夯土上发现东汉墓葬。故城址下限为西汉。

（4）大风歌碑（省文物保护单位）。大风歌碑是汉高祖十二年(公元前 195 年),刘邦平定淮南王英布后途经沛县,与父老乡亲欢宴,击筑而歌:"大风起兮云飞扬,威加海内兮归故乡,安得猛士兮守四方!"沛人勒石纪念。无首、座,仅残存上部,为大篆体。碑高 1.7 米,宽 1.23 米,存碑文 20 字,所存文字竖排右起,共四行。第一行为"汉高祖皇帝",第二行为"大风起兮云",第三行为"加海内兮归",第四行为"得猛士兮守"。下部所缺 9 字至今未发现。据民国《沛县志》载:碑上篆文,像钟鼎形,长径尺,阔八寸。相传为蔡邕书,另一说为东汉曹喜书。其旁立元大德十年(1306 年)摹刻碑,高 2.85 米,宽 1.28 米。此碑可佐证汉碑的高度,还可知摹刻时汉大风歌碑尚完整,碑均青石质,现存新建歌风台内。

第二节 传承汉风

徐州非物质文化遗产丰厚,仅省级、国家级非物质文化遗产保护项目就达42项,其中代表性的汉文化非物质文化遗产有以下几项。

一、徐州香包

国家级非物质文化遗产项目徐州香包。香包,又称"香囊"、"香缨",俗称"香布袋"、"料布袋"。

汉乐府长诗《孔雀东南飞》中有"红罗覆斗帐,四角垂香囊";汉代《礼记》有云:"男女未冠笄者……衿缨皆陪容臭"。"容臭"即香包,说明汉代未成年的男女都是佩戴香包的。徐州是两汉文化的发祥地,因此可以推断,汉代徐州已经出现香包。当时的香包是用丝质锦绣,内储茅香根茎或掺拌辛夷等香料。经数千年的发展演变,逐渐形成了具有徐州地方特色的徐州香包工艺。徐州香包在造型上多种多样,以新、奇、美、真为特色,形状敦实淳朴,色彩对比强烈,立体造型仿生肖栩栩如生,绘画则形象逼真,呼之欲出,有较高的观赏、收藏和实用价值。从内容上看,多以喜庆吉祥题材为主,如龙凤呈祥、鸳鸯戏水、松鹤延年、喜鹊闹梅等,寄托着人们祈求祥瑞、辟邪纳福、丰衣足食的美好愿望。从题材上看,不同时期有不同的题材,如古代的戏曲人物脸谱、布袋和尚(招财)、麒麟送子、两汉文化等为题材的作品。徐州香包整体上生动、简洁、粗犷、质朴,极具装饰性,局部刺绣恭谨细腻,相得益彰,神形兼备,惟妙惟肖。这与徐州本地汉画像石的艺术造型风格颇有神似。

徐州有一批制作香包的艺人,较著名的有王振霞、郝巧玲、井秋红、杨雪梅、孟宪云、冯宪花、李清富、佚名、冯瑞珍等。她们的作品都曾在国家、省、市级各类比赛中获奖。但随着农耕文明的逐渐转型和削弱,传统民俗日益淡化,现今掌握传统香包技艺的民间艺人屈指可数,部分地区已出现"断流"。

图 3-4　徐州香包

二、汉代蹴鞠

蹴鞠,汉代以前称蹋鞠。据史籍记载:战国时齐国首都临淄蹋鞠盛行,"其民无不吹竽,鼓瑟,蹋鞠者"①。"蹴鞠者,蹴亦蹋也。"②汉初蹋鞠、蹴鞠两词并用,以后才统一用"蹴鞠"一词。汉代的鞠球是实心球,汉代的鞠是以韦为之,实以物,有了较为标准的做法,西汉文人扬雄在《法言》一书中谈到法规对于社会的重要性时说:"断木为棋,挽革为鞠,亦有法焉。"③汉代在皮革里实以物,还用毛纠结为之,毛丸谓之鞠,唐代后才用充气鞠球,唐人徐坚《初学记》中说:"鞠即球字,古用毛纠结为之,今用皮,以胞为里,嘘气闭而蹴之。又蹴鞠之处曰球场,胜者所得曰求采。"④由于器物的改进,鞠便改为球,蹴鞠便改为蹴球。

汉画像石《舞乐白戏图》中就有蹴鞠舞表演,汉化像石有很多蹴鞠石刻。《击剑蹴鞠图》把剑舞和蹴鞠舞集中在一起,出土于河南《舞乐》。汉化像石是

---

① 《战国策》。
② (西汉)刘向:《别录》。
③ (西汉)扬雄:《法言》。
④ (唐)徐坚:《初学记》。

两人蹴鞠舞表演,河南出土的汉化像石《舞乐百戏》、《鼓舞》、《击鼓蹴鞠图》,说明汉代用鼓和其他乐器来伴奏蹴鞠舞。东汉人李尤写的《鞠城铭》文章虽短,但很能反映汉代蹴鞠特点:"员鞠方墙,放象阴阳,二六向当,建长立平,其列有常。不以亲疏,不有阿私。端心平意,莫怨其非。鞠政犹然,况乎执机。"①这段话反映天人合一的思想,注重阴阳平衡,效法一年 12 个月设计出了两边共 12 个蹴鞠室,一方 6 个鞠室,效法二十四节气,场上比赛人员共 24人。汉代球场也叫鞠城,西晋文人《鞠歌行序》中有:后汉马防第宅卜临道,连阁、通池、鞠城,弥于街路。马防是东汉开国重臣马援的儿子、汉明帝刘庄的大舅子,家中建鞠城弥于街道。

图 3-5　汉画像石《蹴鞠图》

汉代蹴鞠用于军队士兵训练,并形成了完善的比赛体系,有裁判和法规。《蹴鞠 25 篇》中有各种规定,可惜失传了。"蹋鞠,其法律多微意,皆因嬉戏以讲练士,今军士羽林无事,使得蹋鞠。"②何宴在《景福殿赋》中说:"二六对陈,殿翼相当,察解言归,譬诸政刑,将以行令,岂唯娱情。"③

---

① （东汉)李尤著:《鞠城铭》。

② 《七略》。

③ （曹魏)何宴:《景福殿赋》。

"骠骑将军霍去病,为人少言不泄,其在塞外,乏粮或不能自振,而骠骑尚穿域蹋鞠,事多此类。"①东汉人服虔注解说:穿地做鞠室也。东汉人荀悦在《前汉纪惠帝》中记载吕后残害戚夫人的事,使居鞠室中。说明汉刘邦时期就出现蹴鞠室了,蹴鞠室是容纳射入鞠的室,比赛时有一人把守,屋势如鸟翼。

刘邦父亲去长安后不快乐,刘邦问知,其父平生所好沽酒斗鸡蹴鞠,今无有,故不乐,高祖乃做新丰(现在西安新丰镇)。"汉成帝好蹴鞠,群臣以蹴鞠为劳体,非至尊所宜。帝曰:可择而不劳而为之,刘向模仿汉军队蹴鞠做弹棋,帝大悦。"②

三、汉代乐舞

汉代有专门的乐舞管理机构乐府,一方面,开辟陆路丝绸之路,打通了中外乐舞文化交流的渠道,为汉代乐舞的繁荣铺平了道路;另一方面,广泛收集了战国以来各地区的民间诗歌乐舞,为汉代乐舞艺术发展起到了推动作用,从而促使汉代乐舞的兴盛。汉代是以俗乐的兴盛为标志的朝代,汉代宫廷雅乐在继承"楚声"和吸取先秦音乐艺术的基础上,通过乐器演奏技巧的不断提高和乐器的改革,更加丰富了乐队的表现能力。

1. 汉代乐舞管理机构

西汉的乐舞机关,分为两大机构:一为太乐,一为乐府。其中太乐掌管雅乐,乐府则兼掌俗乐和部分雅乐,两大机构因袭秦代。"自周衰,官失而百职乱,战国并争,各变异。秦兼天下,建皇帝之号,立百官之职。汉因循而不革,明简易,随时宜也。其后颇有所改。"③

太乐的长官为太乐令,是太常的属官。太常又称为奉常,为汉"三公九卿"中九卿之一。"奉常,秦官,掌宗庙礼仪,有丞。景帝中六年更名太常。属

---

① 《史记·卫将军骠骑列传》。
② (晋)葛洪:《西京杂记》。
③ 《汉书·百官公卿表》。

官有太乐、太祝、太宰、太史、太卜、太医六令丞。"①其职能是掌管雅乐的演奏。

汉初的礼乐之制,多出自叔孙通之手。叔孙通是因为制定朝仪而被封为奉常。作为掌管宗庙礼仪的最高官吏,他不仅制礼,还进行了一番作乐的工作。"汉兴,乐家有制氏,以雅乐声律世世在大乐官,但能纪其铿锵鼓舞,而不能言其义。"②先秦雅乐的流传,正是依赖代代相传的太乐官。可见,掌管雅乐的官署早在先秦时期就存在了,如《周礼·春官宗伯·大司乐》中就有大司乐官职的设置,就是掌管"六代之乐"的演奏并"以乐语教国子"。然而叔孙通以秦代残存的雅乐为基础,制作了新的宗庙乐。"高祖时,叔孙通因秦乐人制宗庙乐。大祝迎神于庙门,奏《嘉至》,犹古降神之乐也。皇帝入庙门,奏《永至》,以为行步之节,犹古《采荠》、《肆夏》也。乾豆上,奏《登歌》,独上歌,不以管弦乱人声,欲在位者遍闻之,犹古《清庙》之歌也。《登歌》再终,下奏《休成》之乐,美神明既飨也。皇帝就酒东厢,坐定,奏《永安》之乐,美礼已成也。"③当然,叔孙通为适应时代要求所作的雅乐,与先秦时以钟鼓、石磬等打击乐器为主的大型雅乐已经不同,他所作的宗庙乐,以管弦类乐器演奏为主。

除叔孙通作的宗庙乐外,西汉各代君主驾崩之后,各庙所奏之乐亦可视为雅乐。"高庙奏《武德》、《文始》、《五行》之舞;孝文庙奏《昭德》、《文始》、《四时》、《五行》之舞;孝武庙奏《盛德》、《文始》、《四时》、《五行》之舞。《武德舞》者,高祖四年作,以象天下乐己行武以除乱也。《文始舞》者,曰本舜《招舞》也,高祖六年更名曰《文始》,以示不相袭也。《五行舞》者,本周舞也,秦始皇二十六年更名曰《五行》也。《四时舞》者,孝文所作,以示天下之安和也。盖乐己所自作,明有制也;乐先王之乐,明有法也。孝景采《武德舞》以为《昭德》,以尊大宗庙。至孝宣,采《昭德舞》为《盛德》,以尊世宗庙。诸帝庙皆常奏《文始》、《四时》、《五行舞》云。高祖六年又作《昭容乐》、《礼容乐》。《昭容》者,犹古之《昭夏》也,主出《武德舞》。《礼容》者,主出《文始》、《五行舞》。舞

---

① 《汉书·百官公卿表》。
② 《汉书·礼乐志》。
③ 《汉书·礼乐志》。

人无乐者,将至至尊之前不敢以乐也;出用乐者,言舞不失节,能以乐终也。大抵皆因秦旧事焉。"①汉代宗庙乐,属雅乐系统,有新创和因袭两种。汉初新作,如高祖四年作《武德舞》,高祖六年作《昭容乐》、《礼容乐》,汉文帝时作《四时舞》;因袭先秦六代之乐而更改其名的,如《文始舞》原为舜时所作的乐舞《大韶》,高祖六年更名为《文始》,《五行舞》原周舞,孝景帝元年更名为《五行》(魏文帝时又将《五行》更名为《大武》)等。

汉初雅乐的来源,按王国维的说法,有三种:一是叔孙通因袭秦人所作的宗庙乐;二是"仅能记其铿锵鼓舞"的先秦雅乐;三是河间献王刘德所献的雅乐(存于太乐署中,很少使用)。"是时,河间献王有雅材,亦以为治道非礼乐不成,因献所集雅乐。天子下大乐官,常存肄之,岁时以备数,然不常御,常御及郊庙皆非雅声。"②

秦代已经有乐府机关的设立,雅乐衰微,俗乐兴盛。西汉初期则继承下来。"孝惠、孝文、孝景无所增更,于乐府习常隶旧而已。"③"高祖乐楚声,故《房中乐》楚声也。孝惠二年,使乐府令夏侯宽备其箫管,更名曰《安世乐》。"④汉代官署多因袭秦制,乐府是因袭秦代而来。"少府,秦官,掌山海池泽之税,以给共养,有六丞。属官有尚书、符节、太医、太官、汤官、导官、乐府……"⑤"秦汉奉常属官有太乐令丞,又少府属官有乐府令丞。"⑥汉武帝始立乐府的最早文献记载:"至武帝定郊祀之礼……乃立乐府,采诗夜诵,有赵、代、秦、楚之讴。以李延年为协律都尉,多举司马相如等数十人造为诗赋,略论律吕,以合八音之调,作十九章之歌。"⑦颜师古注曰:"始置之也。乐府之名盖起于此,哀帝时罢之。"

汉武帝"乃立乐府"有两层意思:一是扩大乐府的职能及人数,"昔余在孝

---

① 《汉书·礼乐志》。
② 《汉书·礼乐志》。
③ 《史记·乐书》。
④ 《汉书·礼乐志》。
⑤ 《汉书·百官卿表》。
⑥ 《唐六典》。
⑦ 《汉书·礼乐志》。

成帝时任乐府令,凡所典领倡优伎乐,盖有千人之多也"①。汉成帝时乐府有千人之多,由此推测出武帝时的人员设置绝不会少于此数。二是乐府的设置地点。"今汉郊庙诗歌,未有祖宗之事,八音调均,又不协于钟律,而内有掖庭材人,外有上林乐府,皆以郑声施于朝廷。"②武帝建元三年在秦上林苑的基础上扩建上林苑,乐府位于城外的上林苑内,约在直城门西,建章宫北,毗邻平乐观。至于乐府的职能,"太乐令、丞所职,雅乐也;乐府所职,郑卫之乐也"③,说乐府所职掌音乐均为俗乐。汉初郊祀不兴,到汉武帝时方大兴郊祀之事。"其春,既灭南越,嬖臣李延年以好音见。上善之,下公卿议,曰:'民间祠有鼓舞乐,今郊祀而无乐,岂称乎?'"④汉武帝重新设立乐府机关就是为了解决郊祀。"至武帝定郊祀之礼,祠太一于甘泉,就乾位也;祭后土于汾阴,泽中方丘也。乃立乐府,采诗夜诵,有赵、代、秦、楚之讴。以李延年为协律都尉,多举司马相如等数十人造为诗赋,略论律吕,以合八音之调,作十九章之歌。以正月上辛用事甘泉圆丘,使童男女七十人俱歌,昏祠至明。夜常有神光如流星止集于祠坛,天子自竹宫而望拜,百官侍祠者数百人皆肃然动心焉。"⑤虽然用于郊祀的音乐不是为了观赏,而是用于祀神,但时人并不视其为雅乐。"郊庙皆非雅声。""今汉郊庙诗歌,未有祖宗之事,八音调均,又不协于钟律,而内有掖庭材人,外有上林乐府,皆以郑声施于朝廷。"⑥

乐府活跃于西汉历史上百年,汉哀帝时"诏罢乐府"。这与汉哀帝个人不喜欢音乐有关,而且乐府的很多职能也与太乐等音乐机关的一些职能相重复,国家没有更多的钱供养乐府内的官吏乐人,促成了汉哀帝对乐府的罢黜。"绥和二年,哀帝省乐府。"⑦汉哀帝虽然罢黜了乐府,但保留了乐府中的郊祭

① (西汉)桓谭:《新论·离事》。
② 《汉书·礼乐志》。
③ 《汉书艺文志考证》卷八。
④ 《史记·封禅书》。
⑤ 《汉书·礼乐志》。
⑥ 《汉书·礼乐志》。
⑦ 《汉书·百官志表》。

乐及古兵法武乐,所谓的"别属他官"就是将其归于太乐的领属之下。①

汉哀帝罢黜乐府之后,东汉仅有管理雅乐的太乐署被继承下来,只不过在汉明帝永平三年,按图谶被改称为太予乐。"永平三年,秋八月戊辰,改大乐为大予乐。"②"大予乐令一人,六百石。本注曰:掌伎乐。凡国祭祀,掌请奏乐,及大飨用乐,掌其陈序。丞一人。"③《隋书·音乐志》载:"汉明帝时,乐有四品,一曰大予乐,郊庙上陵之所用焉。则《易》所谓'先王作乐崇德,殷荐之上帝,以配祖考'者也……"④《宋书·乐志》认为:"蔡邕论叙汉乐曰,一曰郊庙神灵,二曰天子享宴,三曰大射辟雍,四曰短箫铙歌。"⑤均出自蔡邕的《礼乐志》。汉乐四品的记载,以《东观汉记·乐志》记载的时间最早,最详细。其内容多来自蔡邕的《礼乐志》。一品是大予乐,典郊庙、上陵殿诸食举之乐。二品是周颂雅乐,单独列出,以区别太予乐中所包括的雅乐。三品是黄门鼓吹,皇帝宴饮群臣时所奏,为俗乐。自汉哀帝罢黜乐府后,没有文献记载有继承乐府管理俗乐的音乐机构设立。"黄门鼓吹百四十五人。羽林左监主羽林八百人,右监主九百人。"四品是短箫铙歌,为黄门鼓吹的一种。⑥

总之,汉代乐舞机构虽然经历了数次变化,但大体上不出主管雅乐的太乐和监管雅俗乐的类似于乐府的机构存在。其中乐府的建立为音乐的发展提供了良好的条件,同时,在后世流衍而为中国诗歌史上的一大文学体裁,在诗与乐的交融之中大放异彩。

2. 汉代音乐

(1) 汉代器乐

汉代乐器吹奏乐器,如埙、排箫、笙、笛等;弦乐器,如琴、瑟、箜篌等;打击乐器,如建鼓、鼗鼓、筑、节。汉代重音乐,利用各种物质材料制作乐器"八音"

---

① 《汉书·礼乐志》。
② 《后汉书·明帝纪》。
③ 《后汉书·百官志(二)》。
④ 《隋书·音乐志》。
⑤ 《宋书·乐志》。
⑥ 《东观汉记·和熹邓皇后传》。

者,即指金、石、丝、竹、匏、土、革、木。金(青铜)为钟,石为磬,琴瑟为丝,箫管为竹,生竽为匏,埙为土(陶),鼓为革(以革),柷敔为木。其中鼓声最大,有很强的震撼力。

汉代器乐演奏的表现形式为:独奏、合奏与伴奏。在陶俑和汉画像石中,各种音乐表现形式大都离不开器乐的演奏与伴奏,尤其伴奏是乐舞以及杂技百戏表演所必备的,汉代器乐演奏在民间音乐文化中起到举足轻重的作用。伴奏乐队多以丝竹乐器为主,其规模及人数根据墓主人的身份和经济实力的不同而异。在歌、舞、百戏共同构成的宏大场面中,器乐演奏为更好地表现乐舞百戏,烘托气氛,起到了重要的作用,如沂南画像石墓的百戏乐队非常壮观,乐人们排列成行坐在长席上,使用各种乐器演奏美妙的乐曲。可识别的乐器有排箫、铙、埙、琴、笙等。

(2) 诗歌

汉代诗歌,能唱。如今曲谱大部分已失传,后人撰写,唯歌词流传下来。今从标题上,依然可以看出合乐的痕迹,很多标题上有歌、行、吟、曲、乐、弄、操、引等字眼,都是合乐的乐府诗。两汉乐府诗的特色,在于"感于哀乐,缘事而发",故多长篇的叙事诗,如《陌上桑》(讽刺上层社会之丑态)、《孤儿行》、《孔雀东南飞》(描述爱情、家庭悲剧)等。《汉书·食货志》中记载,周朝朝廷派出专门的使者到全国各地采集民谣,由周朝史官汇集整理后给天子,目的是了解民情。《汉书·郊祀志》那里有许多歌曲,如《天马歌》、《安世房中歌》、《大风歌》、《秋风辞》、《出塞》等。汉代只要有诗就会有歌,诗歌不分开。

3. 汉代舞蹈

以建鼓舞、踏鼓舞、长袖舞、七盘舞等为代表的舞蹈形式,在中国文化艺术史上具有里程碑的意义,它对中华民族乐舞的发展有着深远的影响。

(1) 建鼓舞

建鼓,是指大鼓。建鼓常用于隆重的仪式场面,可以合奏,也可以单独表演。其形式是以大鼓"空径为方孔,贯柱其中而树之",柱上饰以华盖,顶饰金鸾,柱下有四足饰以猛兽。

首先,建鼓顶端的装饰。各种流苏羽葆丰富多彩,华丽无比,立柱顶端还有华盖作饰,立柱顶端和流苏上饰祥鸟,既是装饰,也是标志。《隋书·音乐志下》曰:"建鼓,殷所作。又栖翔鹭于其上,不知何代所加。或曰,鹄也,取其声扬而远闻。或曰,鹭,鼓精也。《诗云》:'振振鹭,鹭于飞。鼓咽咽,醉言归。'言古之君子,悲周道之衰,颂声之息,饰鼓以鹭,存其风流。未知孰是。"《汉书·礼乐志》臣瓚注:"乐上众饰有流溯(苏)羽葆,以黄金为支,其首敷散,若草木之秀华也。""流苏"是丝绸制成,"羽葆"是用鸟尾美丽的羽毛制成。

图3-6　徐州市铜山区出土的建鼓汉画像石

　　其次,鼓的跗足形制更具艺术性和多样化。汉代建鼓的雄浑大气和精湛工艺,尽在鼓跗中得以充分体现。鼓跗的形制既有方板形、十字形、案足形、梯形、半椭圆形等几何类的形状,更有精美的兽形跗。造型有虎形、羊形、马形、龙形、玄武形等。兽形跗以虎形较多,汉画上的虎形跗形象极其生动,张牙舞爪,极具夸张,亦有温顺的家养虎形象。龙形跗刻画的形式与虎形跗基本相似,吐舌摇尾,动感极强。羊形跗一般都较为温顺,与鼓舞之人的张扬之势形成较大的反差对比。制作鼓跗的材料应有青铜、木材、石料等多种,尤其是青铜兽形跗,可铸花纹、嵌宝石、镶金错银,更显华贵威武。再次,建鼓旁置的乐器更加琳琅满目,进一步丰富了鼓乐之声,同时也为鼓手展示舞姿、表演绝技提供了有利的条件。从画像上看,这些附属乐器多数刻画在建鼓的左右,还有的悬于建鼓顶端的横杆上,立于鼓座的跗足上,放置于地面上等。《诗经·有瞽》郑笺:"小鼓,在大鼓旁。"《宋书·乐志》亦云:"应鼓在大鼓侧。"可以证明其为击打乐器小鼓,按照《宋书·乐志一》"以桴击之曰鼓"的说法,这种乐器即为小鼓。在有的汉画图像上还能见到在建鼓旁放置细腰鼓,其作用与其他击打乐器的作用应是相同的。最新考古发现也可以证明这一点,2002 年山东章丘考古发掘出我国第三大兵马俑坑①,在长 9.7 米、宽 1.9 米、深约 0.7 米的陪葬坑内,骑兵列队在前,步兵列队在后,车队在其中,在步兵队伍的前端有一面建鼓,鼓身上绘有红色条纹,侧面有律鼓等小鼓。

再次,建鼓舞的创新和发展。汉代建鼓舞创新与发展最突出的一点,是从娱神(包括天子一类"人神")的功能向娱人和人的自娱功能转化的艺术发展时期。春秋战国时代虽已有建鼓,也已经出现建鼓舞的雏形,但从出土文物和文献记载看,多用于征战、礼仪性庆典、祭祀和巫乐。屈原在《九歌·东皇太一》中描述:"扬枹兮拊鼓,鼓槌扬起呵鼓声沉,疏缓节兮安歌。拍疏缓呵歌低吟。"②随县擂鼓墩曾侯乙墓出土有建鼓的实物,及绘于漆器上的《巫师击鼓图》③,该图生动地再现了楚人在建鼓的伴奏下起舞的情景。

建鼓舞画面装饰在鸳鸯盒腹部两侧,分绘两幅表现乐舞活动的漆画。《击鼓图》是其中一幅。画呈长方形,以黑色为底,以红色绘两人化装后击鼓起舞的场面。漆画中间绘有建鼓一尊,建鼓通过立杆插在一怪兽底座上,立杆顶端饰有羽状装饰。鼓右为乐师,头戴高冠,手舞鼓槌,左右轮番击鼓。鼓左为舞师,身佩长剑,头戴平顶高冠,饰有飘带,屈脚转体,举臂扬袖作歌舞状,姿态轻盈婀娜。乐师侧目注视舞师,相互呼应与配合,把人们带入一个"展诗兮会舞,应律兮合节"的境界。从该图看,此景表现的为巫乐巫舞。

汉承秦制,而文化上则承袭了楚国的优秀文化传统并加以发扬光大,楚歌楚舞既见于宫廷,又见于民间。建鼓舞融宫廷雅乐与民间俗乐于一体,成为汉代社会各阶层最常见的艺术表演形式。各地汉画中描绘大型、小型的乐

---

① 鲁波:《济南章丘发现汉代兵马俑坑》,《中国文物报》2003 年 1 月 10 日。
② (楚)屈原:《九歌·东皇太一》。
③ 湖北省博物馆:《曾侯乙墓》,文物出版社 1989 年版。

舞场面,均不乏建鼓舞出现。而大量刻画双人或单人在建鼓旁,一边击鼓一边做出各种生动的舞蹈动作的形象,更是不胜枚举。从表现形式上看,建鼓舞是由单纯的击鼓伴奏发展而来的,边击建鼓边舞蹈,汉代的创造。①

从以上画面可以看出,建鼓在百戏和乐队中起着控制节奏、指挥全局的作用,相当于现在的乐队指挥。不仅如此,建鼓两旁的鼓员还要变换着不同的舞步,用双手持桴敲击鼓心、鼓边、鼓身,以及旁置的小鼓(或其他击打物),击打不同的地方,发出不同的音响,音色也有很大的差异,鼓心音响比较低沉,相当于低音部,鼓边音响较高,鼓身鼓帮音响清脆,则为高音部,配合旁置其他击打乐器,就能敲击出抑扬顿挫复杂激昂的鼓点,产生不同的音律,充分激起观者的情绪,渲染演出气氛,再加上鼓员那矫健的舞姿和精湛的舞技,使表演者和观众产生强烈的共鸣,所谓"鼓舞人心"。参与表演的艺人们随着鼓声铿锵,和着繁杂多样的鼓点节奏,伴以悠扬的乐声,和谐地融合在整个舞乐场面之中,各自进行着不同的表演。在众多的建鼓舞画像中,中国古典舞的一些基本舞步多见不鲜,如骑马蹲裆步、弓箭步,后弓拧身、上身倾仰等舞步,早在2000年前的汉代建鼓舞中,已经表现得相当成熟和完美。

汉典籍记载:"今富者祈名山,望山川,椎牛击鼓,戏倡舞象。""今富者,钟鼓五乐,歌儿数曹;中者鸣竽调瑟,郑舞赵讴。""今俗,因人之丧以求酒肉,幸与小坐,而责办歌舞俳优,连笑伎戏。"②不仅朝廷有乐府专职培养乐舞艺人,社会上也出现了以专门训练歌舞者为谋生手段的专业艺人。他们不断把经过严格训练的歌舞者输送给贵族之家,或进献宫廷,同时,也因此得到了进行舞蹈创作及表演的物质条件,为艺术实践提供了更多的机会。这对当时的舞蹈艺术的发展起到了一定的推动作用。

建鼓舞表演,古代文献没有做详细的记载,但众多的汉画图像记录了鼓员表演的瞬间造型,从中可以感受到建鼓舞的艺术风格。

首先,建鼓舞具有舞、乐结合,技、艺并重的特点。两人对舞是建鼓舞的

---

① 王克芬:《中国舞蹈发展史》,上海人民出版社1989年版。
② 《盐铁论·散不足篇》。

主要表演形式。多数为男子双人舞，偶见单人鼓舞、女子双人舞、男女对舞和骑马击鼓，同时还要配合其他乐舞的表演。这就要求他们必须有相同或协调的舞姿，相同或和谐的鼓乐，汉画图像中不可能表现出建鼓舞的全部过程，我们从静止的瞬间动作进行动态分析，可以窥见建鼓舞是由各种单项的动作进行巧妙的编排，精心的组合，注重情绪宣泄和技能表现的乐舞形式。从建鼓舞画像上看，鼓员们不仅要边击建鼓边舞蹈，还要击打小鼓及其他附属乐器，包括击打建鼓的鼓心、鼓身、鼓帮、蹴鞠、踏鼓以及其他技巧等。这种具有舞、乐结合，技、艺并重的特点，至今仍保存在我国的许多传统舞蹈中，成为中国舞蹈的特色之一。

其次，建鼓舞的舞蹈动作已经具备中国古典舞"形、神、劲、律"相统一的基本要求。舞蹈是一种兼有时空性的综合性艺术，具有流动性特点。一从"形"上分析。其舞蹈动作在人体形态上强调"拧、倾、圆、曲"的曲线美和"刚健挺拔、含蓄柔韧"的气质美。二从"神"上分析。建鼓舞的鼓员们正是寻着"心与意合，意与气合，气与力合，力与形合"的规律而运动的。三从"劲"上分析。建鼓舞的鼓员们一招一式，正是"舒而不缓，紧而不乱，动中有静，静中有动"。在自由而又有规律的弹性节奏中进行，具备"急中有缓"的身韵"劲"头。四是建鼓舞有着非常明显的律动感。动作走势千变万化，扑朔迷离，瞬息万变。演奏时变换鼓槌的不同打击点，变换敲击的力度，敲出复杂的花点，对情绪和气氛能起到很大的渲染作用。

第三，建鼓舞最突出的艺术特点是将建鼓及鼓槌化为乐舞场面的布景和舞蹈的舞具。装饰华丽无比的建鼓树立于演出场地之中，绚丽夺目，渲染整个演出场所，既是布景，又是乐器，也是舞具，鼓员挥动着手中的鼓槌，边击建鼓边舞蹈，形成有韵律的舞蹈动作，创造出具有鲜明特色的舞蹈语汇、舞蹈技巧和舞蹈形象。从画面上看，舞者椎鼓而舞，声情并茂，伴着铿锵顿挫、变幻万千的鼓音，"乍续乍绝，联翩络绎"，"进退无差，若影追形"。汉代以舞具为舞名的舞蹈还有《盘鼓舞》、《巾舞》、《袖舞》、《拂舞》、《铎舞》等。运用舞具舞服抒发感情，加强美感，深化感染力，2000年前的汉代已形成了我国传统舞蹈的特色之一。

（2）盘鼓舞

盘鼓舞，是汉代著名舞蹈。它是将盘、鼓置于地上作为舞具，舞人在盘、鼓之上或者围绕盘、鼓进行表演的舞蹈。这种舞蹈以七盘为多，所以又称七盘舞。盘、鼓的数量，陈放的位置无统一的格式，可根据舞蹈动作的要求灵活掌握，要求舞人必须且歌且舞，并且用足蹈击鼓面。盘鼓舞有独舞和群舞，以独舞为主。舞人有男有女。独舞见于山东沂南画像石，刻有排列在地上的七盘一鼓，一男子头戴冠，身着长袖舞衣，正从盘鼓上跃下，回首睨顾盘鼓，舞袖冠带飞扬，动作豪放。群舞见于山东济宁画像石，刻有三个高鼻鸦鬓的男子，赤膊跣足，在五个鼓上做虎跳、倒立的动作。迄今所见的群舞，最多为 4 人。

图 3-7　盘鼓舞汉画图像

舞伎在盘、鼓之上纵跃腾踏，蹈击出有节奏的鼓声，还要准确而且富于感情地完成许多高难度的舞蹈动作，表现出舞蹈的美感和意境。

汉代辞赋家张衡《舞赋》、傅毅《舞赋》、卞兰《许昌宫赋》，将盘鼓舞动人的舞姿表达得淋漓尽致。山东嘉祥武班祠汉画像石有这一图景的刻绘：地上排列有五面鼓，一个舞人穿着宽长袖舞衣俯身鼓上，双膝、双脚跪踏鼓面，一手拍击鼓面，一手反扬舞袖扭头仰视。前后两人跪地，面向舞者，每人左手都执有鼓槌，扬臂飞舞，似与舞者结合表演，相机击鼓。南阳石桥画像石盘鼓舞图便细致而准确地表现了这一艺术造型。前鼓向后倾斜,表示右足向后蹬离鼓面,舞人四首斜昂身后一鼓,似全神贯注要后足踏鼓。陕西绥德大坬梁汉墓出土的石刻门楣画像石上刻有两个女舞人正踏鼓而舞,身后各有一个俳优,正跳跃向前。河南荥阳河王村汉墓出土的彩绘陶楼,正面绘有乐舞图,图中绘有盘鼓舞。地上置有五盘,一个红衣舞女双臂高扬,甩长袖于身后,似正用急速的舞步向前踏盘奔去,粉红色的长袖翻卷,她身后有一个上身赤裸、下身穿红裤的侏儒,伸臂向前追逐那个红衣舞女,喜剧效果极浓。汉代建鼓,从画像石(砖)及壁画看,结构和形制出现了更加丰富的样式变化。

(3) 长袖舞

长袖舞,以舞长袖为特征,人无所持,以手袖为威仪,凭借长袖交横飞舞的千姿百态来表达各种复杂的思想感情。长袖舞在秦代以前已经存在,曾是战国楚国宫廷的风尚,汉人继承楚人艺术,长袖舞更为盛行。舞女多是长袖细腰,有的腰身蜷曲,能使背后蜷成环状,如京戏中的下腰,京戏中的水袖动作颇似古代的舞长袖动作。汉人傅毅在《舞赋》中形容长袖细腰的舞女为体如游龙,袖如素虞,戚夫人的翘袖折腰之舞正是这种舞姿的体现。舞人有男有女,有单人舞、双人对舞和多人群舞,以单人独舞为主。

图3-8　徐州北洞山汉墓乐舞俑

　　长袖舞,分婉约和奔放两种风格。婉约风格的长袖舞,舞人身着长而委地的束腰舞衣,这种舞衣限制了下肢的激烈动作,舞姿委婉飘逸,娴静婀娜,以腰部和手、袖的动作为主。腰肢纤细,体态袅娜,舞袖流动起伏。这种舞蹈不但有纤腰的前俯后仰,还有一种颇具特点的侧体折腰。如河南南阳县出土的画像石乐舞图,一舞人挥袖起舞,舞衣较短,身旁一俳优正表演谐戏,穿插逗笑;另一边踞坐两人,似为歌者。

　　长袖舞舞衣的长袖有两种:一种犹如衣袖的延长,是上下一样宽度的窄长袖。例如河南南阳出土的汉代早期画像砖,舞者头梳高髻,穿长袖舞衣,头侧低,注视地上的球,右肘抬起,上下一样宽的窄袖下垂,左袖向斜下方拂去。另外还有一种又宽又长的舞袖,如西安汉墓出土的拂袖女舞俑就是穿这种服装。第二种是宽袖下接窄袖,大都是细腰长袖,较宽,约齐手腕处,延伸出一段窄长的舞袖,有的像戏曲中的水袖,如山东滕县汉画像石刻有两个舞人都戴帽,飘曳此种长袖,相对而舞。舞者在舞动中,配合躯干的曲线和曳地长裾的飘洒,运用臂膀含蓄的力量,将长袖横向甩过头部,在头顶规则地形成一个弧形,与此同时,另一臂反方向将袖从体前甩过髀间,这样两袖形成一个弧度很大的S,身躯也同时形成一个弧度极小的S,两个S套在一起,成为一个极优美的造型,这一造型每每出现在汉画像石中。其舞袖空中摆动,或如波回,或如云动,或如虹飞,或如烟起,其美妙殆不可言。那扬举的长袖,飘曳的长裾,行曲的腰肢,婀娜的体态,飘若浮云,翩若惊鸿,取得了追魂夺魄的艺术魅力。山东微山县汉画像石乐舞图,展现了舞人侧体折腰成90°角、双袖翘起的姿态。奔放风格的长袖舞,舞衣较短,一般长稍过膝,正是为了表演热烈奔放的动作而设置的。比较注重腿部的跨越腾跳动作,其舞姿矫健舒展,粗犷奔放。有的与侏儒俳优串演,诙谐逗趣。

　　4. 汉代乐舞百戏

　　(1) 以三幅汉画百戏场面为例

　　其一,山东沂南北寨村汉墓百戏画像石。[①] 演出内容就有建鼓、盘鼓舞及

---

　　① 蒋英矩、赖非、焦德森:《中国汉画全集·山东汉画像石》(第1册,图203),山东美术出版社2000年版。

杂技傩戏类、跳丸剑、掷倒、跟桂、股旋、马技、戏龙、戏凤、戏豹、戏鱼、戏车,伴奏乐器有钟、磬、鼓、鼗(应属革制乐器)、排箫、竖笛、笙、瑟、埙。乐队 24 人,全部场面有 50 人。

图 3-9　山东沂南北寨村汉墓百戏画像石

　　其二,内蒙古和林格尔新庙子东汉墓彩绘百戏壁画。① 演出内容:跳丸、跳剑、掷倒、跟桂、腹旋、舞轮、迭案、男女对舞、建鼓。演员约 16 人,乐队约 9 人。

　　其三,徐州铜山县洪楼祠堂画像。② 演出内容:建鼓、倒立、弄丸、踏鼓计 6 人,乐器伴奏有排箫、竖笛等 3 人,共 9 人,另有观者 10 人。全部场面有 45 人。

　　这三幅画像并未囊括汉代百戏表演的全部技艺,还应有以下内容:旋盘、顶碗、扛鼎、冲狭、吐火、蹴鞠、长袖舞、巾舞、鼓舞、鼗鼓舞等。

　　汉代乐舞百戏的表演形式的多样化,体现最突出的特点就是"杂",并没有一定的规范,我们研究汉代的乐舞百戏演出装饰,只能从服装、装扮、道具、场地等各方面加以探索。因为服饰、道具、装扮等往往都是某些杂技、乐舞之所以存在的"生命"。

　　汉代乐舞百戏已经包括了音乐、舞蹈、说唱、装扮、杂技、武术、舞美等戏

---

　　① 内蒙古考古工作队、内蒙古博物馆:《和林格尔发现一座重要的东汉壁画墓》,图版 6,《文物》1974 年第 1 期。
　　② 徐州博物馆:《徐州汉画像石》(图 77),江苏美术出版社 1985 年版。

曲基本元素,戏曲的唱、念、做、打也可以说是来源于汉代的乐舞百戏艺术。舞乐伎人的服饰颜色:"玄黄杂青,五色绣衣。戏弄蒲人杂妇,百兽马戏斗虎,唐娣追人,奇虫胡。"由此可见,当时的俗乐舞人主要是穿五色绣衣。其中的"戏弄蒲人杂妇"和"奇虫胡"属于装扮成蒲人、胡妇的节目。至刘宋孝武帝时,仍有"胡伎不得彩衣,舞伎正冬着挂衣,不得妆面","玄黄杂青,五色绣衣,戏弄蒲人杂妇,百兽马戏斗虎,唐锑追人,奇虫胡姐"。①

东汉傅毅和张衡的《舞赋》均描绘了当时舞蹈的演出盛况,从中可见汉代人开放、包容的乐舞观,其中也不乏儒家乐舞观的影响;汉代乐舞还具有新颖的形式和高超的艺术水准,并具有十分先进的舞蹈编排理念。

在沂南北寨汉墓中,中室东壁横额上刻有乐舞百戏的图像,这幅图表现了汉代乐舞百戏演出的盛况:"二十三"为杂技演员分别在表演手技、足迹、倒立、跟斗、高空技艺、乔装表演、马戏、车戏、舞蹈、幻术等节目。此图品相完整,雕刻圆滑、清晰,画面极具绘画性,人物生动,线条流畅。

从汉画像中表现的图像看,汉代乐舞百戏已经包括了音乐、舞蹈、说唱、装扮、杂技、武术、舞美等戏曲基本元素,戏曲的唱、念、做、打也可以说是来源于汉代的乐舞百戏艺术。

汉代乐舞类文物反映了这一时期流行的盘鼓舞、长袖舞等多种舞蹈形式;通过分析可以发现,汉代临沂地区的乐舞艺术呈现出世俗性、伴奏乐队多样性,以及美学上的技艺精湛、婉转优美等特点。抚瑟陶俑头发后挽垂髻,身着石曲裾深衣,双膝着地,上身前,双臂曲肘前伸,左手做抚弦状,石手做弹拨状。陶瑟与弹瑟俑同出。

(2)汉代陶塑珍品

1969 年山东济南市郊无影山西汉墓出土。

杂技陶俑烧造于一个长方形陶盘上,有 21 人,7 人登场表演杂技,姿态生动,其中两人为女子,穿长袖花衣,相向起舞;两人倒立,两手着地,上身挺直,下肢前曲,头部前伸,做"拿大顶"姿态,造型矫健稳重而有力;一人腾身而起

---

① 《盐铁论》是中国西汉桓宽卷第六,散不足第二十九。

正在翻筋斗；另一做难度很大的柔术表演，双足由身后上屈放于头侧。表演者左前方一人，穿朱色长衣，可以转动，似为指挥。右乐队7人伴奏，使用的乐器有钟、建鼓、小鼓、瑟、笙等。两女子长跪吹笙，其余都是男性。陶盘左右两端有7人，长衣曳地，拱手而立，做观赏状。一侧3人戴冕形冠，另侧4人头戴环形帽（这个舞台是一件长形陶盘，21件陶俑或演奏，或观赏，被固定在陶盘之上。在舞台的中心，有一头戴冠、身着朱袍的陶俑。似为演出司仪，他正在向观众介绍节目。司仪身旁有两位身着红、白两色舞衣的女子，她们正挥动长袖，翩翩起舞，旁侧戴尖帽的男子，正相向倒立表演"拿大顶"。向后还有两位男子在表演软功，舞台后有7人组成的乐队，演奏者分别在吹笙、鼓瑟、击缶、敲钟、捶鼓，个个神情专注。舞台两侧有7名观众或助兴者，他们头戴冠、腰系带，相向拱手而立）。整组造型较为稚拙，仅塑人体轮廓，姿态亦稍呆滞，但色彩浓艳，人物繁多，渲染出市井意趣。杂技表演，汉代甚盛行，文献多存记述。新中国成立后发现的汉画像砖和画像石，有不少以杂技表演为题材，但是成组杂技陶俑的发现较罕见。

图3-10　山东济南市郊无影山西汉墓出土陶塑杂技

图 3-11　汉代乐队陶俑

　　西汉墓随葬品,在这张陶板上,汉代艺术家为我们再现当时风行市井的"百戏"演出时的热闹欢快场景,成为汉代社会生活的缩影化石,具有高度的文化价值。汉代统治者接受"谓死如生"的观念,盛行厚葬,尤其在西汉经济复苏之后,这种情形上行下效,愈演愈烈。随政治、经济各方面变化,西汉晚期的陶俑不似早期随葬题材的单一和造型的呆滞,开始出现世情浓郁的百戏、说唱等情境陶塑,尤以图中看到的乐舞杂技俑为多,它们出土于山东济南市无影山西汉墓。

　　这组彩绘杂技乐舞陶俑,构成了一个完整的舞台演出场面,在目前发现的同类内容的中国古代艺术品中属于年代最早的一件。它集舞蹈、音乐、杂技于一体,布局井然有序,气氛热烈欢快,人物生动传神,再现了当时风行的"百戏"演出时的热闹场面。

第四章 数流并一成汉风

第一节 楚风汉韵

本节主要是探索徐州汉文化与楚文化的关系。

一、徐州汉文化源于楚文化

历史机缘,汉源于楚。先秦时,徐州(彭城)本为楚地。亡秦的三户,都是楚人。他们分别以复楚、兴楚自居。灭秦后,公元前 207 年,项羽在军事上获得暂时的统一。项羽携楚怀王以令诸侯,在西楚王朝中西楚霸王项羽封刘邦为汉王。从此拉开了"汉"的序幕。随着楚汉相争双方军事力量的此消彼长,项羽战败后,刘邦由汉王称汉帝。因此,先后出现了"汉王"、"汉军"、"汉高祖"、"汉王朝"、"汉人"、"汉服"、"汉礼"、"汉语"、"汉字"、"汉族"等称谓。假设当初项羽遂了刘邦的心愿,封其为关中王,今日哪还有"汉"的称谓。当然,历史不能假设。所以,历史机缘的巧合,"汉",本源自楚。

二、徐州汉文化扬弃楚文化

　　楚汉之际的项羽、刘邦,其行为都表现了鲜明的楚文化色彩。项羽是楚国名将之后,因对故国的眷恋,秉承楚汉文化在情理之中;刘邦所居徐、泗地区,本离江汉平原的楚国中心地甚远,但战国中后期,楚国的势力已达邹鲁境内,这一带很快"楚化"。刘邦好楚声、楚舞、楚衣,信口吟出地道楚辞。"沛人语初发声皆言'其'。'其'者,楚言也,高祖始登帝位,教令言'其',后以为常。"①由此可见,徐、泗一带在语言上也受到楚语的影响,自称"楚人"的刘邦,自觉不自觉、自上而下地起到对楚文化的推广。

　　楚汉之际,民间多乐楚声。鲁迅认为:"盖秦灭六国,四方怨恨,而楚尤发愤,势虽三户必亡秦,于是江湖激昂之士,遂以楚声为尚。"②反秦斗争初起之地是在"楚",陈胜定国号为"楚",并以"张楚"作为政治纲领。秦二世也称陈胜等是"楚戍卒"。项羽的政治旗帜是"西楚"。刘邦先从陈胜,又归项羽,被项羽封为汉王。由汉王称汉帝,刘邦仍保留楚封国,是因为西汉是在西楚之后浓厚的楚文化氛围中建立的。在制度文化上,汉朝建立仍采用西楚王朝的分封制,汉初政治上的指导思想则是黄老之术,"黄"是依托,"老"即楚国老子,可见楚文化对汉文化的影响。当然,汉文化并不等于楚文化。汉文化是对多元文化全方位扬弃后的创新,其中包括对秦文化和楚文化的继承、改造,对吴越文化和齐鲁文化的吸收。

---

　　①　《史记·高祖本纪》《集解》。
　　②　《鲁迅全集》(第9卷),人民文学出版社1982年版,第385页。

第二节　吴韵汉风

一、吴越文化的内容及特征

　　吴、越史实见诸文献始自春秋。"吴越文化"这一概念,是20世纪30年代卫聚贤等史学家最先提出来的,吴越文化有狭义和广义之分,狭义的吴越文化,是指上古时代(包括新石器时代与金属时代)江南一带的文化,1936年在上海成立了以蔡元培为会长的"吴越史地研究会",翌年出版《吴越文化论丛》,但因抗日战争的爆发使研究中断;20世纪50年代随着考古新发现,考古学界又使用"吴越文化",但特指吴越建国后到秦统一中国前的青铜文化。广义的吴越文化,包括古今吴越一带的地域文化。"如果将江南地区文化分为吴越文化和江南文化两个阶段,更为确切……具体地说,以六朝为分界,六朝以前称吴越文化,以后称江南文化。"①吴越文化地域空间,主要在浙江、上海、苏南和苏中及福建与江西小部分。吴、越两国文化的来源虽然有差异,但在其发展进程中不断交流融合,特别是"吴之与越也,接土邻境,壤交道属,习俗同,言语通","吴与越同音共律,上合星宿,下共一理"。共同的地理气候环境、共同的生产生活方式和共同的民族性格,造就了吴越文化的特征。

　　一是海纳百川、兼容并蓄。溯(长)江、环(太)湖、濒海的"山水形胜",形成了吴越文化中"包孕吴越"、"汇通大海"的多元文化体。

　　二是聪慧机敏、灵动睿智。吴越水文化及锦绣江南特有的柔和、秀美,熔铸出由这些精雅文化形式所体现的审美取向和价值认同。重视教化、尊重人才,蔚然成风。

　　三是经世致用、务实求真。吴越之地商品经济率先起步,市民阶层形成

---

　　① 《上海通史》(第1卷),上海人民出版社1999年版,第53页。

较早,实业传统、工商精神、务实个性和平民风格等,都是吴越文化中具有崇真向善、淳朴平实、务实诚信的精神。

四是敢为人先、勇于创新。早期吴越文化的沉淀,使现代吴越文化中有超越自我、善于创造、勇于创新的秉性,也是这一区域文化充满生机与活力的内在动力。

二、楚汉文化与吴越文化的联系

春秋列国争雄,长江流域先后有楚国、吴国和越国相继北上,称霸中原。先秦时期的吴越文化,虽受华夏文化的影响,但基本上是夷越文化,是中国东南区域亚文化。吴越文化转型于楚威王败越,剧变于秦皇、汉武时代。

首先,楚文化影响了吴越文化。人是文化的主要载体,公元前333年楚威王大败越国后,楚人开始自西而东、自北而南进入吴地。楚人给吴越地区带来最初的华夏语影响。楚语是华夏语的南方方言,后来的吴语,有楚方言基础。

其次,楚汉文化使吴越文化发生改变。由于楚、吴越、汉的连年战争,楚人与中原汉人先后进入吴越,主导人口与基本居民发生变换,吴越文化发生改变,文化转型的趋向是由西向东、由北向南依次展开。汉武帝元封年间,吴越各郡县官员基本上由中原人担任。中原人取代了楚人、越人的统治地位。到西汉中后期,皖南、宁镇、太湖平原、宁绍平原已基本汉化。六朝时期,浙江南部地区也由北向南渐次完成汉化,楚汉文化与吴越文化也进一步融合。当然,楚汉文化受吴越文化影响,浪漫气质加强;楚汉文化吸收吴越"水文化",更具包容性;楚汉文化融合吴越文化,更加儒雅。

三、楚汉文化与吴越文化的区别

楚汉文化是继承多种文化而形成的全新的综合性的文化,与吴越文化相比,楚汉文化更为开放,更具兼容性,内容更为丰富,磅礴大气,豪放率真。楚汉文化的主要特点,是打破了中国传统文化的封闭性和保守性,而以开放性、进取性取胜。兼容并蓄、多元并存,面向市场、雅俗共赏,不拘成法、锐意创新。汉文化在尚实的同时,增添了理性,在理性思辨认识水平上,较之秦文化有了显著提高。这是文化随时代进步的表现,更适合时代的需要。汉文化在思想意识方面,对具有不同政治文化色彩的统治思想,广为吸纳,取其精华。如采用楚道家文化的黄老哲学,灵活变通。汲取孔孟儒家思想等级规范治国理天下;政治制度方面,虽汉承秦制,但从齐鲁文化中吸收朝政礼仪的政治文化营养。用人选材制度,则以"孝"儒家道德为基础;文学方面,汉文化吸纳楚文化中文学样式、内容、表现手法和浪漫气质(主要是《楚辞》),开创汉代代表文学样式《汉赋》。如贾谊,其政论文有秦文化的气魄,而其赋,则从楚文化吸取了更多营养。正因为多源吸取,思想活跃,灵感大增,才产生汉代文学的繁荣。总之,楚汉文化善于兼并收蓄,因而有利于创新和发展。

吴越文化在楚之前,彪悍粗犷为主,雅致精细为辅。"吴、粤之君皆好勇,故其民至今好用剑,轻死易发。"①吴王金戈越王剑,举世闻名。"操吴戈兮被犀甲"②,以吴越戈为例,春秋中晚期吴越戈内流行用单线或双线勾边装饰,同时多饰有涡纹,尤其在援穿的上方带翘尖鼻和戈面饰几何形或火焰状暗花纹,可见粗犷中蕴涵精雅,是当时吴越文化的显著特征。

图 4-1 吴王金戈

① 《汉书·地理志下》。
② 《楚辞·九歌·国殇》。

六朝以后,吴越文化以儒雅灵动为主,以豪放为辅,文学艺术样式更加婉约。南宋直至明清,吴越文化愈发向文弱、精致发展。随着工商业的发展,吴越文化除阴柔、精细之外,又增添了奢华之风。到清康乾盛世,苏、杭已成为人们心目中的天堂,不论是经济、科技、教育,还是学术思想、文学艺术,都使吴越文化走向高峰并在全国领先,影响至今。

第三节　汉化齐鲁

一、徐州汉文化与齐鲁文化的联系

齐鲁文化,其地域是以泰山为中心的黄河下游地区。这一地区主要从事于农业和蚕丝织业,并因临海而富于鱼盐之利,故而形成了这一地域的文化和习俗特征。"其俗宽缓阔达而足智,好议论,地重,难动摇,怯于众斗,勇于持刺,故乡人者,大国之风也";"而邹鲁滨洙泗,犹有周公遗风,俗好儒,备于礼,故其民龊龊"。汉文化的很大成分来源于齐鲁文化,即儒学文化。淮海中心地区上古先秦之世北界邹鲁,西接梁宋。齐鲁文化对汉文化的形成亦有培养之功。

泗水发源于山东东蒙山,是上古先秦南北交通的重要孔道,齐鲁文化的南传主要沿泗水而下。泗水主要流经徐州,泗水经古沛县(今沛县城东)、留城(张良封地,沦入微山湖)到彭城,又折向东南流,经吕梁(今铜山县吕梁乡)、下邳(今睢宁县古邳镇)合沂、沭二水,汇入淮河。

据《庄子》记载,孔子曾多次"南之沛,见老聃",与道家的创始人老子探讨人与自然的关系和对各种社会现象的认识,构造中国历史人文意识的基础。《庄子》还记载孔子在吕梁洪观瀑教育学生的事迹。吕梁洪至今仍有"悬水村"、"晒书山"、"圣人窝"等地名存在。明人秦凤山认为《论语·子罕篇》载:"子在川上曰:逝者如斯夫,不舍昼夜",就发生在吕梁洪,于是建了"川上书院"。吕梁工部分司员外郎张镗还建了"孔子观道亭",以纪念孔子。此外,亚圣孟子在宋都彭城会见滕子,首次提出性善论,也具有相当可信的事实做基础。由此可见,齐鲁文化对徐州地区的影响是深刻而久远的。因而唐代杜佑在《通典》中说:"徐方,邹、鲁旧国。汉兴,犹有儒风。"刘邦即位后,是我国历史上第一个祭拜孔子的皇帝。汉武帝时。元光元年(公元前134年)武帝召集各地贤良方正文学之士到长安,亲自策问。董仲舒建议:"诸不在六艺之科孔子之术者,皆绝其道,勿使并进。"提出"罢黜百家,独尊儒术"。董仲舒指出的适应政治上大一统的思想统治政策,很受武帝赏识。儒术完全成为封建王朝的统治思想。

图4-2 徐州汴泗交汇处

石渠阁会议,也称石渠阁奏议,是西汉宣帝刘询(西汉第10位皇帝)召集的一次学术会议。西汉自武帝罢黜百家,独尊儒术以来,儒家学说成为统治思想。汉宣帝时为了进一步统一儒家学说,加强思想统治,又于甘露三年(公元前51年)诏儒生,在长安未央宫北的石渠阁讲论"五经"异同。由汉宣帝亲自裁定评判。《汉书》中记录石渠会议最为详细的文字是《儒林传》。

白虎观会议,东汉章帝时召开的一次讨论儒家经典的学术会议。章帝建初四年(公元79年),依议郎杨终奏议,仿西汉石渠阁会议的办法,召集各地著名儒生于洛阳白虎观,讨论五经异同,这就是历史上有名的白虎观会议。这次会议由章帝亲自主持,此后,班固将讨论结果纂辑成《白虎通德论》,又称

《白虎通义》,作为官方钦定的经典刊布于世。这次会议肯定了"三纲六纪",并将"君为臣纲"列为三纲之首,使封建纲常伦理系统化、绝对化,还把当时流行的谶纬迷信与儒家经典糅合为一,使儒家思想进一步神学化。"上好之下必甚焉",皇帝的尊孔,皇帝推崇儒家文化,历史和地缘,齐鲁文化逐渐成为徐州汉文化的重要组成部分。

二、徐州汉文化与齐鲁文化的区别

徐州汉文化与齐鲁文化有明显的区别。

1. 齐鲁文化主要是儒家文化。齐文化倡导"举贤尚功",鲁文化注重论理宗法。徐州汉文化中不仅有儒家文化,还有道家文化。汉武帝之前用"黄老之治"(无为而治),利用黄帝法治思想和老子的德治思想治理国家。东汉时,徐州是道教的发源地,道教文化也是徐州汉文化的组成部分。

2. 习俗不同。齐国"其俗宽缓阔达,而足智,好议论,地重,难动摇,怯于众斗,勇于持刺,故多劫人者,大国之风也,其中具五民"。鲁国则"地小人众,俭啬,畏罪远邪。及其衰,好贾趋利,甚于周人"。徐州原属楚地,主要是西楚和东楚,汉代徐州刺史部的区域范围基本沿袭西楚。西楚"夫自淮北、沛、陈、汝南、南郡,此西楚也。其俗剽轻,易发怒,地薄,寡于积聚"。东楚"彭城以东,东海、吴、广陵,此东楚也。其俗类徐、僮。(清廉苛严,信导诺言。)朐、僧以北,俗则齐"①。

3. 徐州汉文化中不仅有道家文化,还有佛家文化。东汉徐州楚王刘英是佛家文化的推崇者,佛家文化也是徐州汉文化的组成部分。

---

①　司马迁:《史记·货殖列传》,卷一二九,列传第六十九。

第五章　今朝再奏大风歌

文化是民族凝聚力和创造力的重要源泉，越来越成为综合国力竞争的重要因素，成为经济社会发展的重要支撑，丰富精神文化生活越来越成为我国人民的热切愿望。两汉文化，是汉文化带文化凝聚力的重要方面。

第一节　打造徐州城市文化品牌

江苏北雄南秀的格局，造就了江苏吴韵、汉风两大文化品牌，吴越文化随沿海经济带和长江三角洲经济圈的对外开放、发展，已经在世界上产生一定影响。楚汉文化研究利用虽然有一定成果，1995 年来仅两汉文化研究会就举办 8 次学术研讨会，共出版 5 本论文集，共有论文 348 篇，总字数达 290 万字，累计 500 余人参加。参加国际国内楚汉文化研讨会 12 次，发表 66 篇学术论文，出版了《徐州汉画像石》画册 2 册。进行电视连续剧《汉刘邦》、新编大型仿古乐舞《汉风乐舞》、历史剧《解忧公主》、电视宣传片《徐州汉风》等文艺作品的创作。1995 年开始，每年 10 月举办"汉文化节"。但是与苏南比有相当距离，鉴于楚汉文化品牌起步较晚、影响小的实际状况，要加强楚汉文化的研究、利用以及转化为文化服务项目和文化产品,以促进经济社会发展,满足人民精神文化生活的需要。为扩大楚汉文化品牌的世界影响,应采取以下对策。

一、汉物质文化和非物质文化资源丰富

徐州汉文化遗址、遗迹很多。以徐州地区为中心,顺时针北起济宁,向东向南再向西向北,经临沂、盐城、蚌埠、淮南、寿县、阜阳、商丘、菏泽,中间包括枣庄、宿迁、盱眙、宿州、亳州、淮安、淮北,方圆 150 公里之内正是汉文化带的核心地区,有很多汉历史的遗存。

首先,徐州汉文化遗存。徐州汉文化遗存是省、市(县)级文物保护单位的主体。全市共省级文物保护单位 22 处,以楚汉文化为主的就有 8 处。汉楚元王刘交、楚襄王刘注等十三代汉楚王墓,已探明 8 座,开放 3 座。五代彭城王墓,它们依山为陵,凿山为藏,宏构巨制,宛如一座座地下宫殿,先后出土金缕、银缕、铜缕、丝缕四种玉衣和大量玉器、青铜、陶器、漆器等文物,合计出土文物已达 2 万余件。狮子山楚王陵陪葬的 4000 多件西汉形态各异的兵马俑陈列;驮篮山出土系列歌舞俑,20 余座保存较完整的汉画像石墓及 1000 余方汉画像石。市区有:九里山的古战场、项羽戏马台、马市街、子房山、土山汉墓、拉犁山东汉墓、白集汉画像石墓;丰沛刘邦故里(大风歌碑)、樊哙井、射戟台;邳州市有:土山关羽、张辽约三事、梁王城遗址、九女墩汉墓、刘林汉墓群;铜山区有:汉王刘邦拔剑泉、茅村汉画像石墓、石户城遗址;沛县有:大风歌碑、高祖庙;睢宁县有:前汉遗址古邳圮水桥黄石公授张子房"太公兵法"处、吕布殒命白门楼、刘楼汉墓、双谷堆古墓群等。市县级文物保护单位中楚汉文化遗存也占相当大的比例,如邳州市 35 处县级文物保护单位中,属于楚汉文化的遗存有竹园遗址、尤村汉墓、固子汉墓、合沟郇楼汉墓、车辐山判官墓、八路镇二龙山、唐山古墓群、巨山北区古墓群、土山镇黄山古墓群、占城镇陆山古墓群、岔河镇东黄石山、西黄石山古墓群、车辐山镇山区古墓群、邢楼镇范墩古墓群、燕子埠镇青龙山古墓群、戴庄镇倚宿山南古墓群等 16 处,占

县级文物保护单位总数的近二分之一。

其次，汉文化带的遗存。淮安淮阴侯韩信墓、韩侯钓台、韩信故里：码头镇、胯下桥、韩母冢、漂母墓；宿迁项羽故里；灵璧虞姬墓、霸王城、濠城1号汉墓、大泽乡陈胜吴广起义台、楚汉相争垓下之战遗址；亳州曹操宗祖墓群、华祖庵、曹操运兵道；永城芒砀山陈胜墓、高祖斩蛇故址、梁孝王墓；宿州皇藏峪、陈胜、吴广起义遗址——涉故台；河南寿春战国楚幽王墓、淮南王刘安墓；山东滕州汉画像石馆；微山留侯张良墓；临沂银雀台汉墓等遗迹。此外，在薛城嘉祥汉画像石馆武氏祠和临沂市博物馆内存有近2000块汉画像石。林林总总在汉文化带内各类高知名度的汉文化遗存已达30余处。

第三，新发现的汉文化遗存。2004年，汉代采石场遗址和土山二号彭城王墓的发掘取得重大成果。2004年5月，在中山南路、和平路、博物馆（土山汉墓）及中医院之间的汉御花园建设工地陆续发现大量采石遗迹，共发掘采石坑68处。该遗址南北长200米、东西宽150米，面积约3万平方米，采石遗迹主要分布在南部1.5万平方米内，中国曾发现新时期时代及以前的石料加工场遗址，但商周以后的采石场遗址罕有发现。徐州大规模的汉代采石场遗址在江苏省首次发现，填补了国家的空白，开拓了汉代考古学研究的新领域，具有重要的文物价值。

图 5-1 徐州汉代采石场遗址

汉代采石场遗址反映的技术手段是以前未知的，它与徐州汉楚王墓群形成了采石、加工、建墓完整的链条，丰富了徐州历史文化名城的内涵，具有重要的历史、科学价值。2006年，汉代采石场遗址被国务院批准为国保级文物保护单位。2004 年 9 月,对土山二号汉墓进行发掘。对封土的发掘采用挖遗址的方法,在墓室上部布探方。在土山二号墓上部封土的发掘过程中,发现封泥 1500 余枚,加之以前土山汉墓出土和民间收藏家搜集的封泥,数量约在 2000 枚左右,在一处墓葬的封土中发现如此多的封泥国内仅见。封泥以西汉时期为主,种类繁多,较全面地反映了以楚国为主的汉代地方政权的政治体系,为汉文化的研究提供了新的实物资料。

第四,非物质文化资源众多。据不完全统计,徐州汉文化带核心区八市第一、第二两批市以上非物质文化遗产达 670 余项。仅徐州市第一批、第二批非物质文化遗产就有 10 个种类,共 101 项。其中,国家级非物质文化遗产保护项目共 8 个,省级保护项目共 34 个,市级保护项目 59 个。其中徐州汉代非物质文化遗产有汉代中医药、汉代舞蹈、汉代楚歌、汉代蹴鞠、汉代器乐等。面对汉文化带繁多的文化资源,在知识经济和信息社会,文化资源资本优势成为推动区域经济增长的因素。通过文化民生建设,可使文化资源转化为文化资本融入经济社会建设中,服务于群众,让广大群众成为文化民生的建设者、体验者、享受者,用新的文化产品满足人们的精神文化需求。

二、徐州文化人才资源丰富

囊括江苏、山东、河南和安徽四省 24 个地级市、24 万平方公里、1.55 亿人口的淮海经济区区位优势独特,文化产业生产和文化消费的"双重潜在价值"可观;丰厚的汉历史文化资源(物质和非物质文化)适宜建立规模化文化市场和集约型文化产品生产基地,建设以汉历史文化资源为支点的文化支柱产业的条件已经具备。2011 年 5 月 15 日,徐州在深圳举行文化产业项目推介恳谈会,签订总额达 243.96 亿元的文化产业项目。主要集中于创意设计、文化旅游、影视产业等领域。2011 年 8 月 6 日,徐州在无锡举办新兴产业暨招才引智恳谈会。25 个项目签约,意向资金达 67.4 亿元。涉及文化创意及动漫产业项目 6 个,吸引资金达 49.1 亿元,占签约总资金的 73%。"十二五"期间,徐州市将围绕建设文化强市的目标,全力实施重大文化项目、龙头文化企业、创新文化人才"三个带动"战略,大力推动文化产业跨越发展,努力把徐州建成全国知名的现代文化产业重镇。

文化在建设中发挥作用的关键在于文化人才培养,而文化人才的造就在于教育。教育的发达培养了一代又一代人,文化人才也促进了文化的薪火相传,文化才能不断延续和不断创新,这种延续和创新将进一步推进文化的繁荣。楚汉文化带高等教育资源丰富,区域内 20 个城市,普通高校达 70 余所,仅以淮海经济区中心城市徐州为例,其科技教育发达,拥有中国矿业大学、江苏师范大学等 12 所普通高校,在校生 10 万多人;各类科研机构 31 所,各类科技开发机构 335 个,高中级专业技术人才近 8 万名,其中有 5 名中国工程院院士。

三、文化市场资源培育整合

改变徐州一带文化产业小、散、乱,低水平没有规模效应的状况,着力培育一批有实力和竞争力的骨干文化企业,增强文化产业的整体实力和国际竞争力,在重点文化产业中选择一批成长性好、竞争力强的文化企业或企业集团,加大政策扶持力度,推动跨地区、跨行业联合或重组,尽快壮大企业规模,提高集约化经营水平,促进文化领域资源整合和结构调整。鼓励和引导有条件的文化企业面向资本市场融资,培育一批文化领域战略投资者,实现低成本扩张。加快楚汉文化产业园区和基地建设。加强对文化产业园区和基地布局的统筹规划,促进各种资源合理配置和产业分工。对符合规划的产业园区和基地,在基础设施建设、土地使用、税收政策等方面给予支持。建设一批文化创意、影视制作、出版发行、演艺娱乐和动漫等产业示范基地以及若干辐射全国的汉文化产品物流中心。

1. 徐州是江苏省三大都市圈之一

徐州是区位优势明显的城市之一,人口全省第一,土地面积全省第二,徐州现辖 2 市 3 县 5 区,面积 11258 平方公里,总人口 1200 万,是新亚欧大陆桥东端第一个区域性中心城市。同时,徐州也是苏鲁豫皖四省接壤的中心城市,距离南京、济南、郑州、合肥等省会城市均在 300 公里左右。徐州素有"五省通衢"之称,是全国重要的综合性交通枢纽。陇海、京沪两大铁路干线纵横交汇,徐州站还是京沪高速铁路 7 个中心站点之一,高铁运行使徐州至北京、上海的时间均缩短为两个半小时,也使徐州融入了长三角和环渤海三小时经济圈;公路四通八达,5 条国道、20 条省道和 5 条高速公路穿境而过,高速公路通车里程达 350 公里,已形成全长 90 多公里的高速四环;观音机场为国家民航干线机场,已开通北京、上海、广州、深圳、香港、台湾等多条航线,京杭大运河、鲁宁地下输油管道纵贯境内,已形成铁路、公路、航空、水运和管道"五通汇流"的现代化立体交通体系,在国内地级市中优势明显。徐州都市圈范围包括:江苏省的徐州市、连云港市、宿迁市;安徽省的宿州市、淮北市;山东省枣庄市、济宁市的微山县;河南省商丘市的永城市,共涉及 8 个地级市,其区域构成以江苏境内为主体。空间组织:以 50 公里为半径的核心层,包括徐州市区和邳州、沛县二县(市);以 100 公里为半径的紧密层,包括徐州市睢宁、丰县、新沂,宿迁市,商丘市的永城市,安徽的宿州市和淮北市,山东的枣庄市和济宁市的微山县。2000 年 7 月,江苏省城市工作会议提出:通过强化南京、苏锡常、徐州三大都市圈的功能,更好地带动全省城镇化快速发展。2002 年 2 月,经国务院审查同意,建设部批复了《江苏省城镇体系规划(2001—2020)》,确定了全省城镇发展以南京、徐州、苏锡常三个都市圈为战略重点,逐步使人口和产业向各级城镇合理集聚。2002 年 12 月 30 日,《徐州都市圈规划》已获得省政府的批准。

2. 徐州是淮海经济区中心城市

徐州作为淮海经济区中心城市,地区生产总值、第三产业增长值、城镇居民人均可支配收入增长速度、农民人均纯收入增长速度、社会消费品零售总额都居淮海经济区前一、二位。文化市场资源丰厚,文化消费市场宽广。2007 年,徐州文化竞争力位居全国第 10 位,淮海经济区第一位。2008 年,全市文化产业经营收入达 240 亿元,比上年度增长了 26.32%,已成为拉动徐州国民经济快速发展的新增长点。徐州 114 个乡镇修建了 113 个文化站,图书发行业现有各类书店 86 家,其中私营书店 65 家。建有博物馆、群艺馆、图书馆等公益性场馆,其中市博物馆馆藏品在全国地级市中名列前茅,很多馆藏在全省绝无仅有;徐州文化产业园、张伯英艺术馆、徐州汉文化景区都是发展文化产业的重要载体。徐州还有云龙山庙会、泰山庙会和彭祖庙会三大民俗盛事,每年都有数十万人参加。截至 2007 年,全市共有各级各类博物馆、纪念馆 27 座,公共图书馆 8 座,文化馆、站 137 个,专业艺术表演团体 10 个,专业和业余艺术研究教育机构 10 个,专业和业余书画院 23 个,综合娱乐场所 20 家,大型文化市场 9 个,歌舞厅 109 家,演出放映场所 23 家,电子游戏厅 162 家,桌台球、棋牌室、儿童游艺室等 119 家,网吧 660 家,录像放映厅 21 家,音像制品经营网点 563 家,广播电视台 2 家,出版社 1 家,报刊 50 余种,印刷厂 594 家,书报刊发行网点 566 家,旅行社 61 家,广告经营单位 358 家。

3. 徐州已建 11 座文化产业园

徐州文化产业园(文博园) 占地 26.7 公顷(400 亩),由彭祖楼等 20 幢仿古建筑组成,分为戏曲生产及教育、时尚休闲、文化创意、汉文化主题餐饮、书画艺术交流、图书发行等 6 个功能区。2010 年以来,徐州已投入 1600 多万元进行整体装修和规划,省柳琴剧团、省梆子剧团等已进驻办公、教学;华东图书城已落户,24 家图书商已先期进驻;山西晋商马海君组织该市 248 位画家在产业园建立创作园地,成立大鹏神韵书画院;上海锦江之星也将于近期进驻产业园。

图 5-2 徐州淮海文博园

创意 68 产业园　2010 年 10 月 1 日竣工。文化产业园包括四个地块,分别为徐州针织总厂、医疗器械仓库、徐州市财贸职工医院、驻徐某部第二招待所,总占地约 38400 平方米。2011 年入园企业已达 60 家,其中创意类企业超过七成,发展 10 家知名度较高的骨干企业。规划到 2015 年入园企业达到 100 家,其中创意类企业超过七成,培养 2 至 3 家省内知名的创意企业,创造经济价值超过 5 亿元,提供 3000 个就业岗位。

苏北科技园　以发展文化创意产业为主题,2010 年 9 月 28 日在徐州师范大学正式揭牌成立苏北科技园。这个科技园由云龙汉文化产业集聚区、奎园软件产业园区、九里汉文化产品生产基地和金山桥新能源新材料生产基地组成,将整合人才、技术、信息、实验设备、图书资料等综合智力资源与其他社会优势资源,促进高等学校科技成果转化、高新技术企业孵化、创新创业人才培养。

除以上 2010 年建立的三个产业园外,2011 年又建成徐州动漫产业园、徐州国家安全科技产业园、中国矿业大学国家大学科技园徐州高新区分园、徐州市大学生创业园产业化基地、徐州感知矿山物联网产业园、徐州高新区软件及服务外包产业园、徐州高新区创意动漫产业园、中国矿业大学国家大学科技园产业化基地 8 个,目前企业入驻率达到 85% 以上,初步形成了文化产业布局集聚化。

图 5-3　中国矿业大学国家大学科技园

四、深化文化体制改革

深化文化体制改革,贯彻落实扶持公益性文化事业的各项政策,发展文化产业,鼓励文化创新,培育骨干文化企业,生产更多健康向上的文化产品,充分发挥政府、市场、社会的优势,采取公共财政投资、产业政策扶持、政府引导、特许经营、委托生产、公共文化项目承包等多种方式,建设文化产业示范基地,以汉文化(包括物质非物质文化)内容为题材,形成具有徐州地域和民族特色的文化产业群。发展以文化遗产为支点的文化旅游、影视动漫制作;生产非物质文化工艺品等,形成文化产业链,完成历史文化资源向经济社会资源的转变,使文化遗产融入经济社会。

第二节　推进文化旅游

一、实施文化旅游战略

徐州在汉历史文化带具有区位优势,"北走齐鲁,南扼濠泗,东襟江淮,西通梁宋"。首先,从城市规模上看,徐州是汉历史文化带中规模最大的中心城市;其次,从建城史来看,徐州是江苏省建城最早的城市;再次,从文化发祥地来看,徐州是汉文化的发祥地,是楚都所在地,大量的楚汉历史文化遗迹和遗存是文化产业和旅游产业的支撑点;最后,从经济发展水平上看,徐州2010年国内收入总水平和人均收入水平都在楚汉文化带城市中处第一位,良好的经济基础为旅游事业的发展创造了条件。设计了文化旅游线路,制定了旅游发展规划,接待了百万计的游客。

1. 两汉文化看徐州

1995年,徐州提出"明清文化看北京,隋唐文化看西安,两汉文化看徐州"。"两汉文化看徐州"是因为徐州历史文化遗存特别丰富,特别是古文化遗产中的汉代三绝,即汉墓、汉兵马俑、汉画像石。

两汉 400 年间,徐州共有 13 位楚王、五个彭城王,这些国王的陵墓犹如地下宫殿般的华丽,国王生前喜好的珍玩和国库的积蓄,尽都填充于墓室中。

徐州汉代十八陵经考古发掘的有徐州 9 处 17 座西汉楚王(王后)墓,有北洞山第二代楚王(王后)墓、狮子山第三代楚王(王后)墓、驮篮山第四(五)代楚王(王后)墓、龟山第六代楚王(王后)墓、东洞山第八代楚王(王后)墓、土山东汉彭城王(王后)墓、卧牛山楚王墓、西卧牛山楚王(王后)墓、南洞山楚王(王后)墓及彭城王(王后)墓等。徐州西汉楚王陵最具代表性的莫过于北洞山楚王(王后)陵、龟山楚王(王后)陵和狮子山楚王(王后)陵。这些墓葬以其"精"、"奇"、"雄"各领风骚。被誉为徐州文化三绝之一的狮子山兵马俑,不仅数量众多,而且种类繁多,显示出丰富的内容:有博袖长袍的官员俑、冠帻握兵器的卫士俑、执长器械的发辫俑、足蹬战靴和抱弩负弓的甲士俑等 10 余种。狮子山兵马俑既是汉代的艺术珍品,又是徐州作为军事重镇的历史见证,不仅对研究汉代雕塑艺术有极高的价值,对于研究汉代社会性生活、丧葬制度、军制战阵都有着同样的价值。目前发掘出的汉墓为我国目前出土数量最多的墓葬群。我国的汉墓主要分布在东西两汉的都城(西汉长安、东汉洛阳),其余皆为诸侯王墓。在国内已发掘的 40 余座诸侯王墓中,徐州地区占了五分之一。

西汉时期徐州地区流行的是崖洞墓,东汉时期,墓葬形制发生了变化,盛行的是汉画像石墓。汉画像石是汉代人雕刻在墓室、礼堂里的雕刻壁画。丰富的画像石生动地描绘了汉代社会的典章、衣食住行、神话故事,反映了当时人们对生活的依恋、死后的祭祀,展示了 2000 年前人们高超的艺术水准,再现了汉代物质文化、精神文化的高度文明。汉画像石是汉代文化最有代表的艺术作品,是中华民族艺术宝库中璀璨的明珠。徐州是中国汉画像石的集中分布地之一,目前徐州地区出土汉画像石 2000 余块,收藏在徐州汉画像石艺术馆的画像石 1500 余块。除汉墓、汉俑、汉画之外,徐州的两汉文物精品,在中国的两汉文化中也是独领风骚,引人注目。北洞山楚王陵出土的 220 余件彩俑,狮子山楚王陵出土的铁铠甲、玉棺、玉豹,小龟山楚王墓出土的水晶带钓、刘注银印,火山汉墓出土的银缕玉衣,土山汉墓出土的鎏金兽形砚,睢宁刘楼汉墓出土的铜牛灯等珍贵文物,皆属国宝。

1984年12月,一个偶然的契机,在徐州市东郊狮子山的西麓发现了一组汉代兵马俑,考古工作者随后进行了全面的发掘,揭开了这支沉睡于地下2000多年楚汉军队的神秘面纱。狮子山兵马俑,位于楚王陵西侧400米,是楚王陵园的一个组成部分,象征着卫戍楚王陵的部队。不仅数量众多,而且种类繁多,显示出丰富的内容,有博袖长袍的官员俑、冠帻握兵器的卫士俑、执长器械的发辫俑、足蹬战靴和抱弩负弓的甲士俑等10余种。狮子山兵马俑既是汉代的艺术珍品,又是徐州作为军事重镇的历史见证,不仅对研究汉代雕塑艺术有极高的价值,对于研究汉代社会性生活、丧葬制度、军制战阵都有着同样的价值。

2. 楚风汉韵

楚风汉韵,是指楚汉这一历史时期的人文历史和典故。楚风代表作是屈原的《离骚》、项羽的《垓下歌》。汉韵乃是汉朝的国体"赋",代表作有汉高祖刘邦的《大风歌》和司马相如的《长门赋》、《子虚赋》。楚汉时候的文体与习作风格,和唐诗宋词相承,是指楚汉时期的人文风情。楚风是指楚国的文学,典型的是楚辞。汉韵是指汉的文学,如汉赋、诗歌。

在征集、研究徐州城市名片中有"楚风汉韵古彭城,名山碧水新徐州"、"楚风汉韵古彭城,南秀北雄新徐州"都提及"楚风汉韵"。所谓楚风,是因古徐州在汉代之前属于楚国近300年,深受楚文化的影响。汉韵,因汉代徐州是"汉楚国"及彭城国400余年,使徐州具有独特的楚汉文化。因此,以"楚风汉韵"来概括徐州的历史文化名副其实。

3. 彭祖故国、项羽故都、刘邦故里

2005年以后徐州又提出"三故"的徐州城市名片,即彭祖故国、项羽故都、刘邦故里。

徐州古称彭城,原始社会末期,尧封彭祖于今市区所在地,为大彭氏国,徐州称彭城自始起。夏商时期,大彭氏国日渐强大。夏启十五年,彭伯寿受命征讨武观叛乱。商宣甲三年,商王命彭伯征讨邳人,五年,命彭伯和韦伯伐

班方。商王武丁四十三年(公元前 1207 年),王师灭大彭。大彭国前后存约 800 年。甲骨文中有几十处"彭"的记载,铜山县丘湾留有大彭国的社祭遗址。公元前 207 年项羽建立西楚王朝,灭秦后项羽分封天下,自封为"西楚霸王领(梁、楚)九郡(天下 36 郡,占四分之一),都彭城"(今徐州)。徐州是西楚霸王项羽的都城,徐州也是汉高祖刘邦的故乡,是其发迹之地。刘邦生于沛县丰邑中阳里(今江苏丰县),公元前 206 年四月项羽封刘邦为汉王以后,经过 4 年多楚汉战争,于公元前 202 年十月刘邦在定陶行皇帝礼,初都咸阳,后徙长安。公元前 195 年,他出兵东征,平定淮南王黥布(英布)的叛乱。回归途中,经过沛县,他邀集家乡旧友和父老兄弟,一起饮酒,在宴席上唱大风歌。沛县为汤沐邑。丰、沛县现有泗水亭、龙雾桥、高祖庙、高祖墓、歌风台等遗存。

二、区域同源战略

　　探索汉文化带文化渊源,让世人了解汉文化内涵,达到文化认同,从而加强和推动区域经济、文化交往,为区域经济建设服务。纵观历史,战国合纵为楚,连横为秦,楚曾占据我国东南半壁江山,楚汉文化带历时近 7 个世纪,其间历史文化资源非常丰富。据考证,汉代民间民俗活动丰富多彩。楚汉民俗端午节 2000 多年延绵不绝,遍及全国并影响到亚洲,是著名的非物质文化遗产。每年 10 月的徐州"汉文化节"期间可观看《汉宫盛典》及汉乐、汉舞(箭鼓舞)、汉民俗表演(投壶、射箭);徐州汉文化景区常年举行汉代编钟、编磬等汉代乐器演奏;徐州汉城有《刘邦回朝》和汉代民俗活动;沛县汉城可观赏大型表演《高庙祭典》,汉朝蹴鞠活动;餐饮方面,有传统的樊哙狗肉、虞姬宴、汉宴等。楚汉历史文化带对楚汉历史文化的传承利用,如宿迁、永城、灵璧、亳州、寿县、临沂等地都展开楚汉民间民俗活动,收到良好的社会和经济效益。徐州曾参加苏北五市文化旅游论坛,徐州先后与台湾联合举办两次"海峡两岸楚汉文化理论学术研讨会",共发表学术论文 80 余篇。在研究楚汉历史文化中取得丰硕成果和良好的社会效益。积极推动跨区域旅游合作,建立方便快捷的旅游服务机制,共同打造淮海经济区跨境旅游合作圈。2010 年 10 月 24

日,20个城市在徐州签署了《淮海经济区旅游合作协议书》,2011年5月10日,淮海经济区核心区8城市共同签署了《旅游合作协议》,开辟汉文化精品游。

三、文化旅游产品品牌战略

1. 完成文化资源转化文化产品

汉文化带从时空到地域,历史题材众多。从陈胜、吴广起义到绿林、赤眉起义;楚汉之争到汉朝建立;吕后称制到"文景之治";铲除异姓王到评定"七国之乱";王莽改制到刘秀称帝;汉末外匈奴侵扰到内张角起义。首先,利用丰富的楚汉文化资源,成立影视动漫制作研发中心、图书出版发行中心、演艺娱乐中心,开发文化产品,形成文化产业,开拓文化市场。其次,设立非物质文化工艺品制作销售中心,整合现有文化产品企业,建立非物质文化产品相对集中的大市场,制作销售非物质文化产品。在传承历史文化的同时,满足人们文化消费的需要。

2. 加快徐州汉文化"走出去"战略

其一,利用各种媒体组织以汉文化为主题的外宣活动,展示汉文化研究成就和特色。

其二,积极参与国际著名图书、影视、动漫等文化产品展览展示交易会,在重点国家和地区举办形式多样的文化交流活动。

其三,通过楚汉历史文物在国外展出,扩大楚汉文化在国际上的影响力。

其四,扩大以楚汉文化为内涵的品牌文化产品出口,提高文化产品和服务的海外市场份额。

编制文化产业发展规划,实施文化产品精品战略,打造汉文化品牌产品,如楚汉文化旅游品牌,经考察汉文化带旅游条件,吃、住、行、游、购、娱具备。一方面,打造汉文化带核心圈旅游线路,开展汉文化游、道教文化游(徐福故里、于吉故里、天师故里、始皇问道求仙路)、军事文化游。以徐州市为中心,可进行一日游、三日游、五日游、七日游;另一方面,与楚汉文化相关的国内城市结盟,开辟线、点、面有机结合的旅游线路。2007 年 10 月 30 日,9 省 24 个城市在徐州文化城乐府缔结"中国汉文化旅游同盟",联手拓展国际客源市场。汉文化节庆品牌(集中楚汉历史文化资源),办好徐州"汉文化节"、"子房山会",宿迁"西楚文化节",济宁(有天下汉碑半济宁之说)"汉碑汉画像石文化节"等。借助非物质文化遗产资源,以文学、歌舞、美术、雕塑等艺术手法,以汉文化为内容创建演艺品牌,以汉文化为题材创作民间工艺品、旅游纪念品以及影视、动漫作品。

第三节　弘扬徐州两汉文化的精髓

徐州两汉文化的精髓包括开拓进取、蓄势后发、善于学习、兼容并蓄、不断创新。汉文化在江苏"两个率先"中具有重要的潜在功能,值得弘扬的徐州两汉文化的精髓主要有五个方面。

一、开拓进取

汉文化中具有勇往直前、不断创新的特质。楚文化历来有"筚路蓝缕,以启山林"的"虽九死犹未悔"的艰苦奋斗、锲而不舍精神。汉代继承下来,楚汉相争,汉王屡战屡败,屡败屡战,愈挫愈奋最后夺取胜利。再者,徐州饱经水患,抗洪中改变了徐州人的习俗。水有刚性,河水决口,挣脱束缚,一泻千里。宋朝徐州知州苏轼在《上神宗皇帝书》中评徐州民俗:"其民皆长大,胆力绝人,喜为剽掠,小不适意,则有飞扬跋扈之心,非止为盗而已。汉高祖,沛人也;项羽,宿迁人也;刘裕,彭城人也;朱全忠,砀山人也。皆在今徐州数百里间耳。其人以此自负,凶桀之气,积以成俗。"另外,战胜河患,需要奋力抗击,才能够化险为夷。"柔弱如水,乃是大道",河水除有缺口才正面出击,其他则竭尽迂回、围绕、渗透。人过不去,但水能流过去,水总有出路。九曲十八弯的黄河历经艰难险阻流入大海,黄河文化的精髓告诉我们,顺境中要自强不息,逆境中要迎难而上。黄河是中华民族的母亲河,也是徐州人的母亲河。抗洪斗争中打造了雄性的徐州,铸就了徐州人勤劳勇敢、自强不息、率直粗犷、敢于创先的性格和刚建自强的道德风范及百折不回的人文品格。这种特质可以指导振兴徐州老工业基地,创建发展工程机械工业基地。

二、蓄势后发

现代社会的徐州地处苏北经济欠发达地区,是江苏经济发展中的短板。但是在徐州的汉文化中存在不安于现状,集中力量后发展的精神。刘邦被禁锢汉中,尊重知识,广揽人才,积蓄力量。"夫运筹帷幄之中,决胜千里之外,吾不如子房;镇国家,抚百姓,给馈饷,不绝粮道,吾不如萧何;连百万之军,战必胜,攻必取,吾不如韩信。此三者,皆人杰也,吾能用之,此吾所以取天下也。项羽有一范增而不能用,此所以为我禽也。"①刘邦暗度陈仓、定三秦,打出大汉新天地。目前在江苏"两个率先"进程中,建立尊重知识、尊重人才的用人机制,是以科学发展观为指导,实现"两个率先"的关键所在。徐州原是能源城,煤炭、建材、钢铁等资源丰富,曾为江苏省提供三分之一煤炭、六分之一电力,是老工业基地。但是在煤炭资源枯竭、煤矿塌陷区严重、矿工失业严重、房地产下行、钢铁萎缩、生态环境严重破坏的情况下,采矿业到青海、新疆等外埠建矿;徐州木材加工业,利用山、陕、豫等地自然和人力资源办厂;从徐州的区位、资源优势出发,构建由装备制造业、食品及农副产品加工业、新能源产业、煤盐化工构成的现代工业产业体系;由商贸物流业、旅游业、生态农业构成的现代服务业产业体系。不断开拓经济建设新局面,这正是徐州积蓄力量后再发展的精神所在。

---

① 《史记·高祖本纪》。

三、善于学习

汉文化中具备善于学习、取长补短的品格。楚汉文化具有兼容的气量和能力，楚汉文化从吴越文化、齐鲁文化、秦晋文化中吸取丰富的政治、文化营养，是汉朝400年基业巩固的根本。"他山之石，可以攻玉"，楚汉文化带要实现"两个率先"，应该发扬楚汉文化中善于学习、取长补短的精神，学习发达地区的先进经验。江苏正处在全面实现小康并向基本实现现代化迈进的关键阶段，处在加快转变经济发展方式、推动经济转型升级的攻坚时期。又好又快推进"两个率先"，物质是基础，精神是导向，文化是灵魂，改革创新是动力。一方面，楚汉文化的精华在地域文化中具有文化凝聚力；另一方面，汉文化是可提升的文化软实力。徐州正在南学苏南，北学山东，奋起直追。

四、兼容并蓄

徐州在历史上泗水、汴水二水绕城，黄河、运河两河借道，水文化造就了徐州人性格的包容性。"海纳百川，有容乃大"，"水善利万物而不争，处众人之所恶，故几于道"①。徐州汉文化具有兼容并蓄、融会贯通的特色。徐州汉文化源于楚文化，吸纳吴越文化、齐鲁文化和秦晋文化，形成了以徐州为中心的汉文化带。徐州地区曾诞生过两位著名的农民出身的皇帝汉高祖刘邦和明太祖朱元璋，他们的包容性格使其能团结、带领一批文臣武将南征北战，创建了大汉和大明王朝，影响了几个朝代。加之，徐州地处"四省交汇"、"五省通衢"，徐州三水绕城，自古以来水陆交通非常便利，古代商贸十分发达，南来北往的商贾、墨客、骚人，带动了文化的交融与融合，形成了徐州汉文化海纳百川的包容性特质，并且传承至今，如徐州市农产品加工业通过调整种植、养殖结构已经形成产业链和农产品加工集聚区，吸纳包括南京雨润集团、河南

---

① 《老子》第八章。

华英集团、广西桂柳集团等国家级龙头企业在内的 50 余家企业落户,形成了生态肉鸭、果品罐头、蔬菜食品三大产业链条。

五、积极创新

敢于争先,锐意进取,是自古以来楚汉人优良的文化品格。在徐州汉文化带,除了有良好的自然环境外,最根本的是当地人民勤劳智慧,不断进取,不认命,不服输。这种品格延续到今天,成为新时期苏北人创业、创新、创优的文化内涵,正因为有这一文化品格,才造就了以徐州为中心的汉文化带积极创新、不断进取的精神,徐州在经济建设中正在改变落后产能,开创新型集约型产业。只有始终坚持这种永不止息的创新精神,增强突破意识,摆脱狭隘的视域和地域羁绊,才能进一步推动区域历史文化的整合,在文化江苏建设与发展中,不断谱写新的华章。

总之,汉文化底蕴深厚、资源丰富。发挥徐州在汉文化带中心城市的优势,形成辐射带动其他市(县)区的文化产业已经形成格局。徐州通过拓展新的文化服务领域和空间,加强了文化市场建设,建立健全了市场中介和行业组织,形成汉文化资源的良性循环机制,推动了文化产业资源集聚和产业融合。徐州的经验证明,文化产业可以促进经济发展,经济发展再反哺文化,可以保持地域文化个性,改善地域人文环境,提高地域文化品位。这不仅有利于提高徐州汉文化的竞争软实力,而且有利于促进整个经济社会协调发展。

参考文献

【古籍】

[1] (西汉)司马迁.史记.(南朝宋)裴骃,集解.(唐)司马贞,索引.(唐)张守节正义.北京:中华书局,1959.

[2] (汉)班固.汉书.(唐)颜师古,注.北京:中华书局,1962.

[3] (汉)许慎.说文解字.(宋)徐铉,校订.上海:上海教育出版社,2002.

[4] (战国)韩非.韩非子新校注.陈奇猷,校注.上海:上海古籍出版社,2000.

[5] (汉)王符.潜夫论笺校正.(清)汪继培,笺,彭铎,校正.北京:中华书局,1985.

[6] (汉)刘熙.释名疏证.(清)毕沅疏,证.王先谦,补.北京:中华书局,2008.

[7] 山海经校译.袁珂,校译.上海:上海古籍出版社,1985.

[8] (晋)陈寿.三国志.北京:中华书局,1959.

[9] (南朝宋)范晔.后汉书.(唐)李贤,注.北京:中华书局,1982.

[10] (唐)房玄龄,等.晋书.北京:中华书局,1974.

[11] (唐)魏征,等.隋书.北京:中华书局,1973.

[12] 杨伯峻.列子集释.北京:中华书局,1979.

[13] (明)宋应星.天工开物.成都:巴蜀书社,1989.

[14] 袁珂.山海经校注.上海:上海古籍出版社,1980.

[15] 韩诗外传集释.许维遹,校译.北京:中华书局,1980.

[16] 王利器.风俗通义校注.北京:中华书局,1981.

[17] 说文解字注.上海:上海古籍出版社,1981.

[18] 陈直.三辅黄图校证.西安:陕西人民出版社,1981.

[19] 赵善诒.说苑疏证.上海:华东师范大学出版社,1985.

[20] 王利器.新语校注.北京:中华书局,1986.

[21] 费振刚,等.全汉赋.北京:北京大学出版社,1993.

[22] (清)陈立.白虎通疏正.北京:中华书局,1994.

[23] (晋)葛洪.抱朴子.诸子集成.长沙:岳麓书社,1996.

[24] 礼记正义.北京:北京大学出版社,1999.

[25] 汉魏六朝笔记小说大观·西京杂记.上海:上海古籍出版社,1999.

[26] 赵宗乙.淮南子译注.哈尔滨:黑龙江人民出版社,2003.

[27] (唐)李荣.道德真经玄德纂疏.北京:中华书局,1973.

[28] 周勋初.韩非子校笺.南京:凤凰出版社,2009.

[29] (宋)王十朋.梅溪王先生文集诗文前集.四部丛刊·初编·集部.

[30] 张双棣,等.吕氏春秋译注.北京:北京大学出版社,2011.

[31] (清)孙星衍.汉官六种.北京:中华书局,1990.

【论著】

[1] 何光岳.东夷源流史.南昌:江西教育出版社,1990.

[2] 王国维.今本竹书纪年疏证.沈阳:辽宁教育出版社,1997.

[3] 陈直.两汉经济史料论丛.西安:陕西人民出版社,1980.

[4] 葛剑雄.西汉人口地理.北京:人民出版社,1986.

[5] 孙机.汉代物质文化资料图说.北京:文物出版社,1991.

[6] 中国大百科全书中国历史编委会.中国大百科全书·中国历史.北京:中国百科全书出版社,1992.

[7] 河南省文物考古研究所.密县打虎亭汉墓.北京:文物出版社,1993.

[8] 刘和惠.楚文化的东渐.武汉:湖北教育出版社,1995.

[9] 湖南省博物馆. 长沙楚墓. 北京:文物出版社,2000.

[10] 湖北省荆州博物馆. 荆州高台秦汉墓:宜黄公路荆州段田野考古报告之一. 北京:科学出版社,2000.

[11] 钱穆. 秦汉史. 北京:三联书店,2004.

[12] 黄展岳. 先秦两汉考古论丛. 北京:科学出版社,2008.

[13] 谭红. 巴蜀移民史. 成都:巴蜀书社,2006.

[14] 谭其骧. 中国历史地图集. 北京:地图出版社,1982.

[15] 武利华. 徐州汉画像石. 北京:北京线装书局,2002.

[16] 邱永生. 徐州近年征集的汉画像石集粹. 中原文物,1993(1).

[17] 孙厚兴,郭海林. 两汉文化研究(第 3 辑). 北京:文化艺术出版社,2004.

[18] 王恺,葛明宇. 徐州狮子山楚王陵——中国重大考古发掘记. 北京:生活·读书·新知三联书店,2005.

[19] 中国国家博物馆,徐州博物馆. 大汉楚王——徐州西汉楚王陵墓文物辑粹. 北京:中国社会科学出版社,2005.

[20] 徐州博物馆. 徐州文物考古文集. 北京:科学出版社,2011.

[21] 徐州汉文化风景园林管理处,徐州楚王陵汉兵马俑博物馆. 狮子山楚王陵. 南京:南京出版社,2011.

[22] 邱永生. 徐州汉兵马俑博物馆 25 周年纪念文集. 南京:南京出版社,2011.

[23] 张玉. 汉朴集. 南京:南京出版社,2013.

[24] 刘尊志. 徐州汉墓与汉代社会研究. 北京:科学出版社,2011.

[25] 杨树达. 汉代婚丧礼俗考. 上海:上海古籍出版社,2007.

[26] 王蕊. 魏晋十六国青徐兖地域政局研究. 济南:齐鲁书社,2008.

【考古简报】

[1] 田心. 江苏宝应发现楚国"郢爰"金币. 考古通讯,1958(5).

[2] 南京博物院. 江苏扬州七里甸汉代木椁墓.考古,1962(8).

[3] 银雀山汉墓发掘队. 临沂银雀山西汉墓发掘简报.文物,2000(11).

[4] 山东省博物馆,临沂文物组.山东临沂西汉墓发现《孙子兵法》和《孙膑兵法》等竹简的简报.文物,1974(2).

[5] 安徽省文物工作队.安徽寿县茶庵马家古堆东汉墓.考古,1966(3).

[6] 嘉峪关市文物清理小组. 嘉峪关汉画像砖墓.文物,1972(12).

[7] 湖北省博物馆,等. 湖北云梦西汉墓发掘简报.文物,1973(9).

[8] 南京博物院. 海州西汉霍贺墓清理简报.考古,1974(3).

[9] 纪南城凤凰山一六八号汉墓发掘整理组. 湖北江陵凤凰山一六八号汉墓发掘简报.文物,1975(9).

[10] 凤凰山一六七号汉墓发掘整理小组. 江陵凤凰山一六七号汉墓发掘简报. 文物,1976(10).

[11] 扬州博物馆湖北省博物馆. 光化五座坟西汉墓.考古学报,1976(2).

[12] 安徽省文物工作队,阜阳地区博物馆,阜阳县文化局. 阜阳双古堆西汉汝阴侯墓发掘简报.文物,1978(8).

[13] 安徽省文物工作队. 安徽天长县汉墓的发掘.考古,1979(4).

[14] 南京博物院. 江苏盱眙东阳汉墓.考古,1979(5).

[15] 安徽省文物工作队. 安徽天长县汉墓的发掘.考古,1979(4).

[16] 湖北省博物馆. 1978 年云梦秦汉墓发掘报告.考古学报,1986(4).

[17] 狮子山楚王陵考古发掘队.徐州狮子山西汉楚王陵发掘简报.文物,1998(8).

[18] 韦正,李虎仁,邹厚本.江苏徐州市狮子山西汉墓的发掘与收获.考古,1998(8).

[19] 徐州博物馆,南京大学历史系考古专业.徐州北洞山西汉墓发掘简报.文物,1988(2).

[20] 南京博物院,铜山县文化馆.铜山龟山二号西汉崖洞墓.考古学报,1985(1).

[21] 刘尊志.江苏徐州市汉代采石遗址发掘简报.考古,2010(11).

后记

　　为深入贯彻落实党的十八大和十八届三中、四中、五中全会精神，习近平总书记系列重要讲话精神，特别是视察江苏重要讲话精神，推动江苏文化建设迈上新台阶，由省社科联牵头，各省辖市社科联组织联系相关专家学者，历时近两年，编撰《江苏地方文化名片丛书》。丛书以省辖市为单位，共分13卷，每卷重点推出该市一张具有代表性的文化名片，全面阐述其历史起源、发展沿革、主要内容和当代价值等，对于传承江苏地方文化精粹，打造江苏地方文化品牌，塑造江苏地方文化形象，具有积极的推动作用。

　　省委常委、宣传部部长王燕文高度重视丛书的编撰工作，担任丛书编委会主任，给予关心指导，并专门作序。省委宣传部副部长双传学，省社科联党组书记、常务副主席刘德海，党组副书记、副主席汪兴国，党组成员、副主席徐之顺担任编委会副主任。各市市委常委、宣传部部长和省委宣传部理论处处长李扬担任编委会委员。刘德海担任丛书主编，全面负责丛书编撰统筹工作，汪兴国、徐之顺担任丛书副主编，分别审阅部分书稿。省社科联研究室原主任崔建军担任丛书执行主编，具体负责框架提纲拟定和统稿工作。陈书录、安宇、王健、徐宗文、徐毅、朱存明、章俊弟、尹楚兵、纪玲妹、许建中、胡晓明、付涤修、常康参与丛书统稿。省社科联研究室副主任刘西忠，工作人员朱建波、李启旺、孙煜、陈朝斌、刘双双等在丛书编撰中做了大量工作。

　　《徐州两汉文化》卷由中共徐州市委常委、宣传部部长冯其谱担任主编并作序，刘宗尧担任副主编，徐州市社科联组织专家编撰，郭海林、郭嘉、刘玉萍具体编写。

　　省新闻出版广电局、各市委宣传部、市社科联对丛书的编辑出版工作给予了大力支持。值此,谨向各有关部门、专家学者和南京大学出版社表示衷心的感谢! 由于时间较紧,编撰工作难免疏漏,恳请批评指正。

2015 年 12 月